THE

OBAMA

EDUCATION PLAN

An Education Week Guide

奥巴马的教育蓝图

[美]《教育周刊》 编　范国睿 主译

Education Week

教育科学出版社

·北 京·

- 华东师范大学“985 工程”项目成果
- 华东师范大学教育学系教育政策学博士点建设成果
- 教育部人文社会科学重点研究基地华东师范大学基础教育改革与发展研究所研究

变革时代的教育政策[①]

——奥巴马政府的教育改革述评

（代译序）

2009年1月20日，巴拉克·奥巴马（Barack Obama）当选美国第44任总统，成为美国历史上首位黑人总统，正式入主白宫。与以往几届总统一样，新当选的奥巴马总统也面临着内政外交的新挑战。然而，与以往不同的是，奥巴马总统此时面对的不再是一个强大如昔的美利坚合众国，而是一个正经历着由华尔街金融风暴引起的“经济海啸”危机，同时深陷阿富汗战争和伊拉克战争，处于“历史上最为艰难最为黑暗时期”的美国。因此，在内政外交上只是“缝缝补补”已经不能满足美国国内民众以及国际竞争的需求，诚如奥巴马在竞选时即提出的竞选“核心词”——“变革”（change）一样[②]，美国需要的是一个“变革”的政府，一个能够重新建立美国实力与自信的政府。

与经济、政治、外交事务一样，美国教育也正面临着巨大的挑战：《不让一个孩子掉队法》（No Child Left Behind，NCLB）推崇的“绩效问责制”备受争议，广大中小学教师陷入“为考试而教”（teach to test）

① 本文由笔者与华东师范大学课程与教学研究所博士研究生何珊云合作完成。

② 2008年11月4日，奥巴马当选美国第44任总统。在赢得选举胜利后，奥巴马在芝加哥一个公园内向支持群众发表了胜选感言。参见：Phillips M. Change has come to America [EB/OL].（2008-11-05）. http://change.gov/newsroom/entry/president_elect_obama_speaks_on_the_eve_of_this_election.

的困境[1]，优秀教师纷纷离开学校[2]，学生学业表现不佳，学生辍学率始终居高不下，高校毕业生比例远低于其他发达国家。对于试图建立“从出生到从业的完整且具竞争力的美国教育”的奥巴马总统而言，这种“民怨沸腾”的局面无疑预示着美国教育质量提升之路依然坎坷。新一届联邦政府该怎样解决重重危机中的教育发展困境？奥巴马政府将利用哪些教育改革政策与工具？政策之路又会遭遇哪些阻力与困难？在奥巴马执政满一年后，本届美国政府对于教育的改革决心、期望目标以及相应的行动纲领，已经在政府教育改革政策中初露端倪，分析其具体内容以及未来三年内可能的实施状况，无疑可以为明晰美国未来教育发展提供参考依据。

一、联邦政府的“教育牌”

回溯美国历史，“每一个经济动荡和转变的时刻，国家都应之以果敢的行动和宏观的思维”[3]，这些思维和行动自然也包括了美国的教育事务。由于美国宪法以及国家传统，教育一直是州政府全权管理的领域，联邦政府的作用仅仅是“搜集教育数据与事实，通报各州的教育状况与进展”[4]。但不容置疑的是，鉴于教育重要的政治、经济、文化等战略影响力，美国联邦政府介入教育的力量不断增强，改变了长期以来在教育领域无甚作为的状态，转而想以自己的战略需要和政策工具来影响、改革、创造令人满意的美国教育。

从 1958 年颁布《国防教育法》（National Defense Education Act），投入资金促使美国中小学发掘、培养国家安全所需要的科技天才，到 1965 年制定《初等与中等教育法》（Elementary and Secondary Education Act of 1965），以更大的政策与经费投入打造提供优质教育的庞大中小学体系，

---

① Mendoza C. Inside today's classrooms：teacher voices on No Child Left Behind and the education of gifted children ［J］. Roeper Review，2006，29（1）：28－31.

② Jones M G，et al. The unintended consequences of high-stakes testing ［M］. Lanham：Rowman & Littlefield Publishers，2003：137.

③ Obama B. President Obama's speech to a joint session of Congress ［EB/OL］.（2009－02－24）. http：//www. america. gov/st/texttrans-english/2009/February/20090224231709eaifas0. 110882. html.

④ McAnderews L J. The era of education：the presidents and the schools，1965－2001. Urban：University of Illinois Press，2006：2.

都显示了联邦政府日益增强的教育改革力度。[①] 20 世纪 80 年代里根总统入主白宫以后，反复声称“国家处于危机之中”，他领导下的联邦政府将美国教育的运行轨道，引向了以“标准化的课程与考试”来提高学生的学习成绩（尤其是数学、科学以及英语阅读等所谓“主科”的成绩），联邦政府对教育的影响力发展到了可以左右整个美国的教育内容及运行机制的程度。虽然里根本人深切明白，联邦政府没有精力也没有能力打造一个让民众都满意的美国教育，但迫于各州无力负担教育发展、工商业团体对“人力资源”的诉求以及民众高度关注的现实压力，里根不得不对教育问题“小心翼翼”。里根十分清楚，联邦政府改革教育是“一桩收益小于投入的亏本生意”[②]，但出于国内政治以及选情需要，政府必须投身其中并卖力演出。

随后的老布什及克林顿政府继续沿着里根政府设计的改革轨道努力，继续加强联邦政府对于教育的影响力。小布什总统上台后，大力推动国会通过《不让一个孩子掉队法》，以学生考试成绩是否提高作为学校年度考核的重要依据（所谓的“年度进步计划”），并以 2014 年为截止日期，要求每一个孩子都能在数学、科学和英语中达到一定水平，从而将联邦政府的教育影响力提高到了一个新的水平。

联邦政府在教育事务中扮演越来越重要的角色，其中一个主要原因是其对教育作用的认识与理解在不断发生变化。其一，美国在其发展历史中，始终面临着自身产业升级的压力以及外部国际竞争的压力，归根到底，这些都与国家的生产力密切相关，而教育水平的高低不仅关系到美国是否可以建成“世界一流的中小学教育”，而且关系到美国能否在 21 世纪的科技、经济竞争中保持领先地位。教育水平直接影响本国生产者素质与生产能力的提高、创新科技效益的增加以及产业结构的革新。其二，“二战”以来，由于联邦政府频频涉足和各大媒体反复渲染，教育由当初的地方甚至私人问题逐渐演变成全国性的问题，各州信奉“市场主义”的右翼政客、渴求“人力资源”的美国金融工商业团体、教育

---

① Calzini C, et al. The increase of Federal influence on educational policy in the United States [J]. Journal of Cross-Disciplinary Perspectives in Education, 2009, 2 (1): 1 – 13.

② Davies G. Government grow: education politics from Johnson to Reagan [M]. Lawrence: The University of Kansas Press, 2007: 246 – 247.

团体以及每一个美国民众无不关心国家教育政策。从里根开始，美国总统候选人更是在竞选期间就得拿出更能吸引民众注意力的教育改革方案，里根、布什以及克林顿等最后胜出的候选人，很大程度上都在教育改革方面拿出了比对手更能博得眼球的政策，以至于被誉为“教育总统”。面对美国国内外的经济、政治、军事等众多棘手难题，将关注点放在国内的教育问题上，无疑可以转移国内民众对于其他事务的注意力，减少人们的指责与不同意见，为政府营造相对较为有利的政治环境。

二、经济危机时代的教育改革蓝图

面对危机时刻，奥巴马政府自然也沿袭之前几届联邦政府大打“教育牌”的传统。在竞选初期，相较于其共和党竞争对手麦凯恩（John McCain），奥巴马显得更为关注教育问题。在竞选阶段，奥巴马共发表了12次关于教育改革的演讲，组建了阵容强大的教育智库，认为“现在是最终履行为每个孩子提供世界一流教育的道德责任的时候了，因为全球经济竞争不允许我们有丝毫懈怠”，并辅以具体的政策措施，试图使美国民众相信在他的领导下，美国教育可以走出此前10年陷入的僵局。不同于麦凯恩提出的“教育决策不应该在联邦层面进行”[①]，奥巴马希望联邦政府在教育事务中扮演越来越重要的角色。奥巴马如此大打“教育牌”，除了与其哈佛、哥伦比亚名牌大学高材生的个人背景有关外，也离不开其深谙教育政策关乎工商业、教育团体以及每一个美国民众，对选战以及执政具有重要意义的道理。

2007年11月，奥巴马首次发表“重要的教育演讲”，主题是“每个人都应为全体美国儿童的成功负责”，其措辞可谓朴实、感人：

> 我曾和一位年轻教师交谈，我问她学生面临的最大挑战是什么。她告诉了我一个从未听过的答案。她说，我们的教育体系失败了，教师们常常抱怨“这些孩子不会学”，“这些孩子不愿学”，“这些孩子成绩太差了”，久而久之，这些孩子成了别人。年轻教师看着我继

① 参见：McCain J. John McCain on Education [EB/OL]. [2010-03-19]. http://www.ontheissues.org/2008/John_McCain_Education.htm.

> 续说道："我一听到这些说法就觉得心里难受。他们哪里是'这些孩子'，他们全都是我们的孩子啊。"

接着，奥巴马用一连串的排比句，高呼散布在全国各地的、处于困难之中的孩子是"我们的孩子"，进而强调"是时候了，我们应该明白，教育好他们乃是我们必须承担的责任"。①

竞选期间，奥巴马在教育演讲中试图以其平民化、超党派的真诚言辞，反复描绘一幅十分美好的基础教育改革蓝图。他声称将大幅增加教育经费投入，承诺会推出一套规模宏大的教育重建方案：不仅优化基础教育，而且改革过去联邦政府关注甚少的学前教育，同时为更多的人接受高等教育创造条件。这是一个"全面完整"的教育方案。具体来说，奥巴马打算首先在学前教育领域投资100亿美元，努力确保每个孩子都可以接受高质量的早期教育项目；其次，在中小学教育领域改革评价与问责制度，以及教师录用、培养、专业发展及奖励制度，为每一位学生提供更"人性化"的、真正致力于求知和培养能力的学校；最后是帮助学生获得更多的大学深造的机会，为完成100小时社区服务的大学生减免4000美元学费。②

除向选民许诺联邦政府将大规模重建美国教育之外，奥巴马还曾就教学这一最微观的领域推出改革构想，并向广大教师说明将采取怎样的政策来解放近年来备受"标准化考试"束缚的学校教育：

> 作为总统，我将与各位州长和全国教师一起开发真正可以提高教育成绩的评价工具，促使学生展开科学的探究，锻炼解决问题的能力，而这才是21世纪知识经济时代的激烈竞争所必需的。让学生参加的考试都必须是为了促进学习，而不是为了计算分数。如果我们真想让我们的孩子有朝一日成为伟大的发明家和问题解决者，我

---

① Obama B. Our Kids, Our Future [EB/OL]. (2007-11-20) [2010-03-19]. http://usliberals.about.com/od/education/a/ObamaEdplan.htm.

② D-Hammond L. President Obama and education [J]. Harvard Educational Review, 2009, 79 (2): 210-211, 216.

们的学校便不能因为考试而遮蔽了创造，我们必须让考试激发创造。①

应该说，奥巴马从改革评价（考试）入手，抓住了近年来束缚美国教育的死结，美国教育确实需要那种可以激励学生从事探究与创造的评价方式，而不是利用“标准化考试”（通常由多项选择题构成）来“迫使”学生掌握（背诵）“标准”的课程和知识（答案），并根据考试结果实施奖惩。布什政府在以“标准化考试”推动各地落实《不让一个孩子掉队法》时，没有预料到“标准化考试”的糟糕后果，奥巴马及其教育顾问则充分考虑到了这一点，这可以说是“奥巴马教育改革方案的独特之处”②。为了获得那种可以激励学生从事探究与创造的评价方式，奥巴马许诺将投入大量经费，帮助各州研发高质量的评价工具。虽然结果如何尚无法预料，但他如此重视评价改革，多少可以给被“标准化考试”牢牢束缚的教师带去“解放”的希望。

除试图通过改革评价来扭转教育质量外，奥巴马还花了很大的精力来思考如何打造可以提升教育质量的优秀师资队伍。克林顿政府和布什政府也曾在这一点上着力甚多，但怎么也改变不了20世纪70年代以来的优秀师资短缺局面。奥巴马的目标是让“美国的每一间教室都有一位优秀教师”，其措辞可谓相当动人，或许这也是他内心深处的真诚期望。为此，奥巴马计划每年由联邦政府投入10亿美元，实施免费大学师范教育，毕业生须到师资短缺的地方至少服务4年，这样联邦政府每年就可以获得4万名新的优秀教师。除此之外，奥巴马还在教师专业发展和职位晋升方面制定了许多完善及优惠措施，而这些措施同样是为了培养、留住可以实现联邦美好教育理想的优秀教师，使美国教育走出10年来的“分数陷阱”，为每一位学生提供高质量的教学活动，巩固美国在世界经济、科技领域的领先地位。

可以说，奥巴马在竞选期间就向美国民众描绘了一幅美好的教育改革

---

① Obama B. What's possible for our children. [2010－03－19]. http://www.denverpost.com/news/ci_9405199.

② D-Hammond L. President Obama and education [J]. Harvard Educational Review, 2009, 79 (2): 210－211, 216.

蓝图，其中还有许多令人注目的“亮点”。例如：过去联邦政府只满足于提供“儿童看护”功能的学前教育，并未涉及真正的“教育”职能，奥巴马则承诺为每一位幼儿提供优质的学前教育课程；而在中小学领域，奥巴马同样试图以新的评价与激励机制，来超越布什时代过分依赖“标准化考试”的教育改革。诸如此类的承诺都是为了使民众相信，美国教育在新一届联邦政府的领导下能够迎来新生。然而需要指出的是，如果奥巴马仅仅依靠大打“教育牌”，显然不足以确保其赢得选举，因为当时民众更关心的并不是教育危机，而是日益深重的经济危机。甚至美国教育之所以日益陷入危机局面，在很大程度上也是由经济危机造成的。

正如人们所看到的那样，金融危机爆发以来，美国许多学区都出现了教育经费严重短缺的不利局面，许多学校因此关门，教师“下岗”。对此，如果不采取措施，奥巴马何以实现为每一名美国学生提供质量一流的教育？言外之意，奥巴马必须将教育改革置于经济危机背景下加以思考，才可以真正赢得选民及广大教师的响应。而奥巴马也确实充分考虑了经济危机对于教育改革的意义。在这一点上，奥巴马的教育改革构想可谓“因祸得福”，因为正是借助于经济危机，奥巴马才得以推出力度更大的教育改革计划。所谓“巧借救市推进教育改革”，说的就是这一点。①

美国近几年的“金融海啸”及其引发的经济萎缩与就业危机，堪称奥巴马的第一大关注。和当年罗斯福及其他危机时代的总统一样，奥巴马也是采取“凯恩斯主义”（Keyesianism）的思路来处理这一“头等大事”，也就是由联邦政府出面，通过大幅增加公共投资来创造就业，刺激消费，进而复苏经济。教育作为公共事业之一，自然也会被视为“救市”或复苏经济的途径之一。增加教育投入，不仅可以扭转教师失业趋势，还可以通过改善、新建学校，创造数以万计的就业机会。② 所以奥巴马可以提出大幅度提高经费投入的教育改革计划，并有机会在当选后迅速获得美国国会参众两院的通过，而不必像布什那样，几经波折，历

① 参见：高靓，等．巧借“救市”推教改：有关专家解读美国总统奥巴马的教育新政[N]．中国教育报，2009-05-12（3）．

② 周红霞．美国奥巴马政府教育政策追踪[J]．世界教育信息，2009（4）．

时两年多，才得以使《不让一个孩子掉队法》正式立法生效。

总之，奥巴马在竞选期间就提出了一套旨在重建美国教育的美好蓝图，希望缔造世界上质量一流的美国教育，而经济危机的特殊背景则使得奥巴马一旦当选，即可以借助于“救市”的紧急需要，迅速将其宏大的教育改革构想变成具体的政策措施。不过，需要指出的是，虽然奥巴马可以很方便地借拯救经济危机及联邦政府宏观调控，来推出大规模的教育改革计划，但教育投资到底能够增加多少以及能否最终落实，仍需要国会两院的同意。而奥巴马政府的教育改革政策究竟能否协调各方利益与需求，以及可以在多大程度上赢得各方支持，进而顺利实施改革计划，更是一大复杂的、难以理清的难题。

三、奥巴马政府的教育改革政策

奥巴马正式入主白宫之后，旋即在白宫官方网站公布了新一届联邦政府教育改革的大政方针，开始兑现竞选期间的一系列教育改革承诺，声称联邦政府将从加大教育投入、扩大教育公平、加强儿童早期教育、提升教师质量与教育质量、优化教育问责、加强高等教育等方面着手重建美国教育。紧接着，奥巴马又任命邓肯（Arne Duncan）为教育部长。邓肯之前是芝加哥教育局长。近几年，为提高芝加哥公立学校的教育质量与学生成绩，邓肯通过“使更多的特许学校合法化，实施高风险的标准化考试”，“关闭全市15%成绩不好的学校，另外兴建100所规模小、企业化运作的学校”，以及规定“这些企业化学校的教师不得加入教师工会，根据学生成绩进步与否，每年聘一次”① 等措施，进行了一场旨在重组芝加哥公立学校体系、提高教育质量的改革运动。选择邓肯作为新政府的教育部长，无疑表明了奥巴马政府非常希望邓肯能运用“芝加哥经验”，有效地利用教育经费和政策工具来提高公立教育质量。

2009年2月17日，奥巴马签署了《美国复苏与再投资计划》(American Recovery and Reinvestment Act of 2009)，以应对自大萧条以来最严重的危机。该项法案规定，为增加就业，复苏经济，联邦政府将在

① Giroux H A. Obama's dilemma: postpartisan politics and the crisis of American education [J]. Harvard Education Review, 2009, 79 (2): 259－260.

教育领域投入1000多亿美元，这样做不仅可以挽救或创造出数十万个幼儿教育、基础教育和高等教育的就业机会，对经济复苏产生直接刺激作用，而且通过实施学校现代化建设项目，可以额外产生数千个建筑业就业机会。此外，法案还将通过提高助学金和学费税收抵免等政策，来满足更多年轻人接受高等教育的愿望。①

可以清楚地看到，重振美国经济的迫切需求为奥巴马政府大幅度提高教育投入创造了可能，并为这些巨额教育经费的使用提供了实际的政策措施和改革行动。2月18日，教育部长邓肯向媒体表示会将巨额教育投资主要花费在四个方面："第一，提高教师质量，鼓励优秀教师到成绩不佳的学校任教；第二，提高学科标准，研发更好的考试；第三，使用数据库，科学记录每一名学生的进步过程；第四，支持困难学校实施改革。"② 26日，奥巴马针对教育改革在国会发表讲话，强调联邦政府的教育经费"将用来扩大大学入学机会"，同时"在基础教育领域实施更多的改革，扶持特许学校，奖励优秀教师，从而整体提高美国教育质量"。③ 3月10日，奥巴马在华盛顿发表演讲，宣布联邦政府将全面彻底改革美国教育。至此，新一届联邦政府完整的教育改革计划终于全面出炉，其政策要点如下：

> 1. 学前教育：实施"0—5岁计划"，投资50亿美元，扩大幼儿教育的入学机会，同时提高幼儿教育的课程质量，为来自工人和有特殊需要的家庭的15万名儿童提供优质幼儿教育。
>
> 2. 基础教育：加大投入，消除目前教育领域美国与其他发达国家之间的距离，挽救近年来美国在世界科技、经济领域地位下滑的趋势，鼓励各州开发能够满足21世纪激烈竞争需要的课程，采用世界一流的标准，促使各州及各学区追求卓越的办学成绩。

① 参见：American Recovery and Reinvestment Act of 2009［EB/OL］. http：//en.wikipedia.org/wiki/American_Recovery_and_Reinvestment_Act_of_2009.

② 参见：Ramírez E. How to spend ＄100 billion on education［EB/OL］. http：//www.usnews.com/blogs/on-education/2009/02/18/how-to-spend-100-billion-on-education.html.

③ 参见：Ramírez E. Obama's remarks on education get mixed reviews［EB/OL］. http：//www.usnews.com/blogs/on-education/2009/02/26/obamas-remarks-on-education-get-mixed-reviews.html.

3. 招募、培养、奖励杰出教师：鼓励新一代美国公民投身教育事业，大力吸引优秀人才到中小学从教，每年为美国公立学校输送3万名教师，设立面向大学毕业生的“教师服务奖学金”，大学毕业生在师资极度匮乏的学科领域或地区任教满4年，将获得相当于研究生两年学费的资助；对志愿到师资严重短缺的地区执教科学、数学的教师提供额外薪酬；为新教师配备有经验的专业发展指导老师；奖励可以提高学生学习成绩的优秀教师，同时鼓励优秀教师为改造学校承担更多的责任，实施高风险的考核机制，对于给过一次机会仍不能提高学生学习成绩的教师，坚决予以辞退。

4. 特许学校：为各州大力发展特许学校扫除障碍，以此鼓励所有美国学校追求创新与卓越，促使各州制定更严格的择校及考核标准，确保特许学校在保持自治的同时，可以以更负责的办学行动兑现质量承诺，关闭不合格的特许学校。

5. 学生学习：改变美国学生平均每年比韩国学生少学习一个月的局面，延长课外教学时间，鼓励学校开发暑期学习项目，或者每天为有需要的学生补课；努力降低日益攀升的高中辍学率。

6. 高等教育：到2020年，大学入学率达到世界第一，扩大入学机会，保证每一位美国公民都可以享受优质的高等教育，提高佩尔奖学金的数额，扩大助学贷款计划，为劳工家庭的学生每年提供2500美元的学费税收抵免，投资25亿美元，鼓励大学帮助学生完成学业；为新就业或就业多年的全体美国成年公民创造接受各种形式的高等教育的机会。①

美国政府为应对金融危机而采取的经济激励方案中，史无前例地为教育注入了1000亿美元。这1000亿美元如何有效地使用，成为美国国内教育界争论的焦点。在布罗德基金会和比尔与梅林达·盖茨基金会的资助下，由40位美国教育界官员和专家组成的委员会，于2009年4月联合发布了题为“聪明的选择：将恢复基金投资于学生成功”（Smart

---

① 参见：The Wall Street Journal Staff. Obama's remarks on education [EB/OL]. http://blogs.wsj.com/washwire/2009/03/10/obamas-remarks-on-education-2/tab/article/.

Options：Investing the Recovery Funds for Student Success）的报告[①]，提出五项优先行动。（1）建立美国的共同标准：委员会希望，到2012年，“代表美国绝大多数学生的至少40个州，采用更少量、更清晰、更高级、有实证基础、为升学和就业作好准备的标准”。但是，让40个州加入这个标准，需要召开许多会议，所以将最终期限定在2012年。（2）为教育者、教育政策制定者与父母提供可以使用的数据和信息：为了使教师的工作与努力不至于盲目，帮助他们知道哪个学生在哪些方面取得了进步，并且与其他教师交换意见，学校和州政府应该能够跟踪每个孩子的进步。目前已有6个州加入了致力于用高质量的教育数据提升学生成绩的“数据质量行动”。（3）引导富有针对性的教师评价方法：希望到2012年每个州和学区都有一个体系，这个体系“对至少50%的教师，根据他们对学生的学业成绩持续作出的贡献，提供有差异的支持与奖励”。（4）转变表现不良的学校：建议每个州关闭占学校总量5%的表现最差的学校，并且用“对学生有较高期望、有经营和员工聘用的灵活度以有效满足学生需要”的学校来取而代之。（5）帮助存在困难的学生：延长那些在阅读、写作和数学方面至少落后两年的学生的学习日与学年，并且为他们安排被证明有能力的教师，以提升他们的成绩。这一报告在很大程度上代表了美国教育界对奥巴马教育政策的回应。

上述改革领域及其目标与政策措施，被奥巴马总统视为新一届联邦政府的“美国教育战略”（America’s education strategy）。从中可以看出，虽然奥巴马政府“巧借救市”推出了自己的“教育新政”，但其目标绝不仅仅是为了通过投资教育创造就业机会，更是为了成就一番重建美国学校、真正提高美国教育质量的改革伟业。从以往联邦政府的教育改革成就来看，奥巴马政府也有足够的发展空间。以往联邦政府的教育改革计划并未取得理想结果，有的计划甚至搁浅，尤其是《不让一个孩子掉队法》本该于2007年由国会再次授权延期，但却被大选到来耽误了，这些都为奥巴马政府成就教育改革伟业预留了巨大空间。而从选举期间的演讲来看，奥巴马似乎也有意在改革美国教育方面取得实质性的突破，

---

① Alberding E, et al. Smart options：investing the recovery funds for student success［R/OL］. http：//broadeducation. org/asset/429-arrasmartoptions. pdf.

并因此起用在芝加哥取得成功的邓肯出任教育部长。

不过，由于奥巴马的“教育新政”是借《美国复苏与再投资法》推出的，并没有直接使其宏大的教育改革计划成为独立的法案，所以奥巴马政府只能够在《美国复苏与再投资法》允许的政策空间里实施教育改革计划，而无法全面落实所谓的“五大美国教育战略”。就《美国复苏与再投资法》而言，奥巴马最有希望采取改革行动的领域，乃是国会历来都支持的提高教育质量这一块。2009 年 7 月 27 日，奥巴马就教育改革再次发表讲话。在反复强调为确保 21 世纪美国经济、科技的领先地位必须改革教育之后，奥巴马提出了此次讲话的主题——“如何提高从幼儿园到高中的教育质量”。奥巴马声称，联邦政府将投入“物质刺激，鼓励美国学校投身改革，追求卓越”，并因此推出了迈向巅峰计划（Race to the Top）。①

随后，邓肯领导的教育部制定了迈向巅峰计划的实施细则，以激励各州领导学校参与该计划所倡导的教育改革竞赛。首轮计划从 2009 年 7 月延续到 2010 年 6 月，联邦政府预计投入 43 亿美元，并将根据各州的教育改革成效来分配资金。

> 1. 按照联邦政府统一的标准开发并实施严格的、高质量的评价工具，证明自己确实达到了联邦政府制定的标准，切实为学生升学或就业提供卓越的知识与能力。
>
> 2. 扩大对于教师与校长的支持，改进教师培养，拥有完善的可以激励教师的评价、薪酬及留任政策，确保将最优秀的教师分配到关键学科及最需要的地区。
>
> 3. 创建全州学业数据库，利用该数据库改进教学，同时向所有利益相关人公布数据，从而有助于政策制定和提高教学质量。
>
> 4. 针对教学质量长期不佳的学校，采取有效的革新措施，实施私有化改革计划。
>
> 5. 加强与商界领袖、教育家及其他利益相关人的合作，以提高

---

① 参见：Office of Elementary and Secondary Education. Race to the top fund［EB/OL］. http://www2.ed.gov/programs/racetothetop/index.html.

学生成绩，缩小成绩差距；对表现优异的特许学校，加大支持力度；提高数学、科学教育的质量；大力创造其他条件，推进学校改革与创新。①

2010年1月29日，奥巴马总统发表其国情咨文，向国会报告了美国内政外交的情况，其中再次重申教育对于国家发展的重要意义。在随后于2月1日出台的2011年财政预算中，国内开支被大幅度缩减，但教育经费却比上一年度增加35亿美元，包括：10亿美元用于修订《不让一个孩子掉队法》，13.5亿美元用于迈向巅峰计划，5亿美元用于开发新的测试工具，9.5亿美元用于激励教师以及其他计划。② 作为国家政策的指向标，教育财政预算充分表明了奥巴马政府对于教育“质量”的追求，各项经费开支的目的无一不是希望改进现状，打造具有高质量以及竞争力的美国教育。

虽然自2009年1月奥巴马入主白宫以来，新一届联邦政府因为“受益”于严重的经济危机与急切的“救市”需要，而避免了国会层面两党之间的争执，“搭顺风车”般地将实施教育改革所必需的1000亿美元巨额经费投入列入了《美国复苏与再投资法》，但由于时间有限，联邦政府只是向各州及社会各方人士交代了巨额教育经费将用来做什么。从奥巴马上任之后的大半年时间里拿出的一系列教育政策来看，其教育新政主要是想通过向各州拨付“教育救济款”，推行教育部长邓肯在芝加哥领导学校重建时期的改革思路，来促使各州在兼顾教育机会均等的同时，大力提高美国学校的教育质量，缔造所谓学生成绩世界一流的美国教育。

这一政策思路符合美国近10年的政治传统及经济发展的需要，然而奥巴马政府的教育新政也有一个明显的缺陷，这便是他所推行的上述一系列政策缺乏法律的强制性，并未像布什政府时期那样成为一项单独的

① 参见：The White House. Promoting innovation, reform, and excellence in America's public schools [EB/OL]. http://www.whitehouse.gov/the-press-office/fact-sheet-race-top.

② 参见：The Senate and House of Representatives of the United States of America in Congress. American Recovery and Reinvestment Act of 2009 [EB/OL]. (One Hundred Eleventh Congress of the United States of America). (2009-01-06). http://frwebgate.access.gpo.gov/cgi-bin/getdoc.cgi?dbname=111_cong_bills&docid=f:h1enr.pdf.

教育法案。这一点自然会对政策在各州的执行产生不利影响，以至于奥巴马政府在过去一年里主要是以“奖金”为杠杆，来促使各州响应其改革计划。除此之外，奥巴马政府还将面临美国权力高度分化、摩擦不断的政治现实，以及就业机会、经济状况迟迟得不到好转的社会现实。所以即使奥巴马政府获得国会授权可以修订《不让一个孩子掉队法》，将其教育政策上升为联邦法律，在各州执行这些教育政策的过程中，也难免会因为政治权力冲突以及就业与经济状况没有好转，而陷入僵局或失去民心。奥巴马政府所制定的上述教育新政能否顺利实施，可以取得什么样的效果，也因此充满了不确定性。

四、奥巴马的教育“新”政及其困境

虽然结局尚难预料，实施过程也必然困难重重，但就其政策本身而言，奥巴马政府的教育政策仍给人留下了深刻的印象，延续了美国近30年以来教育改革对于“质量”的诉求，同时提出了不少超越布什政府教育政策的新主张，描绘了一幅更美好、更全面的美国教育蓝图。归纳起来，奥巴马的教育新政至少在以下几个方面，能让美国民众觉得它突破了布什政府的教育政策。

首先是将学前教育纳入改革范畴，提出0—5岁计划。美国对学前教育拨款100亿美元，资助各州普及学前教育，增加有教育意义的课程项目，使每个低收入家庭的儿童都能获得优质的学前教育，为小学学习作好充分准备。其次是针对高等教育制定更受普通民众欢迎的一系列资助与学费税收抵免计划，尤其是对完成100小时社区服务的大学生减免4000美元学费，更让低收入家庭看到了希望，因为这笔钱足以支付公立大学2/3的学费或大多数社区学院的全部学费，学生等于不花钱就可以上社区学院。而奥巴马教育新政中最受关注的即是其对布什政府推出的《不让一个孩子掉队法》的修订计划。布什政府的教育政策强调以学生考试成绩作为教师、学校考核的依据，而且过分重视数学、科学等主科的成绩，引发了教师群体以及学校的不满，其要求在2013—2014学年达到的学生学业水平，也近乎于“乌托邦式的目标”①。奥巴马注意到了这些问题，在其改革政策中希望改变为考试而教，只强调数学、英语和科学，忽视社会科学、艺术等其他学科的狭窄政策倾向，此外，奥巴马还声称改革学校评估标准，给予失败的学校更多支持而不是惩罚。

虽然奥巴马政府已经通过刺激计划、财政预算等，在经费上给教育改革以支持，但奥巴马的教育政策在很大程度上还依然是一种政策话语，如果无法及时兑现，则情况就会大变。细心的观察家发现，奥巴马的教育新政其实并没有实质上的突破或创新。如在学前教育这一块，其政策便有重复之嫌。据奥巴马曾经的竞选对手麦凯恩提供的数据，美国联邦政府和各州现有的各类学前教育计划不下 10 个，70%—85% 的低收入家庭儿童已进入学前教育系统，在母亲有工作的家庭中，90% 的 5 岁以下儿童都在接受学前教育。因此，批评者认为，现在的问题应该是提供优质的学前教育，只要对政出多门的各类学前教育计划进行有效协调和合理的资源配置，就可达到这个目的，没必要推出新计划。② 而 2009 年下半年来，美国大学校园频繁发生“反奥巴马”活动，也说明奥巴马并未拿出真正有效的办法，来解决布什政府时期就已产生的学费问题。

更值得注意的是，奥巴马教育新政的总体战略思路很难突破布什时期的框架，这主要体现在奥巴马政府几乎不可能“说服”国会让其制定新的教育改革法案上。如果奥巴马政府想要使自己的教育改革政策上升为法案，也只能以布什政府制定的《不让一个孩子掉队法》为基础，对之进行改进与完善。事实上，竞选期间，无论是奥巴马还是其竞争对手麦凯恩，均不敢对《不让一个孩子掉队法》的原则提出挑战。因为该法案是美国两党经过多年政治博弈，在各自妥协的基础上达成的政策，而该法案转向重视教育结果或质量也顺应了美国社会与广大选民的期望。对此，奥巴马政府怎能弃之不顾，另起炉灶？

事实也是如此，奥巴马政府除了对实施《不让一个孩子掉队法》的配套经费不足和未尽力帮助“失败的学校”等方面有所批评和修改外，

① 参见：Dillon S. Obama to seek sweeping change in “No Child” law [N/OL]. The New York Times, 2010 - 01 - 31. http://www.nytimes.com/2010/02/01/education/01child.html? th&emc = th.

② 参见：郭玉贵．平衡·改革·争议：看“奥巴马时代”的教育走向［N］．中国教育报，2009 - 01 - 20.

所提出的教育政策更多的是延续该法的精神。随布什一同卸任的前教育部长斯佩林斯也直言："他（指奥巴马）所说的许多事情对我来说真是太熟悉了，如教师激励工资、特许学校、提高学业标准及帮助弥合学业差距等，我希望能继续这些政策。"有的评论家更进一步说："在教育上，奥巴马实质上是在让布什延续他的第三个总统任期。"①

的确，倘若奥巴马政府可以争取到更多的经费，开发更有效的政策工具，将《不让一个孩子掉队法》执行得更好，就已经算是取得史无前例的成功了。但即使是延续布什政府时期的教育改革路线，奥巴马政府仍将面临一系列难以克服的矛盾与困难。之所以会这样，是由美国特殊的政治体制与残酷的经济现实决定的。奥巴马教育新政首先需要化解美国两党之间的权力争夺，在新的教育法案不可能获得国会通过的情况下，奥巴马政府只能设法推动一再被耽误的《不让一个孩子掉队法》的授权事宜。而据《纽约时报》2010年2月1日报道，奥巴马也的确在组织人员对该法案实施修订与完善②，不过何时能够获得通过却不得而知，恐怕又要被两党权力争夺及其他更重要的议题（如医疗改革计划）耽搁。

不仅如此，即使奥巴马的教育新政可以上升为联邦立法，其在各州执行的过程中也还要通过另一层政治考验，这便是如何赢得各州政府的支持。事实上，《不让一个孩子掉队法》的延期工作之所以迟迟被耽误，与各州政府的抵制有很大关系。2004—2006年，许多州都通过州立法的途径来反对该法案盛气凌人的规定。例如，夏威夷州为捍卫独立教育领导权，便曾宣称不要联邦政府的经费资助。弗吉尼亚州和犹他州也通过州议会的立法拒绝按联邦政府的意志实施教育改革。③ 布什政府难以理顺的联邦与各州之间的紧张关系，奥巴马政府能否理顺？从奥巴马及邓肯实施的改革行动来看，各州恐怕也会因为联邦政府"从上到下"的强硬姿态和技术上非常难达标的执行压力，而再次抵制奥巴马的教育新政。

---

① 参见：郭玉贵. 平衡·改革·争议：看"奥巴马时代"的教育走向［N］. 中国教育报，2009-01-20.

② 参见：Dillon S. Obama to seek sweeping change in "No Child" law［N/OL］. The New York Times，2010-01-31. http：//www.nytimes.com/2010/02/01/education/01child.html? th&emc=th.

③ 参见：DeBray-Pelot E，McGuinn P. The new politics of education：analyzing the Federal education policy landscape in the post-NCLB era［EB/OL］. http：//epx.sagepub.com/cgi/content/abstract/23/1/15.

铁腕教育部长邓肯在芝加哥实施公立学校重建期间就曾激起众怒①，近来在联邦政府推行迈向巅峰计划更是制定了苛刻标准，还增加了四项附加条件，许多教育条件差的州根本达不到联邦政府的标准，而且经费还不是一次到位，这些势必会引发各州政府的强烈反弹，使联邦与州政府之间本来就不协调的关系变得更加紊乱。更何况，即使各州政府力挺联邦政府的教育新政，联邦政府给予的经费也不足以支撑州政府按照联邦政府的质量标准对全州学校实施重建，这当中仍面临巨大的资金缺口。有的观察家曾估计："联邦政府仅在帮助各州实现教育均等这一点上，就至少需要再增加300亿美元"。② 经费不足使得许多州近些年来连自己制订的教育改革计划都无力实施，以至于干脆把教育领导责任扔给了市政府。③ 奥巴马政府教育新政在地方的实施情况因此变得更加难以把握。

而在学校及教师这一层面，奥巴马政府同样面临许多无法化解的矛盾。目前推行的对学校及教师影响甚大的政策措施，往往只会加剧教师的愤怒与反抗。尤其是大力扶持特许学校，继续实行高风险的考试成绩问责制，更是容易引发教师的反对与抵制。奥巴马与邓肯都认为市场化运作的特许学校可以提高教学质量，并以此来"激励"公立学校的教师努力提高学生成绩，从而挽留住学生。此外，奥巴马政府还直接在公立学校推行更严格的绩效考评与惩罚制度，这与当初承诺的要解放教师的教育创造力可谓相去万里。难怪邓肯一公布激励全体教师提高学生成绩的迈向巅峰计划，美国最大的教师工会即美国全国教育协会（National Education Association）便立即对该计划发起了"猛烈攻击"，认为它"视野狭窄，依旧是布什政府由上到下的改革模式，实施之后，势必会促使各州大力推行绩效工资制，使公共经费转到私人运作的特许学校，加上其他性质相似的措施，美国教育体系必将毁于一旦"④。

---

① Giroux H A. Obama's dilemma: postpartisan politics and the crisis of American education [J]. Harvard Education Review, 2009, 79 (2): 259-260.

② Sunderman G L. Holding NCLB accountable [M]. Thousand Oaks: Corwin Press, 2008: 113-120.

③ Cooper B S, et al. Handbook of education politics and policy [M]. New York: Routledge, 2008: 190.

④ Anderson N. NEA attacks administration's education reform plan [N]. The Washington Post, 2009-08-21.

对奥巴马政府推行教育新政来说，更大的困难也许还不是来自政治和教师层面，而是当前的经济危机状况。2010 年 1 月，奥巴马发表上任一年来的国情咨文演讲，再次强调对抗经济危机、增加就业最好的办法乃是创建“世界一流的教育”，进而又重申了他在过去一年里反复列举的几大“教育战略”。但时过境迁，许多美国民众都不再相信了，只认为“奥巴马又在讲其一贯擅长的大话”。在这些怀疑者看来，“现实的情况是，许多拿到博士学位的人都找不到工作，处于失业状态”，更不要说接受“世界一流的中学教育”就可以对抗经济危机了。[①] 总之，奥巴马的教育新政面临来自政治、学校及社会等方面的众多困难，未来奥巴马政府的教育改革政策在多大程度上能够顺利实施，以及实施之后能够取得什么样的效果，都是未知数。

本书是美国《教育周刊》关于奥巴马及其竞选合作伙伴拜登提出的各种教育计划以及相关评论的汇编。面对 21 世纪的挑战，奥巴马和拜登期望对 21 世纪的美国教育进行更多的改革，能有更多的资源用于各种教育改革，同时期望教育能有更好的绩效。他们将实施 0—5 岁计划，拓展低收入家庭托儿教育计划（Early Head Start）和低收入家庭幼儿教育计划（Head Start），提供负担得起的高质量的儿童保育；改革《不让一个孩子掉队法》，支持高质量的学校，关闭低效能的特许学校；优先发展数学和科学教育，增加高质量的课外教育机会，提高教学质量，应对辍学危机；支持大学拓展计划，建立全新的机会税收抵免制度，简化联邦资助申请手续，鼓励更多来自低收入家庭的年轻人上大学；支持大学学分革新计划，支持双语教育和英语学习；加强教师教育，设立新的教师服务奖学金，聘用优秀大学生服务教育，促进教师专业发展，激励和奖励成功教师。奥巴马执政以来，这些举措被陆续付诸实施。

本书的翻译是集体劳动的结晶。北京师范大学教育学部何颖（第 2、第 6 章），天津职业技术师范大学孙翠香（第 7、第 9 章），华东师范大学李海生（第 8 章）、张方晓（第 1 章）、刘晓玲（第 5 章）、刘涛（第 3

---

① 参见：Tottie R. The one about my thoughts on The State of the Union Address [EB/OL]. http://blogs.alternet.org/theoneabout/tag/elementary-and-secondary-education-act/.

章)，江苏大学王佳佳（第4章)，香港中文大学张玉婷（第10章、附录)，华东师范大学与法国里昂高师联合培养博士生张丹（前言、致谢)，分别译出各章初稿。全书最后由笔者逐章统一校译、润饰，并对一些读者不易理解的专门术语、组织机构等，添加相关注释。华东师范大学课程与教学研究所何珊云协助完成校译工作，华东师范大学教育学系研究生张淑萍、黄欣、张海瑞、孙闻译、戴成林等协助校读译稿。教育科学出版社韦禾女士和刘明堂先生反复给予支持、鼓励与鞭策，本书责任编辑何艺女士费心校勘，使译文增色不少，在此一并表示感谢。

范国睿

华东师范大学基础教育改革与发展研究所

2010年3月19日初稿

2010年7月18日改定

目　录

前言：授权变革 vii

在美国总统大选过程中，总统候选人对有关教育议题的实质性争论并不多，而参议员巴拉克·奥巴马的竞选纲领，则以其议题广泛、思考缜密以及雄心勃勃的任职目标而令人瞩目。

2008 年 8 月 28 日，奥巴马在接受民主党提名时指出："今晚，我与米歇尔站在这里，是因为我们曾经有机会接受教育。我们不愿意看到一些美国儿童将来无法享受这种教育的情况发生。我将投资早期儿童教育，将招募、建设一支新的教师队伍，给予他们更高的工资，更多的支持。与此同时，我也将对他们提出更高的标准，更多的绩效责任。"

这些蓝图并没有被搁置一边。奥巴马先生建议，对于那些愿意去难以招到教师的学校工作或愿意完成 100 小时社区服务的大学生，可以采取学费税收抵免政策。他说，他会改革《不让一个孩子掉队法》，以鼓励各州用测验来测评学生的高级思维技能。他想通过法律来凸显、奖励好学校，而不是认同业绩不佳的学校。他声称，他会以双倍的投资支持教育研究与发展。总之，这些提案将会使联邦基础教育（K－12）支出增加 180 亿美元，另有 120 亿美元用于高等教育支出。

教育政策界的领袖们迫切地想要听到，奥巴马团队将于何时以及如何在其竞选中，就其所强调的广泛议题发表演说。他们将首先解决哪一个问题？会作出什么样的妥协？经济萧条以及金融信贷危机，将如何影

viii 响和平与改革的步伐和范围？本书汇集了《教育周刊》（*Education Week*）所发表的一些新文章与新观点，以帮助读者了解奥巴马政府是如何围绕上述议题形成教育政策观点的。

关于本书

本书第一部分围绕奥巴马和拜登教育蓝图（Obama-Biden Education Plan）中的主要观点展开，涉及的问题从投资早期儿童教育到改善大学生的学费负担。每章都从一个简要的议题开始（根据奥巴马竞选网站上的相关信息摘录汇编而成），并列举了奥巴马在其竞选纲领中提出的主要变革动议。接下来的“视点”部分，是一组选自《教育周刊》，与创新项目相关的文章、案例材料以及评论。奥巴马和拜登的方案涉及面广，简单起见，我们作了一些合并。例如，早期儿童教育计划的三个部分放在第1章，有关大学拓展计划与大学财政的文章合并安排在第8章呈现。最后，关于解决辍学危机、扩大高质量的课外学习机会以及支持英语学习者等方案，则安排在第5章和第6章。

全书第二部分包含了两个给总统提建议的项目的节录。第9章是从学习事务公司（Learning Matters）① 制作的一个多媒体节目——《给当选总统奥巴马的教育建议》（Education Advice for President-elect Obama）——中提取选出的。学习事务公司收集了教师、行政人员、政策制定者以及学生们向总统提的建议，并通过播客、广播以及 EdAdviceForObama. org 网站发布出去。由于篇幅限制，我们仅能包含那些来自不同角色、提出不同观点的人们的部分建议。第10章则是全美教育学会（National Academy of Education，NAEd）向新政府提出的主要政策建议的摘要。

奥巴马的竞选因其涉及范围广以及对公众有所承诺而备受关注。巴
ix 拉克·奥巴马的教育蓝图——包括关于学前教育、教育改革、大学学费负担等的详细提案文件——也早就已经挂在了 barackobama. com 网站上。

① 学习事务公司是一家致力于帮助学区、行政人员与教师在完成其教育儿童的使命上取得更大成功的咨询和培训公司。参见：http：//www. learningmatters. us. ——主译者

在竞选之后的过渡阶段，人们可以在 change. gov 网站上看到这些教育蓝图。作为参考，我们还在本书最后收录了奥巴马和拜登的教育蓝图。

未来展望

奥巴马总统的教育目标，将会以非凡的领导水平、资源、舆论与合作意愿去颁布。我们希望本书能成为一幅有益的路线图，为即将展开的艰苦工作提供向导。此外，我们还希望它可以为奥巴马和拜登就相关的复杂议题的提案，在即将到来的这一年中的论争、立法与执行提供有价值的深刻见解。

致　谢

xi

本书所收录的文章反映了《教育周刊》记者的大量工作。教育周刊出版社（Education Week Press）的玛丽－埃伦·费尔普斯·戴利（Mary-Ellen Phelps Deily）承担了本书的编辑工作。《教育周刊》的戴维 J. 霍夫（David J. Hoff）为本书撰写了前言。乔西－巴斯出版公司（Jossey-bass）的编辑借助 barackobama. com 与 change. gov 网站上的有用信息，编写或改编了每章开篇部分的“议题”与“奥巴马的蓝图”。

《教育周刊》要感谢对收录于本书的文章给予支持的基金会。作为一个非营利组织，教育编辑计划（Editorial Projects in Education, EPE）[①] ——《教育周刊》的非营利性总公司——接受了下列组织以及其他一些组织的支持：

安嫩伯格基金会（Annenberg Foundation）[②] 为设立新学校和改善教室条件提供资助。

---

① 教育编辑计划是编辑出版《教育周刊》的非营利组织。该组织设有研究中心，拥有全职研究人员，每年进行政策调查，收集数据，作出分析，并在《教育周刊》出版的年度报告《质量统计》（*Quality Counts*）、《技术统计》（*Technology Counts*）、《文凭统计》（*Diplomas Count*）上发表。该组织还发布各种主题的专题报告，并经营《教师杂志》(*Teacher Magazine*) 和教育周刊网站（www. edweek. org）。——主译者

② 参见：http：//www. annenbergfoundation. org. ——主译者

福特基金会（Ford Foundation）① 为新奥尔良公立教育保险费提供资助。

考夫曼基金会（Ewing Marrion Kauffman Foundation）② 为数学、科学和技术教育提供资助。

布罗德基金会（Eli and Edythe Broad Foundation）③ 为《国家处于危机之中》（A Nation at Risk）这一里程碑式报告的25 周年纪念提供部分特别资助。

斯宾塞基金会（Spencer Foundation）④ 为教育研究提供部分资助。

乔伊斯基金会（Joyce Foundation）⑤ 为提高教学专业化的政策努力提供部分资助。

位于纽约的卡内基公司（Carnegie Corporation）为大学入学和入职提供部分资助。

xii 比尔与梅林达·盖茨基金会（Bill & Melinda Gates Foundation）⑥ 为EPE 研究中心一年一度的《文凭统计》（*Diplomas Count*）报告提供资助。

---

① 福特基金会，由福特汽车公司创始人亨利·福特（Henry Ford，1863—1947）之子埃兹尔·福特（Edsel Ford，1893—1943）创办于1936 年，是美国最大的私人基金会之一。20 世纪50 年代，该基金会继承了福特大量的私人财富后，在纽约设立了全球总部，由一个独立的理事会管理基金会的各项事务。20 世纪80 年代起，福特基金会开始支持美国多所大学的中国研究项目，其后，又支持中国的若干所大学培养经济学和法学的教师队伍。1988 年，通过与国务院的特别协议，福特基金会成为首家在北京设立办事处的国际非政府组织，合作方是中国社会科学院。福特基金会主要资助四个领域：司法体系改革、生殖健康、环境和发展、经济改革及其社会影响。2002 年又增加了教育和文化项目。参见：http：//www. fordfound. org. ——主译者

② 尤因·马里恩·考夫曼基金会，通译为"考夫曼基金会"。参见：http：//www. kauffman. org. ——主译者

③ 布罗德基金会，由慈善家伊莱·布罗德（Eli Broad）与埃迪思·布罗德（Edythe Broad）夫妇于1999 年在美国加州洛杉矶创办。参见：http：//www. broadfoundation. org. ——主译者

④ 参见：http：//www. spencer. org. ——主译者

⑤ 乔伊斯基金会为美国前五十大的独立性基金会，主要赞助北美五大湖区的公共政策事务研究，尤其是教育、环境、社会福利及公共卫生等方面公共政策的研究与施行。参见：http：//www. joycefdn. org. ——主译者

⑥ 比尔与梅林达·盖茨基金会成立于1994 年，总部在西雅图，2000 年的资产为53.7 亿美元，2001 年上升至242 亿美元。基金会经常性的项目包括全球健康平等、帮助所有的学生有所成就、跨越数字化的分界岭三大项。具体项目包括：非洲儿童的免疫接种；对发展中国家妇女提供计划生育服务；在全世界消灭小儿麻痹症；预防与治疗艾滋病；支持美国改进教育；提供奖学金；向美国和加拿大低收入社区图书馆普及计算机和上网手段等。参见：http：//www. gatesfoundation. org/Pages/home. aspx. ——主译者

最后，感谢学习事务公司的安尼克·哈利迪（Anique Halliday）、塞利·蒂姆（Selly Thiam）、埃琳娜·席尔德（Elena Schilder）和唐纳德·德弗特（Donald Devet）允许我们誊录、刊印他们《给当选总统的建议》（Advice to the President-Elect）节目的部分音频资料。还要感谢全美教育学会（NAEd）执行董事格雷格·怀特（Greg White）允许我们使用全美教育学会的白皮书。

第一部分　教育蓝图

“我们的议题就从教育开始。在这个数字化时代，无论是保守的心态还是开放的心态，无论是共和党还是民主党，几乎每一位经济学家都认同，良好的教育和技能训练不仅是个人获得机遇的关键因素，也是整个国家经济繁荣的关键因素。我们必须确保美国的每一位儿童——我是说每一位儿童——都能像我们自己的孩子一样接受良好的教育。只有如此，我们才能满意。”

巴拉克·奥巴马

密歇根州，弗林特，2008 年 6 月 16 日

第1章　投资早期儿童教育① 3

“我们都知道，不同的早期儿童教育将对我们孩子的未来生活产生怎样的影响。”

巴拉克·奥巴马

新罕布什尔州，曼彻斯特，2007年11月20日

议　题

是加大儿童教育投入的时候了。研究和实践证明，这一投入将使我们长期获益。

研究表明，早期经验会影响儿童大脑的发育，决定儿童未来的学习能力、行为表现和成功。投资早期教育同样能够带来经济利益。向给儿童及其家庭以支持的高质量的综合性援助项目每投入1美元，将会为社会带来7—10美元的回报。这主要表现在减少特殊教育服务需求、提高毕业率和就业率、减少犯罪、减少社会福利开支以及提高健康水平等方面。

婴儿和学步期儿童的教育尤为重要，因为很多儿童白天要和父母以外的监护人长时间接触。除了确保这种儿童保育是可获得的和可负担的以外，还需要做更多的工作，以确保这种教育是高质量的，确保为儿童提供他们所需要的教育经验。

---

① “Long-Term Payoff Seen From Early-Childrenhood Education,” by Linda Jacobson, as first appeared in *Education Week*, June 11, 2008. Reprinted with permission from Editoral Projects in Education.

“Pre-K Study Shows Good and Bad News,” by Linda Jacobson, as first appeared in *Education Week*, March 26, 2008. Reprinted with permission from Editoral Projects in Education.

“Fine-Tuning Preschool Rating System,” by Linda Jacobson, as first appeared in *Education Week*, October 29, 2008. Reprinted with permission from Editoral Projects in Education.

“Preschool Education and Its Lasting Effects,” by Linda Jacobson, as first appeared in *Education Week*, September 17, 2008. Reprinted with permission from Editoral Projects in Education.

“Teacher-Pupil Link Crucial to Pre-K Success,” by Linda Jacobson, as first appeared in *Education Week*, May 21, 2008. Reprinted with permission from Editoral Projects in Education.

“Universial Pre-K What about the Babies,” by Samuel J. Meisels, as first appeared in *Education Week*, January 25, 2008. Reprinted with permission from Editoral Projects in Education.

“Creating the Best Prekindergartens: Five Ingredients for Long-Term Effects and Returns on Investment,” by Lawrence Schweinhart, as first appeared in *Education Week*, March 19, 2008. Reprinted with permission from Editoral Projects in Education.

4

奥巴马的蓝图

投资儿童教育不仅在道德上是正确的，而且在生产力的整体提升上是重要的。奥巴马和拜登的蓝图包括如下建议：

- **0—5 岁计划（Zero to Five Plan）**：这项 0—5 岁综合性的计划，将为儿童及其父母提供关键性的支持。该项计划将重点放在幼儿的早期保育和教育方面，以为儿童入（幼儿）园作好准备。奥巴马和拜登将设立早期学习挑战基金（Early Learning Challenge Grants），用于促进该项计划在各州的实施，帮助各州建立起自愿参与的、普及的学前教育。
- **拓展低收入家庭托儿教育计划（Early Head Start）和低收入家庭幼儿教育计划（Head Start）**[①]：将低收入家庭托儿教育计划扩大四倍，增加对低收入家庭幼儿教育计划的投资，并进一步提高这两个项目的质量。
- **提供负担得起的高质量的儿童保育**：增加工薪家庭获得负担得起的、高质量的儿童保育的机会，以减轻这些家长的负担。

---

① 美国有许多全国性学前儿童保育和教育项目，低收入家庭幼儿教育计划是其中历时最久、影响最大的一个项目，由美国健康与公共服务署负责实施，旨在为低收入家庭及其 3—5 岁的子女提供教育、卫生、营养等全方位的社会服务。该计划始于 1965 年，1981 年联邦政府出台了推动与规范该计划的《幼儿教育法》（Head Start Act），此后多次对其加以修订。截至 2005 年底，共有 2200 多万名学前儿童参与了该计划。2005 年，共有 68 亿美元预算为 90.5 万多名儿童提供了此项服务，其中 57% 的儿童为 4 岁及 4 岁以上，43% 的为 3 岁或更小。这些服务由 1604 种不同的服务项目组成，分散于美国各州的几乎每一个村，每个儿童平均花费 7222 美元。低收入家庭托儿教育计划是低收入家庭幼儿教育计划的一部分，该计划始于 1995 年，旨在为低收入家庭的孕妇和 0—3 岁婴幼儿提供教育与服务。尽管该计划主要针对孕妇的产前照顾以及 0—3 岁婴幼儿的早期教育，但在具体落实过程中，也会惠及 3 岁以上幼儿。——主译者

视　点

- 早期儿童教育的长期收益
- 学前教育的状态
- 学前教育评价系统的修正
- 学前教育的效果
- 师生关系是学前教育取得成功的关键
- 普遍的学前教育：孩子们的状况如何？
- 创办最好的学前教育

早期儿童教育的长期收益

琳达·雅各布森

2008年6月11日

长期以来，芝加哥为低收入家庭提供早期儿童教育项目。关于该项目的最新分析表明，接受早期教育的儿童由此而获得的经济收益，将一直延续到其成年。

研究者通过对20多年来的资料加以分析发现，为芝加哥亲子中心（Chicago Child Parent Centers）的儿童每花费1美元，他们在25岁左右就可以获得10美元的回报。这10美元的回报，要么表现为社会效益，如节省学校的补救性教育或刑事司法系统的费用，要么表现为个人收益，如参与者个人收入的提高。

“该项目意义重大，它是唯一一个一直在持续进行的公立学校项目，也是极少数对成人有所影响的项目之一。”明尼苏达大学双子城分校的儿

6 童发展学教授阿瑟 J. 雷诺兹在电子邮件中表明了上述观点。

他还说，人们很可能低估了这一项目可能带来的收益，因为他还发现了未曾预想到的结果。比如，与对照组相比，项目参与者拥有私人健康保险的机会增多了，出现精神问题的可能性减少了。

但是，也有专家警告说，参与芝加哥项目或其他类似项目的儿童大都是处境非常不利的儿童，而且，为参与普通的学前教育项目的中产阶级家庭所提供的类似服务，不可能获得与芝加哥项目同样的收益。

总部设在洛杉矶的理智基金会（Reason Foundation）① 的教育与儿童福利部主任莉萨·斯内尔，是一位自由市场思想的忠实拥护者。斯内尔说："对芝加哥项目所显示的经济数据的最大争议，仍然在于它是一个'专卖店'项目，该项目比目前大多数普通的学前教育项目要花费更多的钱，提供更多的服务。""很难想象，目前的一些项目会和芝加哥项目一样取得同样高的经济回报。"

7 上个月在旧金山召开的预防研究学会（Society for Prevention Research）（该学会在弗吉尼亚州的费尔法克斯县注册）的一次会议上，人们得出了上述结论。

父母参与

芝加哥跟踪研究（Chicago Longitudinal Study）② 最初包括了 1539 名来自非洲裔和西班牙裔低收入家庭的儿童，这些儿童分别于 1985 年、1986 年在 25 个地点参加了芝加哥学校系统举办的早期教育项目。

1967 年，芝加哥项目刚开始运作的时候，选择的地点都是小学或小学附近。与联邦政府低收入家庭幼儿教育计划（Head Start）相似的是，芝加哥亲子中心为 3—9 岁的儿童提供了教育、健康与家庭支持等综合服务。

与低收入家庭幼儿教育计划不同的是，所有参与项目的教师都拥有本科学位，并且他们与普通中小学（K－12）教师的收入是一样的。

---

① 美国自由派理论的非营利机构，创建于 1978 年。官方网站为：http：//www. reason. org. ——主译者

② 官方网站为：http：//www. waisman. wisc. edu/cls. ——主译者

学前教育的状态

根据位于新泽西州新不伦瑞克的罗格斯大学国家早期教育研究所（National Institute for Early Education Research，NIEER）的最新年度报告，美国现有超过100万名3—4岁儿童正在参加公共的学前教育项目，但是，有12个州还没有这类由公共经费支持的项目。

报告自2004年起就追踪各州政府为儿童提供的早期教育项目的进展情况。它根据学龄儿童的入学率，以及诸如拥有本科学位教师的比例、能够提供的除教育活动以外的综合服务、营养餐等10项质量评估基准，对各州进行排名。

该报告还对加利福尼亚、佛罗里达、俄亥俄和得克萨斯4个州进行了详细研究，这4个州能够为大多数儿童提供此类项目服务，但是，它们在这10项质量评估基准上能够达标的项目还不足一半。

“政府今年取得了很多进步，但是，当你深入挖掘数据的时候会发现，并没有那样乐观。”研究所所长W.史蒂文·巴尼特在一份声明中表示。

他又说道，那些不能参加由政府资助的学前教育项目的孩子，大都来自中产阶级家庭，但这些家庭又无力承担昂贵的私立学前教育开支。

“政府必须在两者之间作出决定，即儿童教育是继续为穷人提供福利项目，还是为所有美国儿童提供必需的投资。”巴尼特先生说。

其他的一些关键性结论包括：自对外发布研究报告以来，学前儿童的生均经费第一次有所增加，花费在每个孩子身上的平均费用是3642美元。然而，报告称，根据通货膨胀因素对数据进行调整之后发现，与2001—2002学年相比，每个孩子的费用还是下降了700美元。至于投资趋势，报告认为，“在提高入学率和控制通货膨胀方面，各州政府正在努力维持现有水平”。

琳达·雅各布森，2008年3月26日

此外，该项目希望父母能够参与课堂学习——这是芝加哥项目与其他早期干预项目的不同之处，因为，在芝加哥项目中，儿童要接受“学 8

校－社区代表”的家访。

雷诺兹先生认为：“父母被要求参与项目，有 30 余种不同的参与方式，因此，没有人会拒绝。”

由于这项研究不是真正的随机实验，对照组儿童与实验组儿童的区别，在于诸如家庭规模、父母工作状况等一些社会经济因素和人口统计变量。项目使用这些变量来对照、追踪实验干预的效果。与实验组的儿童不同，对照组的儿童参加其他一些儿童早期教育项目，如低收入家庭幼儿教育计划或全日制幼儿园。

去年，雷诺兹先生将他的研究成果发表在《儿科学与青少年医学文献》（*Archives of Pediatrics & Adolescent Medicine*）月刊上。他对这些参与者 24 岁时的情况进行了研究，发现：接受过该项目教育的儿童比那些没有接受过此类教育的儿童，在成年后所受的教育更多，而犯罪率更低。

大量证据

由于验证了项目有诸如降低特殊教育支出、减少社会福利依赖等持续的积极效果，雷诺兹先生关于芝加哥项目的研究，经常被当作支持为儿童早期教育提供公共经费的三项长期研究之一。另外两项研究分别是，1962—1967 年在密歇根州伊斯兰提（底特律附近）开展的高瞻佩里学前教育（High/Scope Perry Preschool）研究计划①，以及 1972—1977 年的卡罗

---

① “High/Scope”是美国高瞻教育研究基金会（HighScope Educational Research Foundation，http://www.highscope.org）的简称，由美国儿童心理学家戴维·韦卡特（David Weikart）于 1970 年创立，总部设在美国密歇根州的伊斯兰提市，是一个独立的非营利教育研究组织。基金会主要靠政府的支持，同时也接受个人的捐赠，另通过出售自己的教材、教具以及音像等出版物获取一部分资金。High/Scope 本身含有崇高的目标和宽广的范围的意思，其宗旨是促进全世界婴儿、学前儿童、青少年的发展，并通过培训教师和父母来帮助孩子们学习。经过近 30 年的努力，该基金会已经成为一个集研究、培训、教育、宣传于一身的开放且多功能的机构。目前，它在英国、爱尔兰、墨西哥、新加坡等国都设有分中心，传播其包括婴幼儿教育方案（0—2.5 岁）、学前教育方案（2.5—6 岁）、小学教育方案（6—12 岁）以及青少年教育方案（12—18 岁）在内的教育思想与教育方案，这些教育方案以其广泛的适用性和可操作性受到全世界的青睐。高瞻佩里学前教育研究计划是该基金会组织的幼儿教育长期效果研究项目，迄今为止已进行了长达 40 多年的跟踪研究。2004 年，研究者发表的报告表明：接受学前教育的儿童年届 40 岁时，投资回报率最高；历时 40 年的跟踪研究发现，对儿童每投入 1 美元可以获得 16.14 美元的回报，其中，12.9 美元回报给社会，个人则获得 3.24 美元的回报；在对社会的回报中，有 88% 为减少犯罪，4% 为节省教育开支，7% 为因提高收入而带来的增值税，1% 为减少福利开支。参见：Schweinhart L J，Montie J，Xiang Z，Barnett W S，Belfield C R，Nores M. Lifetime effects：the High/Scope Perry Preschool study through age 40［M］. Ypsilanti，M. I.：HighScope Press，2005. ——主译者

来纳初学者计划（Carolina Abecedarian Project）①，后者为北卡罗来纳州查珀尔希尔地区的 112 名 0—5 岁来自低收入家庭的儿童提供服务。

芝加哥项目成果显著，因为它不同于其他的示范性项目。一个位于华盛顿的倡议团体“现在开始学前教育”（Pre-K Now）② 的政府政策分析家艾伯特·沃特，去年在一篇题为“美元与意义：关于学前教育经济分析的评论”（Dollars and Sense：A Review of Economic Analyses of Pre-K）的报告中写道：“因为芝加哥项目由公立学校系统运作，所以，它更具有普遍性，更有可能在其他类似的环境中推广。”

他在这篇报告中指出：“芝加哥项目说明，公立学校可以有效地运营 9
高质量的学前教育项目，这样的学前教育项目将产生长期的积极影响。”

而且，雷诺兹先生总结道：“如果公立教育遵循一些重要的规律，公立项目就会带来高回报，这一结论已经被一些最新的数据再次证明。”

雷诺兹先生的最新分析将于近期在一份研究报告中披露，他的结论提供了各种学前教育项目在经济回报方面的对比分析。

他用成本 - 收益研究法对比分析了其他流行的政策，如全日制幼儿园项目、班级规模缩减项目、联邦妇女与婴幼儿营养补助计划（Federal Woman , Infants, and Children, WIC）③ 等。

---

① 20 世纪 70 年代开始在北卡罗来纳州进行的以 111 名非裔美国婴儿为样本的跟踪研究，研究发现参与项目的孩子在阅读和数学测验中成绩更好，更有可能上大学，与其他人相比更少地过早生儿育女。参见：http：//www. fpg. unc. edu/ ~ abc. ——主译者

② 美国皮尤州政府研究中心（Pew Center on the States，http：//www. pewcenteronthestates. org/）是由著名的太阳石油公司（Sun Oil Company）创始人约瑟夫 N. 皮尤（Joseph N. Pew）夫妇家族所创，致力于研究各州的重要课题，包括政治、经济、能源、环保等。目前，在各州教育问题上，该中心专注于推动学前教育，并与许多支持者和决策者合作，在华盛顿地区发起“现在开始学前教育”运动（http：//www. preknow. org/），以推动各州的学前教育，为所有 3—4 岁儿童提供高质量的、义务的学前教育。2009 年 5 月，皮尤中心发布的题为“关键性的领导：各州长 2010 年度的学前教育预算提案”（Leadership Matters：Governors' Pre-K Proposals Fiscal Year 2010）的报告指出：尽管不景气，全美仍有 14 个州的州政府计划增加明年的学前教育预算。——主译者

③ 联邦妇女与婴幼儿营养补助计划，英文全称为“Special Supplemental Nutrition Program for Women, Infants and Children”，通称“WIC 项目”，是美国一项全国性的妇幼营养补助计划。该计划创建于 1972 年，由美国国会通过，交由美国农业部（USDA）资助，在美国各州实施。凡是怀孕的妇女、新近分娩的新妈妈、喂母乳的母亲、新生婴儿及未满 5 岁的幼童，均是 WIC 项目的服务对象。即使是有工作、有收入的人，也可能符合资格并享受 WIC 的服务和补助。参加 WIC 的资格包括：家庭收入符合 WIC 低收入标准；持有医生证明或有关的健康资料；孕妇、喂母乳或产后 6 个月的妇女；婴儿或 5 岁以下的幼儿。WIC 的服务项目包括：可供换取特定营养食物的支票券，母婴、幼儿营养和健康教育，个人营养咨询，支援和协助哺喂母乳的妈妈，转荐医疗护理或治疗以及其他社会福利机构等。参见：http：//www. fns. usda. gov/wic. ——主译者

通过对比发现，芝加哥学前教育项目取得了最高的回报。每花费1美元可以取得6.02美元回报，而小班化项目是1美元回报2.47美元，WIC项目是1美元回报3.07美元，全日制幼儿园项目则没有取得任何回报。

学前教育评价系统的修正

琳达·雅各布森

2008年10月29日

正当研究者认为，州政府应在研究成果共享和证明评价体系是否有助于改善儿童学习等方面多做些什么的时候，使用评价量表（rating scales）已成为一种鼓励各州儿童保育中心和学前教育机构改进项目以使其更受欢迎的方式。

由于学前教育质量的各项指标落后于其他州，共和党人、加利福尼亚州州长阿诺德·施瓦辛格于上月签署了一份建立顾问委员会的法案，以启动设计加州评价指标的议程。

在华盛顿州，早期学习局（department of early learning）[①] 对来自5
10 个社区的125位参与者试用了新的成功因子质量评价与改进系统（Seeds of Success quality rating and improvement system）。

在弗吉尼亚州，州长蒂姆·凯恩新成立的儿童早期发展办公室，已经进入了新的星级质量系统（Star Quality System）测试的第二年，这个系统包括350个由州政府资助的托儿教育项目、低收入家庭幼儿教育计划（Head Start）和私立儿童保育项目。

但是，位于加利福尼亚州圣莫尼卡的兰德公司（RAND Corp.）的研

① 官方网站：http：//www.del.wa.gov/default.aspx.——主译者

究人员最近的一项研究指出：官员们还没有尽最大努力，来共享从这些正在运作的项目中所获得的收获。

盖尔 L. 泽尔曼和迈克尔·珀尔曼召集了科罗拉多、北卡罗来纳、俄亥俄、俄克拉荷马以及宾夕法尼亚 5 个州的代表，这些州是首批实施质量评价与改进系统的地区。

研究者们指出，尽管人们对于扩大质量评价与改进系统的呼声日益
高涨，但是，“在起草该系统的相关规章、设计和完成系统框架方面，仍 11
缺乏作为支撑的实用知识和实验数据”。

学前教育的效果

科罗拉多大学波尔德分校的教育与公共福利中心（Education and the Public Interest Center）和亚利桑那州立大学坦佩分校的教育政策研究所（Education Policy Research Unit）的报告指出，学前教育有助于儿童的学习与发展，但是，各州现有的学前教育行动方案差异很大。

位于新泽西州的罗切斯特大学新不伦瑞克校区的国家早期教育研究所所长 W. 史蒂文·巴尼特，在 9 月 10 日的政策短评中指出，高质量的学前教育项目可以提高分数，减少退学率，减少对学生进行特殊教育的可能性。

针对学前教育项目之间的质量不平衡，他建议，决策者不应增设更多的儿童保育中心来补充学前教育，而应集中精力扩充那些拥有较高质量的高效能学前教育机构。

他们发现，这 5 个州的评价系统都包括了学前教育中心教师的教育与培训水平，以及某种方式的课堂质量评价。但在是否将父母参与度、学前教育中心经由国家认证等其他因素纳入评价系统的问题上，各州又有所不同。

在访谈过程中，人们还提出了一些建议，例如：在项目开始前保证资金投入，向公众进行宣传，聘请不同的专家分别负责对学前教育中心的评价工作和技术援助工作。

市场驱动方式

如同卫生部门对餐饮设施进行评价一样，对学前教育中心的评价，也被视为一种鼓励中心提高服务质量的市场驱动方式，这种方式可以使家长更多地了解中心如何有选择地为其子女提供服务。

联邦政府儿童保育局（Child Care Bureau）[①] 的下属机构——国家儿童保育信息与技术援助中心（National Child Care Information and Technical Assistance Center）指出，已有 16 个州在 1 月拥有了覆盖全州的评价系统，超过 25 个州正在研究或设计这一系统。

大多数州的学前教育中心可自行决定是否参与评价，但是，北卡罗来纳州和田纳西州已将质量评价整合到州儿童保育认证系统中。评价主要考虑一些基本因素，如教师的受教育水平、师生比以及课堂质量评价等。

大多数州还附加了有关可持续改进的步骤，其中包括为改进设备、购买学习材料或与指导教师协同工作而提供的拨款。质量评价得分高的机构，将获得比州儿童保育津贴基数更多的经费。

研究结果

对许多州的评估表明，评价系统可以改善儿童早期教育环境。

12 2006 年宾夕法尼亚州基石星质量评价系统（Keystone STARS Quality Rating System）[②] 的研究表明：参与质量评价的儿童保育中心的得分比没有参与的高。来自匹兹堡大学儿童发展办公室（Office of Child Development）和位于宾夕法尼亚州立大学帕克校区的预防研究中心（Prevention Research Center）的研究人员认为，该项目源自改变 20 世纪 90 年代后期

① 官方网站：http：//www. childcare. gov. ——主译者

② 宾夕法尼亚州的别名是“基石之州”（Keystone State），就像基石（拱心石）撑起石拱门一样，宾夕法尼亚州被认为是美国共和党人的支撑地。基石星质量评价系统，是宾夕法尼亚州州长马克·施韦克（Mark Schweiker）于 2002 年批准实施的一项旨在改善、提高早期儿童教育质量的教育计划。其中的“STARS”由“标准”（Standards）、“培训与专业发展”（Training and Professional Development）、“援助”（Assistance）、“资源”（Resources）和“支持”（Supports）的首字母组成。——主译者

儿童保育质量下滑的局面。

至于评价系统是否有助于提高儿童入学所需的技能，尚待进一步的研究予以验证。

泽尔曼女士和珀尔曼女士关于科罗拉多州一家非营利组织——优星早期学习机构（Qualistar Early Learning）[①] 的一项独立研究发现，质量评价系统与儿童发展结果没有必然的联系，这里所说的儿童发展结果包括入学准备、认知能力和社会交往能力等。

她们在今年年初撰写的一份研究报告中指出："人们将质量的提高看成儿童发展结果的改善，并且对此过于看重，然而，那些长期形塑儿童的因素却使两者之间的这种联系变得并不清晰，至少短期内是如此。"

泽尔曼女士和佩尔曼女士在访谈中发现，在全州范围内大规模使用这一评价系统之前，很多州并没有先行试用，因此，需要对评价系统加以实质性的修正。

华盛顿州早期学习局主任助理朱丽叶·托里斯说："我们希望从这一过程中看到该系统的可行性。我们同样也关心家长对这类信息的看法。"

加利福尼亚幼儿教育协会（California Association for the Education of Young Children）执行主席桑德拉·贾尔德说，她的团队"希望有机会参与此过程"。

师生关系是学前教育取得成功的关键 13

琳达·雅各布森

2008 年 5 月 21 日

一项最新的研究表明，学前教育中，对于学生学习而言，师生关系

---

① 优星早期学习机构，是科罗拉多州的一家旨在为儿童和家长提供保育服务，以提高早期儿童教育质量的全州性非营利机构。官方网站：http：//www. qualistar. org. ——主译者

的质量比班级规模、教师任职资格等要素更为重要。这一结论引发了人们对传统的学前教育质量评价方法的质疑，而这一方法恰好为早期儿童教育专家和州决策者所偏好。

弗吉尼亚大学的研究者，以 11 个州 671 个学前课堂中的 2400 位 4 岁儿童为样本进行了上述研究，他们发现课堂评价的最低标准，包括教师的研究领域、教师受教育水平和师生比等，与儿童的学业、语言和社会发展水平没有什么相关性。

相反，儿童的学业与语言技能，可以在对儿童的新想法提供反馈、鼓励他们用更复杂的方式思考问题等更优质的教学支持条件下，获得更好的发展。而儿童的社会交往能力，则在教师表现出肯定的态度、对儿童的需求作出敏感反应等情况下发展得更快。

上述研究重点考察了国家早期教育研究所（NIEER，位于罗格斯大学新不伦瑞克校区）在其年度报告中所测量的 10 项学前教育机构质量评估基准，该研究所追踪了州政府为达到学前教育质量的相关指标所作出的努力。

这些基准包括：州政府是否要求其所资助的学前教育项目的负责教师拥有学士学位，是否至少每天为每位学生供应一餐，是否让教师持续地接受培训等。

质量因素

弗吉尼亚大学夏洛茨维尔分校教育学系主任罗伯特 C. 皮安塔是该
14 研究的负责人之一。他指出：“如果将整个评价系统系于人们通常所谈论的那些结构性指标，那么，就有可能远远高估这一评价系统的质量水平。”这一结论发表在今年 5—6 月出版的《儿童发展》（*Child Development*）上。

皮安塔先生强调，这一研究并非在暗示那些“基础性项目条件”不重要。相反，他指出，这些基础性条件与那些为人们所认定的支持性的质量条件，都是必需的。

这一研究曾得到国家早期教育研究所的部分资助。该研究所所长 W. 史蒂文·巴尼特声称：该研究“不支持如下结论：对为所有儿童设立高效能的教育项目和满足所有儿童的广泛需要而言，与质量基准相关联的项目特征并不重要”。

在研究过程中，研究人员在项目实施的某一阶段（如某一学年）的开始和结束时，组织儿童进行技能测试。

他们收集了大量关于项目是否达到了 9 条最低质量标准的信息。这些标准是由诸如位于华盛顿的全美幼儿教育协会（National Association for the Education of Young Children）这样的专业组织推荐的。

他们还使用皮安塔先生设计的被称为“CLASS”的工具，对课堂环境质量与师生关系质量进行评价。CLASS 代表课堂评估计分系统（Classroom Assessment Scoring System）。这一评价工具从教学支持、情感氛围和课堂组织三个范畴监测教学的 10 个方面。

联邦政府资助的跟踪研究项目——儿童早期保育和青春期发展研究（Study of Early Child Care and Youth Development），一直使用 CLASS 工具。皮安塔先生在 2005 年的一项研究中发现，对于那些因为家庭贫困以及母亲文化水平低而学业失败的 1 年级学生而言，教师在教学与情感方面的双重支持，可以提高他们的学业成就。

类似的结论也适应于那些存在行为与社会交往困难的学生：如果教师对他们态度温和，善于捕捉他们细微的变化，肯定他们的一些行为，学生就会和那些没有行为问题记录的儿童一样表现良好。 15

皮安塔先生的研究也表明，即使在一所学校或一个学前教育中心内，课堂环境质量也会有很大差异。同样，皮安塔先生指出，即使州政府或地方政府达到了最低基准，各学前教育机构的实际课堂环境之间仍会存在差异。

他认为：“即使这些事情都已到位，你仍有许多事情要做。”

CLASS 工具也被用于培训全国各种不同教育层次的学前教师，以提高他们的教学水平。

引发的警告

国家早期教育研究所的巴尼特先生认为，国家早期教育研究所提出的 10 项基准，旨在“为这些项目所必须采取的一些举措以及人力资源配置设定最低标准”。

他指出：“不能期望依靠这些［基准］对儿童的学习与发展产生直

接的效果。”

例如，要求进行健康检查是为那些没有机会看医生的儿童设定的。

巴尼特先生认为：“尽管对于极少数儿童来说这样的健康检查非常重要，但是，不要指望它会对儿童的考试分数带来任何影响。”

他还认为，国家早期教育研究对其所设定的一些基准的解释，并不同于弗吉尼亚大学的研究中对这些基准的描述，而且，有两个可能对教学实践产生最重大影响的基准——政府监管与教师专业发展——被忽略了。

皮安塔先生也认为，州政府的监管与教师的专业发展都举足轻重。但是，“这两个方面也都很难有成效”。他认为，如果培训不关注与学生的互动，仅仅靠几个小时的在职培训，将没有什么帮助。

16

州政府政策的变化

学前教育专家们认为，对于高质量的教育项目，要看到它在儿童整个学龄阶段及其未来的持续收益。近年来，专家们的这些意见已引起州决策者的回应。

《2007 年国家早期教育研究所各州学前教育年鉴》（The 2007 NIEER State Preschool Yearbook）发现，各州政府最近正在努力超越这些基准。没有达到 5 项及以上指标的州，从 2003 年的 19 个减少到去年的 8 个，而在这 8 个州中，亚利桑那、堪萨斯和迈阿密正在努力改变。

北卡罗来纳州的给 4 岁儿童以更多关注计划（More at Four）[1] 和阿拉巴马州的学前教育计划，达到了全部 10 项基准。另外 8 个州的州政府资助项目，在 10 项基准中有 9 项达标。

皮安塔先生还补充道，有关“教师对孩子们做了些什么”的课堂观察与关注也正在得到广泛应用。

弗吉尼亚大学教与学高级研究中心（Center for Advanced Study of Teaching and Learning）的资深研究员安德鲁 J. 马什伯恩，以该研究第一作

---

[1] 给 4 岁儿童以更多关注计划，是由北卡罗来纳州州长迈克·伊斯利（Mike Easley）发起的为 4 岁儿童设计的入园学习成功计划。它是一项志愿性活动，由高质量的儿童保育中心来提供适当的课程与结构合理的成长环境。——主译者

者的身份在一家媒体上撰文指出："研究结果提供的证据是引人瞩目的，即儿童在入学前的学习，在很大程度上依赖于良好的师生情感和与教师教学的密切互动关系。"

来自加州大学洛杉矶分校和北卡罗来纳大学查珀尔希尔分校的研究人员，也参与了此项研究。

普遍的学前教育：孩子们的状况如何？ 17

塞缪尔 J. 迈泽尔斯的评论

2006 年 1 月 25 日

25 年前，我看过杰罗姆 · 布鲁纳的一本新书，这是一本引领 20 世纪发展心理学的书籍。他在书的第 1 卷"牛津学前教育计划"（Oxford Preschool Project）中所阐述的内容，至今令我记忆犹新。他说："好的开始是成功的一半，起于情感与心智发展备受关注之时。"

作为一名早期儿童教育工作者，我对此话产生了共鸣。我被其中的清晰认识所折服，那就是人的发展与其早期经验有关。但是，我也看到了布鲁纳为开端和结局所赋予的亚里士多德式观察的另一层含义。单有好的开端还不够。好的开端与好的想法一样，只有在维持、强化并贯彻执行的情况下方能产生真正的效果。

有关早期教育的重要性，我们听说过那些全国性组织提出的诸如 0—3 岁计划（Zero to Three）等富有说服力的观点。正是这些观点激励着几代人提升儿童，尤其是那些处境危险的儿童的保育与教育质量。这项工作是一个良好的开端，它使得公众对学前教育与干预的支持力度大幅提升。

此前，学前教育中最大的公共投资项目是低收入家庭幼儿教育计划，该计划始于 1965 年一个为期 8 周的暑期项目，到今天，它已资助了 90

万名儿童，历年的花费已超过 70 亿美元。在过去的 10 年间，由政府资助的学前教育项目，在惠及儿童的总人数方面几乎已超过了低收入家庭幼儿教育计划。现在，有 40 多个州和哥伦比亚特区都在提供学前教育项目。根据国家早期教育研究所的研究，尽管只有佐治亚州和俄克拉荷马
18 州正在为所有 4 岁的儿童提供服务，但有 10 个以上的州已经或正在考虑为公众提供普遍的学前教育服务。

这是一个好消息，每一个为 4 岁儿童提供全方位、高品质学前教育服务的人，都值得我们感激和赞誉。但是，4 岁以下儿童的境况怎样呢？如果我们知道儿童的婴幼儿期（不包括胎儿期）对培养他们未来的批判性思维品质的重要性的话，那么，目前的婴幼儿教育状况如何呢？另一项统计数据令人震惊，有 25 个州没有为面向 4 岁以下儿童的教育服务项目提供经费。所有资助都投向了 4 岁的儿童。

就我们所知道的情况而言，只为 20% 的学前儿童提供保育的政策是否是明智之举呢？学前教育的拥护者如此努力地工作，只是为了帮助 4 岁的儿童而不关心婴儿吗？

当然不是。问题不在于婴儿是否可爱或者是否更有吸引力，也不在于生命中的第一年是否最重要。实际上，学前教育运动的拥护者解释说，之所以关注 4 岁儿童，是因为他们为这一年龄教育所作的努力，为进一步拓展对更小儿童的服务提供了一个杠杆。几乎所有与学前教育运动有着职业联系的人士，也都支持投资 3 岁儿童的教育和从出生到 3 岁的教育。去年夏天，一位学前教育的倡导者给我写信说："我认为，没有人会认为人生最初的三年不重要。"她指出，我们不应该将一个年龄与另一个年龄对立。这一告诫，我铭记在心。

但是，如果我们允许公共政策将 4 岁变成影响日后学业成功的一个关键年龄，那么，一旦这种被普遍接受的 4 岁儿童的学前教育最终不能实现其使命，我们该怎么办呢？

摆在我们面前的，不是在支持 4 岁儿童的学前教育和支持为所有从初生到 5 岁的儿童提供综合服务这两者之间选择其一的问题。我相信，
19 对决策者及其所面对的公众而言，真正的任务是澄清生命中最初的 3 年或 4 年的地位。我们从国家科学院（National Academy of Sciences）的报

告《从神经元到社会》（From Neurons to Neighborhoods）[1] 中了解到，早期教育之所以重要，并不是因为它建立了一种不可逆转的发展模式，而是因为它为我们巩固了未来发展所倚赖的安全期或脆弱期。人的发展不会止于 3 岁。但是，早期教育仍有重要意义。

> 早期教育之所以重要，并不是因为它建立了一种不可逆转的发展模式，而是因为它为我们巩固了未来发展所倚赖的安全期或脆弱期。

全国儿童发展科学理事会（National Scientific Council On the Developing Child）[2] 指出，儿童发展的机会之窗虽连续开放多年，但是，随着年龄的增长，补救性发展的成本与日俱增。研究指出，早期启蒙比后期教育重要得多。大脑的神经系统建立起来之后，就很难改变。从经济学意义上讲，早期干预具有重要意义，并极有可能消除持续的、有害的学业差距，而这正是学前教育政策所关注的。

不久前，芝加哥大学的经济学家、诺贝尔奖获得者詹姆斯 J. 赫克曼提出了这样的观点："在所谓的正式学习开始之前，学习在婴儿期就已开始，并且将持续终生……早期学习引发后续学习，早期的成功孕育后续的成功……这一阶段的成功或失败是将来学龄阶段成功或失败的基础。"

赫克曼认为，可以通过提供高质量的儿童早期教育以减少未来学习的成本。用他的话说："补救不良家庭背景给孩子带来的不利影响的最为经济有效的方式，就是投资他们的早期教育。"

在政策制定工作上，我很久以前就得知，任何事，有优点比没有优
点要好。我确信，有学前教育项目要比没有好。但是，如果以为所有儿 20
童都能在一个普及 4 岁儿童学前教育（这成为他们的权利之一，如同他
们上幼儿园一样）的社会中成长，恐怕是在自欺欺人。与其奢谈美国儿
童在早期生活中面临的问题太多，不如提前解决这些问题。

普及 4 岁学前教育，被认为是等同于为所有孩子设置了一个上学之

---

① 参见：Shonkoff J P，Phillips D A. From neurons to neighborhoods：the science of early childhood development. Washington，D. C.：National Academy Press，2000. ——主译者

② 官方网站：http：//www. developingchild. net. ——主译者

前的游戏阶段。但是，这一策略并不会导致公平。它不会消除不同遗传基因、不同经济条件和不同家庭背景的儿童之间的差距。相反，它可能会造成自相矛盾的后果：扩大在生命早期阶段拥有有利条件的孩子和处境不利孩子之间的差异。

因此，我们不是要在儿童上学之前的这一年，为其提供一些相似的、范围很广的机会，而是要探讨如何为那些最需要教育的儿童提供富有针对性的服务。正如在伊利诺伊州所看到的那样，为了减少儿童上学时的差距，我们必须将政府资金投入到那些起步较早、提供持续的保育和综合服务的学前教育计划之中。为实现这些目标，我们实际上需要一个“马歇尔计划”（Marshall Plan）①，来转变和提高那些为0—3岁儿童服务的工作人员的专业技能。

> 我们为这个国家的儿童所提供的普遍的学前教育项目，还只是一个开始，不应被当作已完成的工作之范例而误传。我们仅仅是“在路上”。

我并非要特别重视某一年龄的群体。与布鲁纳教授一样，我只是要清晰地表达这么一个观点：好的开始是成功的一半。生命并非始于4岁，基础坚实的开端才是未来成功的基石。我们为这个国家的儿童所提供的普遍的学前教育项目，还只是一个开始，不应被当作已完成的工作之范例而误传。我们仅仅是“在路上”。

21 我们仍然需要努力设计一个学前教育系统，这一系统将考虑儿童由此开始贯穿一生的征程。真要使儿童从学前教育中获益，就需要采取不同类型的干预措施，有的儿童需要强烈的干预，有的儿童需要多方面的干预，有的儿童则需要较早进行干预。只有这样，才能让更多儿童获益。

我赞成这句口号：“现在开始学前教育（Pre-K Now）。”但是，我想作进一步的补充：“对那些最需要学前教育的儿童，从一出生便开始为其服务。”

---

① “马歇尔计划”，又称“欧洲复兴计划”（European Recovery Program），是“二战”后美国对被战争破坏的西欧各国进行经济援助、协助重建的计划，对欧洲国家的发展和世界政治格局产生了深远影响。——主译者

创办最好的学前教育

实现长期效果和投资回报的五个要素

劳伦斯 J. 施温哈特的评论

2008 年 3 月 19 日

近年来，由州政府资助的为 4 岁儿童提供的学前教育项目获得了跨越式的发展。仅最近 5 年，这类项目就增长了 40%。造成这类项目数量急剧增长的因素之一是，有强有力的证据表明早期经验将对大脑结构的发育产生影响。第二个因素是，有证据表明为低收入家庭的孩子提供高质量的学前教育能够带来长期收益，这种投资将会带来稳定的回报。

上述结论源于以下三个关于学前教育项目之有效性的研究：1962 年由戴维 P. 韦卡特发起的高瞻佩里学前教育研究计划；1972 年由克雷格 T. 雷米发起的卡罗来纳初学者计划；1985 年由阿瑟 J. 雷诺兹负责实施的芝加哥亲子中心项目。这些跟踪研究发现了强有力的证据，证明学前教育对参与者童年期的智力发展、青少年期的学业成绩、在常态班中的排名（并非特殊教育或留级）、高中毕业率以及成年后的收入等均有积极 22
影响。研究还发现，参与者的未成年生育与犯罪现象较少。而且，这些项目所带来的经济回报是最初投入的 4—16 倍。正是这些非同寻常的经济数据，使得一些著名的经济学家公开支持这些项目，这些经济学家包括芝加哥大学的诺贝尔奖获得者詹姆斯 J. 赫克曼、联邦储备主席本 S. 伯南克等。

> 现在是时候来探究一下为什么有些学前教育项目能够产生很好的效果，为参与者的生活带来持续影响，而有些项目却不能。

然而，有关联邦政府的低收入家庭幼儿教育计划和州政府资助的学前教育计划的最新研究发现，这些项目对儿童的读写能力、社会交往能

力和对父母行为的影响，都是有限的、短期的，由此引发了关于这些项目是否能够产生长期效果和投资回报的疑问。现在是时候来探究一下为什么有些学前教育项目能够产生很好的效果，为参与者的生活带来持续影响，而有些项目却不能。要设计一个高效能的学前教育项目，须具备以下五方面的要素。

1. 来自低收入家庭或其他类似环境的儿童面临学业失败的危险。人们很少会期待在那些没有处于这种环境中的儿童身上产生长期的效果，而且，这种效果还尚待人们去发现，尽管人们仍在争论是否要为他们提供这种服务。举个例子，俄克拉荷马的小威廉 T. 戈姆利最近主持的一项有关对所有儿童开放的州学前教育项目的研究表明，参与项目的儿童的短期学业进步，足以对其长期的发展产生影响。为所有儿童提供服务的项目，不但覆盖了最需要帮助的儿童，而且比那些只锁定部分儿童的项目拥有更广泛的政治支持。

2. 拥有充足的合格教师，并为这些教师提供持续的支持。合格教师是任何教育项目成功与否的关键，这是一条源于联邦政府《不让一个孩
23 子掉队法》的原则。在早期儿童教育领域，一名合格教师应该拥有教师资格证书，拥有教育学、儿童发展或相近学科的学士学位。各种研究发现不断地告诉我们儿童是如何学习的，怎样才能给他们最好的教育。相比之下，为早期儿童教育的教师提供课程指导，帮助他们实现专业发展，也同样重要。系统的在职培训可以使教师学会基于研究的实用课堂策略，这也有助于确保儿童获得他们发展所需的教育经验。

拥有 16—20 名 4 岁儿童的高效能的幼儿园一般配备两名合格教师，其中一名是教师，另一名是助教，因此，在这样的课堂上，儿童可以得到充分的个体关注（individual attention）。尽管拥有合格的教师、较低的生师比以及实施教师专业发展可能会成本不菲，但是，如果降低某些标准，就会影响项目的效果及投资回报。

3. 实施一种有效的、交互式的儿童发展课程。这样的课程能使儿童和教师一起来设计他们的学习活动。这种课程强调，不能只重视阅读和数学，同时还要重视儿童发展的所有方面——认知、语言、社会发展、情感、动机、艺术表现和运动技能等。这类课程的效果已经得到了证实。实施这样的课程需要认真的交互式训练、研究和实践，特别是对于那些

在这方面没有很多经验的教师来说。

4. 教师花费大量的时间与父母交流，告知他们孩子的发展情况，以及如何将儿童学习延伸到家庭之中。在跟踪研究所调查的所有项目中，教师都与家长一起努力。事实上，在高瞻佩里学前教育项目中，教师将一半的时间花在与家长的交流沟通上。儿童保育已突破半日制模式，变得日渐普及。儿童保育工作的拓展要求家长和其他儿童保育人员——在保育中心和家庭中——共同努力，因为他们每天都和孩子们在一起。 24

5. 可以根据持续的项目质量评估和儿童的入学准备情况来确认项目效果。好的课程与好的评估是紧密联系在一起的。努力追求良好效果的学前教育，需要重复那些已经取得良好效果的项目的政策与实践，其中就包括这里所列的五项要素。项目是否完成取决于项目实施评价，这是一个用以评估项目达成管理与教学标准的情况的系统。项目评估人员使用标准化指标，观察课堂与学校的情况，对教师及其他与项目质量的各个方面相关的人员进行访谈。这些评价结果可被用于改进项目质量。

可以采用系统观察和测验，来评价学前教育中的儿童在入学准备方面的发展状况。如果采用交互式儿童发展课程，系统观察会比测验更为合适，因为它可以记录儿童的日常行为，而不要求儿童在特定的时间、特定的地点回答特定的题目。项目管理人员和教师等是了解孩子在这些评价中的表现的人，他们可以用这些评价信息来检测儿童的发展，并调整教学安排。

> 由于“入学准备”这一概念有助于学前教育获得较高质量，所以，应该把它用作学前教育及其长期效果之间的调节器。

近20年前，国家教育目标委员会（National Education Goals Panel）将“入学准备”（school readiness）定义为不仅包含阅读和数学，而且包含常识，认知、身体健康与动机发展，社会与情感发展，学习方法，以及语言发展等其他方面。这一宽泛的定义也见于低收入家庭幼儿教育计

划结果结构体系（Head Start Child Outcomes Framwork）①，以及加拿大的早期发展指导（Early Development Instrument，EDI）② 之中。加拿大和其他一些国家对儿童入学准备的评价，是由学前教育教师根据 120 条标准来对儿童的表现进行评量。

25 由于“入学准备”这一概念有助于学前教育取得较高质量，所以，应该把它用作学前教育及其长期效果之间的调节器。入学准备测量的有效性，取决于它对学前教育效果的敏感性，以及学前教育对儿童将来学业成绩和其他重要生活指标产生影响的预测力。在高瞻佩里学前教育研究计划中，人们发现该学前教育项目促进了儿童的智力发展，培养了他们对学校教育的责任感，这些成果反过来又促进了儿童的学业成功、教育水平提升以及成年后的收入增长，并减少了犯罪的可能性。所以，在这项研究中，与学前教育经验和后期成效相关联的入学准备，包含了智力发展和动机表现两部分内容。

入学准备的这一定义，可以作为衡量今天的学前教育成功与否的基准，并引导其取得长期效果和高额投资回报。

---

① 参见：http：//www. hsnrc. org/CDI/pdfs/UGCOF. pdf. ——主译者

② 早期发展指导是一项由加拿大麦克马斯特大学（McMaster University）的研究人员研制、由加拿大和澳大利亚联合实施的测量儿童早期发展并予以指导的跨国性研究项目。——主译者

第2章 改革《不让一个孩子掉队法》[①] 26

“这些考试应该有助于完善全面发展教育，而不是以牺牲全面发展教育为代价。”

巴拉克·奥巴马

新罕布什尔州，曼彻斯特，2007年11月20日

议　题

尽管《不让一个孩子掉队法》(NCLB) 的总体目标不错——确保所有儿童达到高标准，但是，有必要指出，该法案仍有缺陷。巴拉克·奥巴马和乔·拜登相信，强迫教师、校长和学校在没有资源支持的条件下实现《不让一个孩子掉队法》的预期目标，有失偏颇。我们没有成功地为每间教室配备高质量的教师，况且我们还没有给这些获聘教师足够的支持和薪水。我们必须从根本上对《不让一个孩子掉队法》进行改造。

---

① “NCLB Testing Said to Give ‘Illusions of Progress’,” by Scott J. Cech, as first appeared in *Education Week*, Septmeber 22, 2008. Reprinted with permission from Editorial Projects in Education.

“Top Students Said to Stagnate Under NCLB,” by Debra Viadero, as first appeared in *Education Week*, June 18, 2008. Reprinted with permission from Editorial Projects in Education.

Definition of “NCLB” from *The Education Week Guide to K – 12 Terminology* (Jossey-Bass). Copyring © 2008 by Editorial Projects in Education. Reprinted with permission.

“School Found Likely to Miss NCLB Targets,” by Sean Cavanagh & David Hoff, as first appeared in *Education Week*, October 1, 2008. Reprinted with permission from Editorial Projects in Education.

“City Leaders Back Stronger Accountability,” by David Hoff, as first appeared in *Education Week*, July 30, 2008. Reprinted with permission from Editorial Projects in Education.

“Where is the ‘Child’ in the No Child Left Behind Debate?” by Thomas E. Petri, as first appeared in *Education Week*, February 4, 2008. Reprinted with permission from Editorial Projects in Education.

“What to do with No Child Left Behind?” by Richard D. Kahlenberg, as first appeared in *Education Week*, October 15, 2008. Reprinted with permission from Editorial Projects in Education.

27 奥巴马的蓝图

奥巴马的蓝图集中于改进《不让一个孩子掉队法》的评估与绩效责任体系。

- **改进评估：**奥巴马和拜登认为，不应强迫教师花费整个学年的时间来帮助学生应付标准化考试。他们将改进评价体系，追踪学生进步，衡量学生是否为上大学或就业作好了准备，以及促进学生适时地以个性化的方式学习。
- **改进绩效责任体系：**奥巴马和拜登将完善《不让一个孩子掉队法》，扶持那些需要改进的学校，而不是惩罚它们。

视　点 28

- 高绩效责任背后的城市领导人
- 《不让一个孩子掉队法》测验呈现“进步假象”
- 优等生说《不让一个孩子掉队法》阻滞了他们的发展
- 学校可能没有达到《不让一个孩子掉队法》的目标
- 在《不让一个孩子掉队法》的讨论中，孩子们的声音哪里去了？
- 怎样对待《不让一个孩子掉队法》？

高绩效责任背后的城市领导人

戴维 J. 霍夫

2008年7月30日

（华盛顿）在讨论《不让一个孩子掉队法》的未来时，许多教育工作者认为，联邦政府应通过设定学校可达到的目标，以及合理制裁那些没有达到目标的学校，以降低该法案的绩效责任要求。

但是，那些最有可能设法实现该法案的当下目标，以及最有可能面临制裁的学校所在城市的领导人，正在敦促国会放开手脚让学校对自己的未来负责。

纽约市公立学校总监[①]乔尔 I. 克莱恩，在最近的一次听证会上对众议院教育与劳工委员（House Education and Labor Committee）说：“我认

① 纽约市公立学校总监（chancellor of the New York City public schools），即第3章将要提到的纽约市学校总监（New York City School chancellor）（参见原书第67页），由纽约市教育局长担任，负责处理纽约市公立学校事务。——主译者

为，你们应该像我一样把事情做得更好，因为这并不是关系到我，而是关系到我的孩子。”

大都市学校协会（Council of the Great City School）① 主任迈克尔·卡
29 瑟利说，自从布什总统上任伊始第一次提出将联邦经费用于提升学生学业成绩以后，克莱恩先生及其三个同伴传递给专家组的信息，与城市督学们的立场是一致的。华盛顿大区（Washington group）② 由60多个美国最大的城市学区组成。

城市学校团体（city schools' group）是唯一一个代表教育工作者为2001年《不让一个孩子掉队法》而游说议员的大型组织，至今，该组织仍是这一法案的最大支持者之一。

“城市学校并不怕绩效责任制，”卡瑟利先生在一次访谈中说道，“绩效责任制让每一个人都将精力聚焦在学生的学业成绩上。这也是我们为什么首先赞成《不让一个孩子掉队法》的部分原因。”

意见相左

其他代表教师、校董会成员和管理者的团体，与城市学校团体的态度相左。

美国教师联合会（American Federation of Teachers，AFT）③ 新任主席兰迪·温加滕在7月13日的演说中表示，该法案“过于零碎，难以修正”。当天，她被推选为这个拥有140万名会员的协会的主席。

其他团体——尤其是全国学校董事会协会（National School Boards Association）和美国学校管理人员协会（American Association of School

---

① 大都市学校协会是美国全国唯一的代表城市公立学校需要的组织，成立于1956年，并于1961年重组。协会位于华盛顿特区，它通过立法、学术研究、公共关系、教学、管理、技术和其他专门项目，促进城市教育的发展。参见：http：//www.cgcs.org. ——主译者

② 华盛顿大区指美国西北地区彼此合作的区域经济网络。——主译者

③ 美国教师联合会成立于1916年，是一个代表教师的经济、社会与专业利益的组织，隶属于美国劳工联合会（American Federation of Labor and Congress of Industrial Organizations，AFL-CIO）。目前，该组织拥有超过3000家地方分支机构，43家州分支机构，以及140万名会员。美国教师工会的成员代表性非常广泛，包括教师，辅助性专业人员，与学校相关人员，地方、州和联邦的雇员，高等教育的教师和工作人员，护士和其他医护人员。此外，工会还包括超过17万名退休成员。参见：http：//www.aft.org. ——主译者

Administrators）——正努力推动降低该法案所规定的学生学业成就目标，赋予地方官员在帮助处境困难学校方面的更大的自主权。

但是，城市领导人十分想推行这种绩效责任制。7 月 17 日，在白宫教育委员会举行的听证会上，克莱恩先生和亚特兰大、芝加哥与哥伦比亚特区等学校系统的总监，以及纽约市长和华盛顿市长等，期望国会建立一个设定全国学业内容标准的程序，进行基于学生成绩支付教师薪酬的试验。

在教育团体中这些问题同样引起了争论。去年，由于美国教师联合会和拥有 320 万名会员的全美教育协会（National Education Association，NEA）① 联合抵制允许学区部分地依据学生成绩决定教师工资的法律草 30
案，使对《不让一个孩子掉队法》重新授权的努力搁浅。

城市领导者们接受了《不让一个孩子掉队法》的绩效责任制，因为这赋予他们迫使学校进行变革的力量，否则，他们的变革努力将受到校长和教师的抵制。波士顿大学教育领导学教授查尔斯 L. 格伦如是说。

“不同寻常的是……［对绩效责任制的］抱怨和牢骚来自富裕的郊区。”他说。但是，城市的领导者们对此并无怨言，即使他们在联邦法律所规定的各种绩效责任规则框架下“被彻底打击了”。

然而许多城市学校委员会的委员，并不像他们的督学那样对该法案的绩效责任措施满怀热情。位于弗吉尼亚州亚历山大的全国学校董事会协会的联邦关系部主任雷金纳德 M. 费尔顿认为：“他们已经感到自己不太清楚如何检验（《不让一个孩子掉队法》提出的）绩效责任。”在描述学校董事会成员的普遍价值观时，费尔顿先生说道：“大部分［关于绩效责任的］讨论是关于如何公平地测量学业进步与学业成就的问题。”

被搁置的《不让一个孩子掉队法》

尽管白宫专家组呼吁城市领导人参加近期的听证会，但所讨论的观点不可能马上成为法律。由于总统竞选和紧迫的经济问题吸引了过多的

---

① 全美教育协会成立于 1857 年，是美国历史最为悠久的民间教育团体，也是世界上最大的教师专业团体。自成立以来，该协会对美国教育的发展产生了深远的影响。参见：http：//www. nea. org. ——主译者

注意力，国会已经推迟讨论《不让一个孩子掉队法》的前景，将任务留给下一届总统和下一届国会。

《不让一个孩子掉队法》要求学校促使所有学生，朝着熟练阅读和精通数学的方向每年都有所进步。对于该法的措施是否有助于学校改进，这些变革是否有助于弥补法案本身的瑕疵，教育工作者们并未达成共识，而城市督学的看法又大大强化了这种不确定性。

教育工作者对绩效责任制、国家标准与国家考试以及教师薪酬等问
31 题的观点存在分歧。这一分歧使国会对《不让一个孩子掉队法》的重新授权面临阻力，尽管该法案是1965年《初等和中等教育法》（Elementary and Secondary Education Act）的新版本。

城市领导人在听证会上指出，国家标准与考试，或许能够让教育工作者更容易了解，与美国国内其他地区的学生相比，他们所教学生的成绩如何。

“实际情况是，不同的标准给我们的孩子设置了50道不同的跨栏，让他们去跨越。但这毫无意义。”统辖40.8万名学生的芝加哥学校系统首席执行官阿恩·邓肯在听证会上说道。

“我们需要设置国家标准和国家评估，这样每个人都能够明确知晓：如果某人的数学成绩在加利福尼亚是优秀的，那么，在纽约也同样如此。”来自拥有110万名学生的纽约学校系统的克莱恩先生补充道。

白宫专家小组中的民主党人质疑说，如果某些参与全国标准的学校并没有得到充分的财政资助，那么，要求所有学生都满足全国标准是否有失公平。

来自新泽西州、代表纽瓦克地区的联邦众议员唐纳德 M. 派恩问道：“大家讨论全国一致的课程和考试标准，这好极了。但是，如何对待办学经费上的不公平呢？”

对此，城市领导人的回应是，国家标准将显示学业成绩低与学校投入不足之间存在什么样的联系，同时也将支持“有必要重新分配教育经费，从富裕地区流向贫困地区”的观点。

“如果我们采用全国标准，”邓肯先生指出，“那么，这将迫使我们讨论当前被回避的经费不公问题。”

绩效工资

委员会中的另一位民主党人，对这种基于学生成绩的教师补偿体系是否可行提出质疑。 32

加利福尼亚州的联邦众议员林恩·伍尔西认为，或许很难建立一个“让所有教师根据他们最佳的长远利益而行动”的“公正、客观、值得拥护的”制度。

寻找一条合适的路径相当重要，即使“这样做存在难以想象的阻力”。拥有 5 万名学生的哥伦比亚学区的公立学校总监李洋姬①说道。

许多人提议，应提高在学业成绩最低的学校工作的教师的薪酬。李女士认为，如果这些教师成功地提升了学生的成绩，他们应得到更多的回报。

她说：“对于民主党来说，提高教师薪酬尤为重要。”

《不让一个孩子掉队法》测验呈现“进步假象”

斯科特 J. 切赫

2008 年 9 月 28 日

对于那些期望联邦重新授权《不让一个孩子掉队法》的政策制定者

---

① 李洋姬（Michelle A. Rhee, 1969—　），韩裔美国人，华盛顿特区哥伦比亚公立学校系统总监，力倡教育改革，曾被选为《时代》杂志封面人物，被奥巴马总统称为一名“极好”的学校总监。她认为，现行教育制度保护教师利益，但牺牲学生利益。她主张把学生利益放到优先地位，即使牺牲成人利益也在所不惜。在她看来，教师对学生的影响最大，高效能的教师（effective teachers）可以调控教室，使每一堂课都必有所教，在课程上有所推进，让学生学到东西；但效能低下的教师（ineffective teachers）则连教室也控制不好，学生天天上学，却学不到什么。所以，她坚持废除终身教席制（tenure），提出以表现定薪金，而不是像现在这样以年资计薪。她致力于为华盛顿特区寻找全国最有能力的教师（全国前 15% 的优秀教师）；为了吸引好教师，她愿意给他们全国最高的薪金。——主译者

们来说，哈佛大学的研究者丹尼尔 M. 科茨带来的既有好消息也有坏消息：全国的基础教育（K－12）学生现在都在“沃伯根湖”（Lake Wobegon）镇的学校①上学。

也就是说，由于政治上说得很漂亮但学业上很糟，被过分渲染的标准化考试分数给人们留下的印象是被扭曲了的。正如在电台主持人加里森·凯勒（Garrison Keillor）所虚构的那个著名小镇那样，所有儿童都在平均水平之上。

在华盛顿智库——美国企业研究所（American Enterprise Institute）举行的一次研讨会上，面对一屋子的政策制定者和教育工作者，科茨先生这样说道：“我们知道，在很多情况下，我们都在用基于考试的绩效责任体系创造进步的幻觉。”

科茨先生是哈佛大学教育研究院的教育学教授，他近期出版了一本
33 新书《达标：教育考试究竟告诉了我们什么》（*Measuring Up: What Educational Testing Really Tells Us*）。他补充道，在《不让一个孩子掉队法》的影响下，无处不在的应试教学、教学人才的战略性重组，以及高风险考试体系中的其他博弈方式，在国家标准化考试中，共同制造了实质上优于学生实际知识掌握情况的分数。

“如果你告诉人们，抽取的测验样本的成绩十分重要，而他们所担心的也正是这一点，那么，你就会得到课堂反应和夸大了的考试分数两种不同反馈。”他说道。他援引了 20 世纪 90 年代肯塔基州对州标准化测验
34 的研究，该测验的衡量标准与通常被称为“国家教育报告卡”的全国教育进步评估（National Assessment of Educational Progress，NAEP）相似。

他指出，这两种测验的分数变化本来应该是同步的。然而，出乎意料的是，1992—1994 年，4 年级的阅读分数在州统考中急剧上升，这在许多方面类似于《不让一个孩子掉队法》的相应考试中的情况，但在同一时期的全国教育进步评估中，这些学生的分数却有所下降。

“如果你是肯塔基州的一名家长，那么，你所关心的其实是你孩子的

① “沃伯根湖”是美国国家公共广播电台主持人加里森·凯勒在其广播小说《草原之家》（*A Prairie Home Companion*）中虚构的一个小镇，在该镇上，“所有的女人都很强壮，所有的男人都很英俊，所有的儿童都在平均水平以上”。——主译者

阅读能力，而并不是他们在州统考中的表现怎样，”科茨先生说道，“国家评估向我们揭示出，州统考所取得的成绩事实上是虚假的。”

《不让一个孩子掉队法》

2001 年的《不让一个孩子掉队法》，在 2002 年 1 月 8 日由布什总统正式签署后上升为联邦法律。该法案是对联邦《初等和中等教育法》这一大学前教育法案的重新授权。《初等和中等教育法》于 1965 年首次颁布，到 2008 年，共重新授权了 8 次。其中的第一部分是联邦政府以处境不利学生为主要目标群体的援助计划，第三部分是为英语语言学习者提供联邦资助的规定。

作为《初等和中等教育法》的新版本，《不让一个孩子掉队法》强化了联邦在教育中的作用，并因此成为教育政策焦点。随着公众广泛关注教育状况，立法必须涉及近乎每一所美国公立学校。该法案尤其致力于改善大量处境不利学生的教育。《不让一个孩子掉队法》推出了大量举措，以提高学生学业成绩，推进学校绩效责任体系。这些措施包括确保学校在学生成绩上实现“适度的年度进步”(adequate yearly progress，AYP)，以及所聘任的教师具备“高素质”。它要求各州在 3—8 年级测试学生的阅读与数学水平，并且在高中阶段也举行一次测试，然后依照考试成绩按“优秀”、“良好”、“及格”和“不及格”排序。根据该法案的要求，所有的学生在 2013—2014 学年都必须精通这些学科。

摘自《〈教育周刊〉中小学教育术语指南》

掩盖差距还是揭示事实？

美国教师联合会前任主席艾伯特 · 尚克的长期特别助理、教育咨询师贝拉 · 罗森堡，回应了科茨先生的大部分评论。

“这是一个官方批准的错误做法——如果我们在卫生医疗领域这么

做，那我们现在早都死了，”她对《不让一个孩子掉队法》下的考试体系这样评价道，“事实是，我们并未揭示学生成绩的差距，相反，我们在掩盖这一差距上做得很出色。”

但是，专家组成员罗伯托·罗德里格斯则谨慎地反对“泼洗澡水时连婴儿一起泼掉”的观点。他是马萨诸塞州联邦参议员爱德华·肯尼迪的高级教育顾问兼参议院卫生、教育、劳工及养老金委员会（Senate Health，Education，Labor，and Pensions Committee）主席，该委员会在2001年力挺《不让一个孩子掉队法》通过了国会审核。

“我认为，有必要使一个更有效的绩效责任体系，成为《初等和中等教育法》即将重新通过授权的目标。”他说道。他所说的《初等和中等教育法》，就是现在众所周知的《不让一个孩子掉队法》。他指出：“终结性评价是绩效责任体系的关键所在。”

罗德里格斯先生说，至于现行以标准为基础的体系的倡导者与那些偏向于更好地反映课程内容的反对者之间的激烈竞争，“我想我们可以做到鱼和熊掌兼得”。

35 美国教育部负责规划、评价与政策发展的助理秘书长威廉森 M. 埃弗斯，在参与专家小组讨论时提出，对《不让一个孩子掉队法》的任何改动都必须保存其精华。“一些人主张不要绩效责任体系中的结果责任，这会使得绩效责任体系有名无实，”埃弗斯先生在其电子邮件中写道，“学生的学习结果应当在全州范围内具有可比性，否则，家长、纳税人和教师本人都不能知道学生们现在的学习状况。”

优等生说《不让一个孩子掉队法》阻滞了他们的发展

德布拉·维亚德罗

2008年6月18日

华盛顿的一家智库今天发布的一份报告显示，当这个国家学习表现最差的学生，因为联邦《不让一个孩子掉队法》的实施而提高了学业成绩时，那些最聪明的学生却正由于缺乏关注而逐渐变差。

“早在《不让一个孩子掉队法》刚通过时，人们就抱怨说，将资源都投到后进生身上，可能会与成绩优异的学生所需的费用相冲突，”今天这份报告的作者之一汤姆·洛夫莱斯表示，“这儿可不存在什么劫富济贫的罗宾汉效应（Robin Hood effect）①，但优等生确实也没有从中获益。”

由托马斯B.福德姆基金会（Thomas B. Fordham Foundation）资助的题为“《不让一个孩子掉队法》时代的优等生”的报告，依据美国全国考试分数的数据和对全国900所公立学校3—12年级教师的调查结果，描绘了当前的教育图景：这一代优等生沦落到靠自己照顾自己的地步，因为他们的学校和教师的教育策略发生了转变，将更多的时间和资源用于促进后进生的学习，而不是提高全体学生的学业成绩。

例如，数据显示，2000—2007年全国教育进步评估的阅读与数学考
试中，排名前10%的优等生分数基本保持稳定。与此同时，排名后10% 36
学生的分数则有所上升：4年级的阅读成绩上升了18分，8年级的数学成绩上升了13分——根据洛夫莱斯先生的计算，这大约相当于一年的学习价值。（但也有例外，在8年级的阅读成绩上，差生的分数有所下降，学生成绩间的差距略有扩大。）

---

① “罗宾汉效应”指通过再分配降低不公平，源自流传于英国的“侠盗”罗宾汉劫富济贫的故事。——主译者

难以说清的是，这种成绩变化的不一致性到底是否是由联邦的这一法律引起的，或者说，它是否反映了教育的长期发展趋势。这项在2002年签署并上升为法律的议案，在学校强行实施后并未能发挥提高后进生分数的作用。

“我们应该讨论《不让一个孩子掉队法》与各州课程教学标准衔接的问题。许多州的课程标准并不高，所以，对于优等生来说，可能存在的一个问题是：他们缺乏足够的发展空间。”教育信托公司（Education Trust）分管政府事务与信息交流的副总裁埃米·威尔金斯这样认为。该公司位于华盛顿，旨在促进教育公平并支持联邦的这一法律。

20世纪90年代的基础

近年来的部分研究，检验了这一已施行6年的法案对那些在学海中挣扎的学生、对那些在全州考试中成绩仅低于及格水平一点点的学生、对那些家庭贫困或来自少数族裔家庭的学生的影响。然而，没有任何针对学业优异学生的研究。

这份新报告对福德姆基金会两个报告的结论进行了综合，这两个报告是该基金会计划完成的关于优等生教育状况的五个报告中的前两个。这家位于华盛顿的研究机构倡导高标准的学习与课程要求，是特许学校的重要支持者。

布鲁金斯研究所（Brookings Institution）研究员兼该研究所下设的布
朗教育政策中心（Brown Center on Education Policy）主任洛夫莱斯先生
认为，从某种意义上来讲，《不让一个孩子掉队法》出台后学生成绩差
37 异有所缩小的现象，其实早在20世纪90年代就已开始了。在此期间，
后进生的收获超过了那些优等生，2000年后，这一变化开始加速。

然而，在一些实施类似于《不让一个孩子掉队法》的绩效责任体系的州，后进生的进步是最显著的。洛夫莱斯先生发现，在这些州，排名后10%的学生的成绩提高快于排名前10%的学生。在这些州，推行新的高风险考试制度后，优等生学习进步的速度放慢了。

“我们不能说是《不让一个孩子掉队法》‘导致了’这个国家的优等生的学习停滞，正如不能说它‘导致了’那些后进生的学业成绩飞速进步一样，”报告写道，“我们所有人都知道，后进生学习的加速进步，与

《不让一个孩子掉队法》的施行具有相关性（甚至在更早些时候与各州的绩效责任体系相关）。”

教师的看法

调查和专题访谈表明，教师们似乎赞同该联邦法案对于优等生有负面结果的观点。

例如，81% 的教师反应，成绩较差的学生最有可能得到教师的一对一关注，而只有 5% 的教师认为，优等生是能获得最多个体关注的群体。

同时，73% 的教师认为：“最聪明的那些学生常常在学校中感到无聊和缺乏挑战。”

超过 3/4（77%）的教师认为：“由于让后进生达到‘良好’水平变得如此重要，优等生的学习需求反而退居其次。”

“我曾期望公立学校教师会说提高后进生的学习成绩重要得多，结果，他们说，公平意味着不应忽视每一群体的学生。”位于纽约的法卡斯·达菲特研究集团（Farkas Duffett Research Group）的主席史蒂夫·法卡斯如是说，他是该报告这一部分的合作者之一。

教师们也表达了他们对自身能力不足的担忧：在一个参差不齐的学生混合编班的课堂上，既要教优等生，又要对学生进行分类教导，以使所有学生都有进步。

位于华盛顿的全国天才儿童协会（National Association for Gifted Children）的执行主任南希·格林表示，该研究结果与她从天才儿童的教师 38
和家长那里所获得的叙事报告（anecdotal report）相吻合。

“所测量的结果正是事实，”她说，“考虑到我们目前正为美国的［经济］竞争力而头痛，我们不知道还需要多久，政策制定者才会将天才儿童的需要与国家的竞争力联系起来。”

通常情况下，优等生来自那些居住在郊区的较富裕的白人家庭。但是，洛夫莱斯先生还分析了在优等生中占一小部分的黑人、拉美裔和低收入群体学生的有关数据。例如，他发现，在 8 年级的数学方面，和后进生相比，这些群体中的优等生更多地是由经验丰富的教师所教授的。他们的教师像其他来自富裕家庭的优等生的教师那样，有正规的教师资格，或者本科主修或辅修过数学专业。该研究结果与近期其他倡导高质量教学重要性的研究相一致。

学校可能没有达到《不让一个孩子掉队法》的目标

肖恩·卡瓦纳　戴维 J. 霍夫

2008 年 10 月 1 日

《不让一个孩子掉队法》要求美国学校具有促进学生学业进步的能力，而两项新的研究对此提出质疑。美国学校是否具有促进学生学业进步的能力，这一话题可能成为 2009 年国会关注的首要议题，因为国会正准备在重新授权时对该法案的核心目标进行审查。

39 《不让一个孩子掉队法》这一联邦法案已实施了 7 年之久，一项研究对其核心要旨进行了调查。研究发现，法案要求所有学生的学业在 2013—2014 学年达到“良好”水平，在许多政策制定者和观察者看来，这是一个不切实际的目标。

研究者采用统计模型技术，考察全国人口最多的加利福尼亚州努力实现法案目标的进展情况。其结论是，全州几乎所有小学都无法实现这一目标，部分原因在于难以让英语语言学习者和经济贫困学生快速跟上学业进度。

本周，这一研究成果发表在学术期刊《科学》上，它对加利福尼亚州的情况作了专门探讨。该研究的作者、加利福尼亚大学河滨分校生物学教授理查德 A. 卡杜罗认为，该研究分析了实现法案目标的各种困难，而这些困难同样是那些采取类似策略，并且要在 2013—2014 学年实现法案目标的州所遭遇到的。

被遮蔽的问题

研究者指出，加利福尼亚州学生在全州测验中达到“优秀”或“良好”水平者的比率的上升，遮蔽了单个学校实现联邦法案目标的困难。结论表明，这些学校中的亚群体的学生，尤其是那些英语语言学习者和弱势学生，在未来 5 年中可能仍将继续为达到联邦政府的要求而不懈努力。

作者表示："在学校办学业绩上，重新聚焦于每所学校中成绩不佳的亚群体学生，将使学校无法以强劲的速度实现'适度的年度进步'。"

加州大学河滨分校的研究团队是这一研究的实施者。他们在卡杜罗先生的指导下，利用国家科学基金会（National Science Foundation）500万美元的资助，从事一个旨在研究有关提高学生成绩与促进数学教师培 40
训的策略的项目。

《不让一个孩子掉队法》要求学校对3—8年级学生进行年度考试，对高中学生的阅读和数学进行一次测验，并要求在这些学科上取得适度的年度进步。

虽然许多观察者认为，学校无法实现《不让一个孩子掉队法》规定的在2013—2014学年应普遍达到"良好"的目标，但各州仍需要让学校负责实现基于法案目标的各项成绩指标。

重构之困

本周，华盛顿的一家智库——教育政策中心（Center on Education Policy）又发布了一项成果：进入法案规定的"重构"阶段的学校数量明显上升。

这项名为"呼吁改造重构：五个州实施《不让一个孩子掉队法》的教训"的研究指出，在2007—2008学年，全国3599所学校被迫在几个重构方案中选择一个，要么变革管理，要么改进教学策略，以实现提高学生学业成绩的目标。

该中心的政策研究小组一直在追踪联邦法案的实施情况，根据中心的报告，参与学校的数量比前一年增加了56个百分点。如果学校无法在5年内实现"适度的年度进步"，就必须进行重构——这种"适度的年度进步"是检验学校是否能按部就班地实现法案预设目标的指标。

这两项研究产生于国会开始考虑对《不让一个孩子掉队法》重新授权之时，近几个月以来，随着人们对进行中的总统和国会选举竞争的关注度日益增强，对这一话题的关注已有所降温。

该法案的一些支持者，如美国教育部长戴维·斯佩林斯认为，到2013—2014学年实现学业水平达到"良好"的目标应保持不变。他们认为，降低目标将削弱学校提升学生学业水平的动机。

41 然而，也有人建议延迟法案规定的实现目标的最后时限，或修改法案的能力目标要求。甚至该法案的部分最大支持者也认为，几乎不可能在2013—2014学年让学生的学业普遍达到“良好”水平。

主要原因在于，学校未能按照《不让一个孩子掉队法》所要求的那样，聘任“高水平”的教师来为后进生服务。教育信托公司分管政府事务与信息交流的副总裁埃米·威尔金斯这样认为。该公司位于华盛顿，是一家研究与宣传机构，曾参与制定2001年由国会通过的这一法案。

“我们并没有给处于困境中的学校以帮助，也没有为它们提供所需要的教师，”威尔金斯指出，“好教师不仅能明显改变学生的学习轨迹，甚至还能改变他们的人生轨迹，但是，我们并没有这么做。”

去年，教育信托公司建议，推迟那些同意修改其“良好”标准，并着手帮助学生为上大学或就业作准备的州实现法案预设目标的最后期限。

对州而言，标准过于苛刻？

加利福尼亚州的一项研究发现，该州大部分小学在实现法案预设标准时，所遇到的最大困难并不是数学学科，而是语言艺术学科。研究者认为，处境不利学生和英语水平有限的学生，是导致学校没有达到标准的最主要因素，根据研究资料，“可以预见，在未来5年内，这种情况不会有多大改变”。

加利福尼亚州督学杰克·奥康奈尔的发言人希拉里·麦克莱恩表示，这一研究结论令人失望，但却并不让人吃惊。她说，督学已要求联邦官员进行变革，并以此保证学生学业成绩的提升，尤其保证学习困难学生的成绩提升。

麦克莱恩女士说道：“除非各州愿意降低这些标准——这是我们所不愿为之的——你将在其他州看到类似的情况。”

42 教育政策中心通过对加利福尼亚、佐治亚、马里兰、密歇根和俄亥俄5个州的学校进行跟踪调查发现：步履维艰的学校一旦进入了强制性的重构过程，就很难从中退出。

例如，在2007—2008学年，只有19%的重构学校实现了适度年度进步目标。学校必须连续两年达到预设的目标，方能免于《不让一个孩子掉队法》的问责。

随着 2013—2014 学年的临近，所有的学校实现年度既定目标会变得越来越困难，因为，在临近所规定的最后期限时，要达到的预设目标会不断提高。该报告的一位作者分析道。

教育政策中心首席研究员凯特琳·斯科特指出："各州都期望有越来越多的学校处于重构的后期阶段。"

在《不让一个孩子掉队法》的讨论中，孩子们的声音哪里去了？

托马斯 E. 皮特里的评论

2008 年 2 月 4 日

近来，当人们听取国会辩论或总统竞选中一系列有关联邦《不让一个孩子掉队法》重新授权的辩论时，不禁要问：孩子们的声音哪里去了？

绩效工资、专业发展和额外的教育服务，都只是众多热议问题的冰山一角，而所有的问题似乎都根深蒂固，无望在年内得到解决。

与这些问题同样重要的是，对于个体学生而言，这些问题的影响始终是有限的。坦率地讲，这部目的在于为孩子服务的法案，对"孩子"的关注太少了。

在这部法案的制定中，国会以强制性的州级标准和评价方式，向学 43
生和教师提出了新的重要要求，以追踪学生所取得的进步，实现《不让一个孩子掉队法》的目标。这部 2002 年签署的法案以其强有力的绩效责任机制，成为联邦教育政策转型的标志性法律。

但是，当前对这一法案重新授权的过程，几乎并不在乎我们为什么要进行这样的评价，怎样实施这些评价，以及这些评价对每一位教育工作者和学生有什么价值。

事实上，国会应该进行的最为重要的变革，是那些已由美国教育部以行政权力为依据悄然同意，并已在某些情况下予以实施的策略。由于这一法案的重新授权被激烈的争论所包围，我们都忽视了这样一个事实：所发生的许多变革都是我们能够认同的，而这些都将对全国的学生产生重要的直接影响。

> 由于这一法案的重新授权被激烈的争论所包围，我们都忽视了这样一个事实：所发生的许多变革都是我们能够认同的。

充分地利用“成长模型”（growth models）是为大家所认同的变革例证之一。相对于将一班学生看成一张静态的“快照”，这种方式更注重追踪学生个体的发展。教育部已经认识到——国会也已悄然认同：就衡量学生个体的成长和确保进步的绩效责任体系而言，“成长模型”利用强大的计算机系统来追踪学生的年度进步状况，不失为一种相对不错的机制。

另一似乎已为各方达成共识的领域是学校重构计划的改革。重构计划适用于那些连续几年都无法让学生获得适度年度进步的学校。如果一所学校在规定的期限内未能让学生取得适当进步，就要受到严格的干预，这一点很重要。然而，对于那些并非严重失败、不过仅差一点儿就能够
44 实现目标的学校而言，重构计划就是一种浪费。我们也都同意集中资源对那些最需要变革的学校进行重构性改革，但是，我们不应将纳税人的钱，浪费在将目标偏向于拯救极少数学生的学校上。

最后，对于当前的《不让一个孩子掉队法》的最普遍，也是最令人信服的抱怨是：学生、教师和家长都认为，各州根据该法案的要求所进行的各类统一考试，大都没有什么价值。这些考试所检测的是学校，但其过程过于漫长，而对学生个体的发展情况的了解又十分有限。

一项赢得广泛支持的变革方法十分简单：允许各州在《不让一个孩子掉队法》的框架下，选择使用计算机自适应考试（computer adaptive testing，CAT），而不是过时的书面考试，作为全州范围的考试评价方式。

计算机自适应考试能够随学生的情况自动调整考试内容。如果学生

在考试中表现很好，那么系统将进一步给出难度更高的题目；而如果学生应答有困难，接下来的题目则会更简单。这样的考试，会根据适用于所有学生的普遍标准，来评价每个学生的高度个性化的情况。换言之，自适应考试可以提供一个孩子技能与能力的准确测量结果，同时也能测量出年级层面上的学习情况。

是将那些关涉专门利益的、热烈的华丽辞藻搁置一边，进行一系列务实的变革的时候了。

国会应容许所有的州都灵活地使用自适应考试体系，这样既能测量出年级层面的学习情况，又能够提供学生成长的有关数据。而教师可以利用这些数据，帮助学生在他们学习能力范围内最大限度地学得最好。恰如其分地使用自适应考试，能够使家长和教师更好地得到有关孩子学习情况的信息，进而通过制订符合实际的学习计划，来帮助每个孩子达到在该年级所期望的学习水平。我与来自俄勒冈州的联邦众议员戴维·吴已经提出了给予各州这种灵活性的议案。

撇开其他的“热议问题”，国会今年可能会通过大量的技术性的和达成共识的议案，布什总统应该能够轻松地签署这些议案，使其成为法律。我们可以在保留现行强有力的绩效责任体系的同时，对法案进行重 45
要修正，从而使它能够更好地为孩子们服务。

今年，是将那些关涉专门利益的热烈的华丽辞藻搁置一边，进行一系列务实的变革，从而使这一法案能够更好地为孩子们服务的时候了。毕竟，“孩子”才应该是我们首要关注的对象。

怎样对待《不让一个孩子掉队法》？

为什么这部法律需要的不仅仅是更名

理查德 D. 卡伦伯格的评论

2008 年 10 月 15 日

选举之后，新的总统将与国会议员们坐下来，研究怎样对待布什总统签署的国内法《不让一个孩子掉队法》。议程中的第一道程序将是给它起一个新名字。该法案的起草人、加利福尼亚州的联邦众议员乔治·米勒打趣地说，《不让一个孩子掉队法》这个“牌子”现在变得像毒药一样，以至于它的一个简单的更名都要在立法程序上投上 100 次票。

但是，接踵而至的是繁重的工作：修订一个日益不受欢迎的法律，不仅要与那些反对教学标准、统一考试和绩效责任体系的人一起工作，而且还要和那些认为《不让一个孩子掉队法》在理念上已偏离轨道的、支持标准化改革的人一起工作。

起初，标准化改革是因美国教育的核心存在严重漏洞的观点而发动起来的。所谓的漏洞是：人们在学生到底应该掌握什么样的知识与技能上缺乏共识。人们对不同学校的期望差别很大，而且，对于这一系统中的任何一位成员——学生、教师或校长来说，都几乎没有任何来自外界的、使其非常努力工作的压力。

在 1991 年发表的那篇影响深远的论文《系统的学校变革》中，马歇
46 尔 S. 史密斯和珍妮弗·奥黛针对这种混乱状态，提出了可供选择的建议：建立指导课程、考试以及教师培训与发展的标准。标准化改革也预见了那些不合格学校的后果，包括保留低质量学校的学生转学到较高质量学校的权利。标准化改革的许多支持者也意识到，要让学校去做这件它们以前从未实现的事——使所有孩子成为优等生——将需要更多的资金支持。

尽管《不让一个孩子掉队法》是标准化改革运动的派生物，但它明显偏离了该运动最初的理想。在由笔者编辑并将于近期出版的《改进

〈不让一个孩子掉队法〉》一书里，该领域的研究者们针对该法案所存在的三个主要缺陷提出了解决方案。这三个缺陷是：对该法案提供的资金不足；在实行学业标准、考试和绩效责任体系上存在不足；未能为低质量学校的学生转学到较好学校提供真正的机会。他们的一些建议如下。

拨　款

迄今为止，多数关于《不让一个孩子掉队法》拨款的辩论，是由民主党针对共和党发起的。前者指出，实际拨款情况（2008 年财政拨款达 709 亿美元）和法案授权的资金水平存在差距；后者则表示，法案授权的标准是一个上限，通常实际的拨款都不可能达到这一水平。这一辩论回避了一个最根本的问题：要使所有学生在学业上都达到《不让一个孩子掉队法》预设的 2014 年的成绩目标，到底需要多少经费？

> 即使只是帮助学区成功地实现法案的中级目标（intermediate goals），联邦的拨款也必须增加数倍。

锡拉丘兹大学的威廉·邓库姆、约翰·英格尔和内华达大学拉斯维
加斯分校的安娜·卢克米耶的最新研究表明，即使只是帮助学区成功实 47
现法案的中级目标，联邦政府的拨款也必须增加数倍。他们还注意到，即使是让 90% 的学生达到“良好”水平（而法案规定的最终目标是 100%），各州所需的费用也不一样，其中的主要影响因素包括拟采用的学业成绩标准、当地的消费水平以及学生群体的构成等。研究人员对历史资料进行了仔细研究，以考察经费投入与学业成绩之间的关系，在此基础上，综合 4 个具有代表性的州的情况，发现：即使在各州的拨款增加 15%，地区资源利用率提升 15% 的情况下，联邦政府对堪萨斯州的拨款须增加 18%，对纽约州的拨款须增加 129%，对加利福尼亚州的拨款须增加 547%，对密苏里州的拨款须增加 1077%，才能实现让 90% 的学生达到“良好”水平的目标。

标准、考试与绩效责任体系

在标准化改革中，必须有一个将标准、考试与绩效责任体系有机结合

起来的系统。但是，匹兹堡大学的劳伦·雷斯尼克、玛丽·凯·斯坦和萨拉·库恩在其著述中发现，《不让一个孩子掉队法》面临种种难题：各州无法制定出清晰严格的教学标准，以规定学生应该知道什么和可以做些什么；大多数州的低质量评估造成了“为考试而教”的大问题，而这并非人们所期待的结果；各州的学业标准不一；单一的学业标准对一些学习困难的学生来说过高，而对有天赋的学生来说又太低了；鼓励将重点放在那些即将达到“良好”水平的学生身上，对于成绩远远低于这一水平或已高于这一水平的学生来说，都不公平；在学生学业成绩问题上，存在着家庭影响与学校影响彼此隔绝的问题。

不仅如此，研究者还指出，与标准化改革的最初版本不同的是，《不让一个孩子掉队法》只有大棒，没有胡萝卜。相对于促进教师努力提高
48 学生学习成绩而言，这更在教师们中间导致了被动服从的心态。

该怎么办？建立清晰且界定明确的学业标准，如有可能的话，最好在国家层面建立这一标准，或是先从一小部分州之间的州际联盟开始。创建与这些标准紧密相关的高质量考试。放弃之前让学生 100% 达到“良好”水平的荒唐目标，摒弃单一标准，代之以多样化标准，使不同水平的学生各得其所。运用精心研发的成绩增值评价模式（value-added models），以更好地评定学生在学校所学到的东西，并将其与儿童在学前所学或暑期所学加以比较。同时，在对学生和教师的激励中，要胡萝卜和大棒双管齐下。

该怎么办？建立清晰且界定明确的学业标准，如有可能的话，最好在国家层面建立这一标准。

学生转学

联邦法律并没有履行它所作出的承诺——帮助低质量学校的贫困学生转入绩效较好的学校，因为市区通常很少有可以接收这些学生的优质学校。正如哥伦比亚大学教育学院的埃米·斯图尔特·韦尔斯和得克萨斯大学奥斯汀分校的杰利森·霍姆在他们的著述中所指出的，要解决这

一问题，《不让一个孩子掉队法》应提供财政支持，鼓励绩效较高的郊区学校接受那些从城区转来的低收入家庭的学生。

韦尔斯和霍姆还考察了 8 个地区——波士顿、加利福尼亚州的东帕罗奥多、康涅狄格州的特福德、印第安纳波利斯、密尔沃基、明尼阿波利斯、纽约的罗切斯特和圣路易斯——的社区之间的跨学区合作项目，发现：如果能够制订一个合理的转校方案，学生将会大大受益。他们研究得出的结论是，如果给予恰当的环境，那些低收入的少数族裔学生的成绩便能有所提高，但是，与让低收入家庭的学生真正拥有就读于经济融合与种族融合型学校的机会相比，《不让一个孩子掉队法》的现有措 49
施——试图实现“分离但平等”——几乎是令人无望的。

《不让一个孩子掉队法》的这三个关键缺陷如果无法解决，将逐渐损害这场基于标准的改革运动（standards-based reform movement）——甚至是我们的整个公共教育系统。标准化改革的批评者担心，所设计的这一项目会加剧私有化进程，并且，《不让一个孩子掉队法》的缺陷，会以各种不同的方式使公立学校陷入困境。因为它既要求实现学生 100% 达到“良好”水平的目标，又不能提供充足资源。它未能建立起一套关系紧密、成熟有效的学业标准与评估机制，而且要求学校为超出自己控制范围的因素承担责任。另外，没能使就读于低绩效学校的城区儿童转入郊区学校，使得人们认为只有私立学校的教育券能够满足学校选择的需要。

> 《不让一个孩子掉队法》的这三个关键缺陷如果无法解决，将逐渐损害这场基于标准的改革运动——甚至是我们的整个公共教育系统。

另一方面，如果标准化改革能重回正轨，它将淹没私有化的错误呼声。一个构思缜密的重新授权法案，将使美国的公共教育体系受益匪浅：能够为实现《不让一个孩子掉队法》的雄心壮志提供充分的资金支持；能够提供一个与高质量评估和对师生的合理支持紧密关联的国家统一标准；能够真正为那些低收入学生转入中产阶级孩子就读的、高质量的郊区学校提供机会。

第3章 增加选择 培育创新①

“我想引领一个多方共同承担教育责任的新时代——为了孩子的成功，我们走到了一起，我们当中的每一员，包括家长、教师以及华盛顿的领袖们，都将竭尽全力，让成功的梦想变为现实。”

巴拉克·奥巴马

新罕布什尔州，曼彻斯特，2007年11月20日

议 题

美国公共教育应该培育学生的创新能力，为学生提供多样化的、高质量的学习机会。不幸的是，虽然不乏个别学校的成功例证，但是，仍有太多的障碍使得这些优质教育无法在更广的范围内复制。现在，是该把资源集中在被证明为最有效，而且有着成功纪录的教育计划上的时候了：在公共教育的框架内，努力工作，增加家长和学生成功择校的机会。

---

① “Edge Seen for Chicago Charter High Schools,” by Debra Viadero, as first appeared in *Education Week*, May 14, 2008. Reprinted with permission from Editorial Projects in Education.

Definition of “Charter School” from *The Education Week Guide to K – 12 Terminology* (Jossey-bass). Copyright © 2008 by Editorial Projects in Education. Reprinted with permission.

“NAEP Gap Continuing for Charters,” by Erik W. Robelen, as first appeared in *Education Week*, May 21, 2008. Reprinted with permission from Editorial Projects in Education.

“ ‘Green’ Charters Forge a Network,” by Erik W. Robelen, as first appeared in *Education Week*, November 28, 2007. Reprinted with permission from Editorial Projects in Education.

“In New Orleans, University's Charter School Makes Gains,” by Lesli A. Maxwell, as first appeared in *Education Week*, May 21, 2008. Reprinted with permission from Editorial Projects in Education.

“A Defining Moment for Charter Schools?” by Richard Whitmire & Andrew J. Rotherham, as first appeared in *Education Week*, February 13, 2008. Reprinted with permission from Editorial Projects in Education.

“Federal Education Innovation-Getting It Right,” by Ted Mitchell & Jonathan Schorr, as first appeared in *Education Week*, October 29, 2008. Reprinted with permission from Editorial Projects in Education.

奥巴马的蓝图

奥巴马和拜登的教育蓝图包括：

- **设立创新型学校计划：**帮助各州和学区实施建立成功的公立学校类型档案袋计划，这些学校包括特许学校、非营利学校、蒙台梭利学校（Montessori schools）、职业学校以及特色学校（theme-focused schools）等。
- **支持高质量的学校，关闭低绩效的特许学校：**加倍资助联邦特许学校计划，鼓励创办更多成功的特许学校。奥巴马和拜登政府新增的特许学校投资，将仅限于符合下列条件的州：改进特许学校绩效责任体系，干预举步维艰的特许学校，定期关闭低绩效特许学校。奥巴马和拜登还将优先支持那些帮助最成功的特许学校为更多学生服务的州。
- **谋求家长和社区对教与学的支持：**号召家长、家庭以及学校联合起来，担负起责任，向青年人注入我们最为珍视的共同价值观，如诚实、勤奋以及为成为良好公民而作准备等。

视　点

- 芝加哥特许高中的优势
- 特许学校：在全国教育进步评估中依然存在差距
- “绿色”特许学校结成网络
- 新奥尔良特许学校的收益
- 该给特许学校下定义吗？
- 联邦教育创新——挡不住的激情

芝加哥特许高中的优势

毕业率和大学升学率比普通公立学校高

德布拉·维亚德罗

2008 年 5 月 14 日

一项最新分析表明，在芝加哥，特许学校的学生至少比普通公立学校的学生更容易从高中毕业，也更容易考上大学。

5 月 7 日，兰德公司、运筹政策研究公司（Mathematica Policy Research，MPR）① 以及位于塔拉哈西的佛罗里达州立大学的研究者们，

① 运筹政策研究公司是一家无党派的研究公司。它曾是运筹公司（Mathematica Inc.）的分支机构，1975 年改为现名。[与 1987 年由史蒂芬·沃尔夫勒姆（Stephen Wolfram）创办的以生产“Mathematica”软件而著称的沃尔夫勒姆研究公司（Wolfram Research）毫无关系。] 1986 年，该公司改组为员工持股，包括两个部门：一个专门从事调查设计与实施，另一个专门从事研究。运筹政策研究公司的研究领域包括：教育、劳动、健康、社会福利、保育、残疾和幼儿。该公司为决策者提供专业的评估、相关服务的第一手数据，以及对关涉公共政策的社会经济问题的分析。其客户包括联邦机构、州和地方政府、基金会、大学、专业协会和企业等。该公司现任总裁为保罗·德克尔（Paul Decker），公司在新泽西州的普林斯顿、马萨诸塞州的坎布里奇、华盛顿特区、密歇根州的安娜堡和加利福尼亚州的奥克兰都设有办公机构。该公司与其合作伙伴——健康系统变革研究中心（Center for Studying Health System Change）在华盛顿合署办公。参见：http：//www. mathematica-mpr. com. ——主译者

公布了这一研究结果，这也是全国的研究机构第一次追踪特许学校对高中生的培养效果。该研究发现，在芝加哥，特许学校学生的高中毕业率增长了7个百分点，学生考上大学的比例增长了11个百分点。

但是，该研究也发现，芝加哥特许学校的小学和初中阶段的学生，没有显示出比普通公立学校的同龄学生更多的学习进步。

该报告的合作者、位于新泽西州普林斯顿的运筹政策研究公司的资 53
深社会科学家布莱恩 P. 吉尔认为："最终的结论是，特许学校的成就实实在在地摆在我们眼前，而且充满希望。这不仅对政策制定起着重要作用，而且对今后的特许学校研究也非常重要。"

美国有4000多所特许学校。这些特许学校都是公立学校，但是，与普通公立学校相比，它们很少受教育行政当局的约束。

芝加哥学校系统包括40.8万名学生，其中大约有2万名学生分别在28所特许学校享受教育服务。今年秋天，至少又有两所特许学校计划开学。特许学校在芝加哥市的快速发展，部分归因于已经实施了4年的2010年复兴行动计划（Renaissance 2010 Initiative），该计划的目标是努力在2010前建成100所新学校。

更大研究项目的一部分

芝加哥的研究成果，是一项旨在考察四个城市（芝加哥、密尔沃基、费城和圣地亚哥）和三个州（佛罗里达州、俄亥俄州、得克萨斯州）的特许学校发展情况的大型研究项目的第一批成果之一。这项研究得到了以下赞助：位于西雅图的比尔与梅林达·盖茨基金会，位于芝加哥的乔伊斯基金会，位于俄亥俄州托莱多市的斯特拉纳汉基金会（Stranahan Foundation）[①]，以及位于费城的威廉·佩恩基金会（William Penn Founda-

① 斯特拉纳汉基金会由弗兰克 D. 斯特拉纳汉（Frank D. Stranahan）与罗伯特 A. 斯特拉纳汉（Robert A. Stranahan）两兄弟于1944年创立，旨在改善人民生活质量，加强社会网络建设，建立民众间的互惠与信任，支持各类团体和机构帮助民众成为有教养、身体健康、自食其力、对社会有所贡献的人。参见：http：//www. stranahanfoundation. org. ——主译者

tion)①。

与普通公立学校相比，特许学校研究中遇到的最为棘手的问题，是如何解释下述事实：由于就读特许学校是学生自己或其家庭选择的结果，所以，这类学校学生的学习动机可能更强。

为了解释这个问题，芝加哥项目的研究者们追踪比较了同一学生在就读特许学校之前和之后的学业成绩差异。与其他特许学校研究的结果一样，这些研究者发现，3—8 年级学生在两类学校中的学业进步程度相似。

54 他们还发现，就学生的学业成绩与种族结构来看，学生所转入的特许学校与其原先就读的传统公立学校并无二致。

该研究的另一位合作者、位于加利福尼亚州圣莫尼卡的兰德公司的高级政策研究员罗恩·齐默认为："这个发现很重要，因为人们对此存有争议：特许学校是像传统公立学校那样培养了'尖子生'（cream-skimming② kids)，还是造成了种族分层。"

不过，该研究的主要创新之处在于它对高中的分析。在这一部分研究中，研究者们有效地控制了潜在的偏见，集中调查了 1000 名学生，这些学生原先都就读于特许学校的 8 年级，后来一部分转入传统公立高中，另一部分留在原来的特许学校。(当然，这些学生来自芝加哥的特许学校，学校的年级结构包括 7—12 年级、6—12 年级或 12 年一贯制等。)

独到的分析

吉尔先生认为，在 8 年级，这两组学生的人口统计结构和学业成绩水平相似。但是，留在特许学校的学生的大学入学考试成绩、高中毕业率、高考升学率，都比他们在传统公立高中的对照组的那些同龄人要高。

---

① 威廉·佩恩基金会由奥托·哈斯和菲比·哈斯（Otto and Phoebe Haas）于 1945 年创立，旨在通过自身努力，丰富社会文化，促进儿童的未来发展，加强自然与社会的联系，改善大费城地区的生活质量，建立一个充满活力、公正、富有爱心的社会。参见：http://www.williampennfoundation.org. ——主译者

② "cream-skimming"，直译为挑脂，挑奶皮，本是一个描绘服务业的词汇，意为只选择那些低成本、容易做的服务，以追求高效益和逃避社会责任等。这里指为了学校利益，专门挑选优秀学生加以培养的做法，即通常所说的"掐尖"。——主译者

在美国大学入学考试中，从平均成绩来看，特许学校学生比他们在传统公立高中的对照组的那些同龄人高 0.5 分。（根据吉尔先生的分析，最高分是 36，而中位数是 16。）

吉尔先生补充道："尽管我们不得不承认有这样一种可能性，即我们所看到的积极效果可能是由年级结构因素本身造成的。儿童很可能从减少了初中升高中这一环节中受益。"

学区官员也承认，芝加哥的特许高中比传统公立高中的规模小很多，后者的在校生数一般在 1000 人以上。由此，该研究指出，原因可能是这些特许学校的年级结构与传统公立学校不同，或者是其在校生较少。

中立派专家称赞该研究的严谨性。专家们说，该研究的结论是否能 55
更普遍地适用于其他各州的特许学校，仍是一个值得讨论的开放性问题。位于卡拉马祖的西密歇根大学的教育学教授加里 W. 迈伦认为："每一所特许学校的改革都各具特色。"

他举例说，康涅狄格州的特许中学更具补救功能。在特拉华州，特许中学的工作集中在升大学的准备上。迈伦先生说："但是，在各类评估过程中，我们需要超越仅仅关注学业成绩的做法，这一点只有少数研究能够做到。"

一项跨州研究的初步调查结果发现，佛罗里达州的特许高中也取得了类似的较高成绩。

芝加哥学区官员认为，他们对研究所取得的积极结论并不惊讶。但是，学区的数据显示，特许小学学生的学业成绩高于学区的平均分。有的研究结果与此相左，比如上周公布的一份学区报告，该报告考察的是 2006—2007 学年学生的考试成绩，而不是长期追踪学生的进步情况。

特许学校

特许学校在传统公立学校系统中独立运营，但接受公共经费资助。为了换取学校的自主管理，这类学校接受合同或“特许状”对其办学理念、学术目标、绩效责任程序等方面的约束。州的法律设定特许合同的各种条款，这些条款由指定的特许学校授权机构——通常是地方学区或相关部门——加以监管。

由于这种相对自治权，特许学校被看成是公立学校系统内提供的一条扩大教育选择与创新的发展道路。特许学校的创办者，通常是感到受传统公立学校制约的教师、家长或活跃人士。另外，许多特许学校由营利性公司运营，这些公司成为教育私有化运动的重要组成部分。美国第一所特许学校于1992年诞生于明尼苏达州。

摘自《〈教育周刊〉中小学教育术语指南》

56 特许学校：在全国教育进步评估中依然存在差距

四类主要调查项目有三项落后

埃里克 W. 罗布莱恩

2008年5月21日

大约四年前，《纽约时报》一篇头版新闻报道了全国特许学校学生的学业成绩落后于他们在传统公立学校中的同龄人，此言一出，立刻引起激烈辩论。颇惹争议的全国考试产生了大量数据，可供研究者和特许学校支持者加以详细考察。

然而，全国教育进步评估（NAEP）最近的研究结论所受到的关注，已比 2003 年的调查结果少了许多。

日益增多的研究数据使特许学校面貌模糊。许多分析家认为，应谨慎使用全国教育进步评估的数据来评判 4300 所特许学校。最新的数据并没能支持特许学校的拥护者们早先的希望——作为一个整体，特许学校明显优于传统公立学校。

统计表明，在 2007 年具有全国代表性的评价项目中，特许学校 4 年级学生的阅读与数学成绩、8 年级学生的数学成绩，总体上低于传统公立学校学生。

在 500 分制测验中，特许学校 4 年级学生的平均阅读成绩为 214 分，与此相比，传统公立学校学生的平均成绩为 220 分，样本均为 500 名学生。另一方面，59% 的特许学校学生达到或超过全国教育进步评估所要求的“基本”阅读水平，而其他公立学校的这一数据为 66%。

但是，在 8 年级阅读方面，2007 年，特许学校与普通公立学校学生 57
的成绩基本没有差异，从而缩小了 2005 年以来的差距。

尽管特许学校样本大小的局限造成了许多分数误差，以至于很难解释得非常清晰，但是，深度挖掘这些数据会发现一个更为复杂的问题。来自低收入家庭的黑人学生，是许多城市特许学校中的重要群体。2007 年，特许学校中的黑人学生的学业成绩，与非特许学校中的黑人学生的学业成绩之间的差异，要比这两类学校学生总体之间的成绩差异小，而且从统计学意义上看，前一个差异并不显著。

同时，特许学校中拉美裔学生的学业成绩，要比普通公立学校中拉美裔学生略佳，或与后者相差不大，每个年级、每个学区均如此。但是这里存在同样的问题，样本容量的局限使得差异过小而无法准确把握真实状况。

拼图之一

研究者强调，由于全国教育进步评估的项目设计问题，该项目在评估特许学校方面存在严重的局限性，或者说，在将特许学校与其他公立学校进行比较时该项目有严重的局限性。一些专家指出，测验无法达到预期目的。

受命于国会的全国教育进步评估，因“国家教育报告卡”而闻名。

它每次测验不同的学生，所反映的是学生在某一个时间点上的静态成绩，而不考虑学生先前的学业成绩状况。

尽管有这样或者那样的警告，一些学者——虽然不是所有学者——还是认为，对于不断增强有关特许学校学生学业成绩的研究基础而言，这些调查结果仍然有用。

西密歇根大学评价中心的主要研究助理加里 W. 迈伦声称：“我个人不相信，一项单独的、限定性的研究能告诉我们特许学校的真实状态。全国教育进步评估的研究只是偌大拼图中的一块……现在，我们有各种不同的镜像。”

特许学校与全国教育进步评估之间的争论第一次引起公众关注，
58 是《纽约时报》在 2004 年 8 月的一篇报道。那篇文章报道了美国教师联合会的一份分析报告——2002 年，该联合会呼吁在全国暂停开办新的特许学校。

美国教师联合会（AFT）的研究使用了 2003 年的阅读与数学成绩，这是首次单独披露全国教育进步评估所测验的特许学校学生成绩。美国教师联合会的结论是，整体上看，特许学校的学生落后于普通公立学校，而且，对黑人学生或有资格享受减免午餐费的学生这两个亚群体而言，特许学校也没有什么效果。

这份报道激起了特许学校的拥护者和一些研究者的强烈反对，他们认为，美国教师联合会的研究方法有缺陷，因此会导致错误的研究结果。需要用多种方法来对全国教育进步评估 2003 年的数据重新进行评估，包括对联邦 2006 年的一项分析研究的重新评估。该研究发现，在阅读和数学方面，考虑到学生和学校的背景特点，特许学校学生的成绩从总体上落后于普通公立学校。

“绿色”特许学校结成网络

威斯康星州波蒂奇县（Portage）有一个很小的特许学校，它的学生无须上专门的环境研究课（environmental studies）。学校本身就具有这门课的特点。

渡河环境特许学校（River Crossing Environmental Charter School）的创办人兼校长维多利亚 J. 赖德伯格说：“我们的课程是绿色的，我们所做的一切总是与环境研究联系在一起的。”

绿色特许学校网络（Green Charter School Network）这一新组织诞生于上个月，其目标是把这些关注生态环境的学校联合起来，并增加这类学校的数量。

设在威斯康星州麦迪逊的这一网络的执行主任森 R. 布朗说，越来越多的“绿色”特许学校正在诞生。

作为威斯康星特许学校协会（Wisconsin Charter Schools Association）的前任主席，布朗先生说：“我们看到，这些学校主要是由家长、教育工作者、环境保护主义者等创办起来的，这是公众在公共教育事业上迈出的步伐。”

特许学校所享有的灵活性有助于实现这一点。

布朗先生说：“你有很大的自由从种种清规戒律中解脱出来，从零开始，去创办一所学校。”

渡河环境特许学校是一所只有18名学生的初中，该校校长赖德
伯格女士说，这18名学生都参加了“拯救现实世界计划”。她刚刚 59
完成了一本书《亲手操作，亲身体验：渡河环境特许学校的故事》(*Hands On*, *Feet Wet*: *The Story of River Crossing Environmental Charter School*)。

她看到了学校的特许条款的优势。

赖德伯格女士说：“我必须确保孩子们达到教学标准，通过考试。除此之外，我根本没必要按照学区要求的课程去教学。这使我可以在教什么的问题上大胆创新。”

康狄涅格州纽黑文市共同高中（Common Ground High School）校长奥利弗 D. 巴顿，是这个全国性网络的委员会的成员之一，他说，他所在学校的环境研究课的重点是“尽力帮助学生建立起自我教育的信念”。

学校附近1500英亩的公园是一个学习实验室。学校自己也在经营一个小型农场，为午餐计划生产食物。

巴顿先生一边把生产的东西拿到餐厅，一边说，“你可以一一数过来，土豆、南瓜、大豆、甜菜、生菜、西红柿、茄子，泡菜最受欢迎”。

埃里克 W. 罗布莱恩，2007年11月28日

备受争议？

尽管特许学校接受公共资金支持，但它仍具有相当大的独立性，而且为越来越多的研究所关注。许多专家称，迄今为止的所有研究发现都不是最终结论。与对其他公立学校的研究相比，人们对特许学校的研究，积极的、中立的、反对的研究结论，莫衷一是。

位于华盛顿的一家研究与倡议组织——全国公立特许学校联盟（National Alliance for Public Charter Schools）的一位资深政策分析师托德 M. 蔡巴思说，他所在的组织敏锐地感到全国教育进步评估的局限性，但仍在关注这一调查研究的成果。他说：“了解和研究这些成果很重要，但我
60 们在将其与其他评估项目成果进行比较研究方面还远远不够。”

华盛顿的一家智库——托马斯 B. 福德姆基金会，是俄亥俄州部分特许学校的授权机构。基金会主席小切斯特 E. 芬恩是特许学校的拥护者之一，这些拥护者要求以2003年全国教育进步评估的测验结果为依据，对特许学校学生的学业成绩进行单独分析。他说，他相信，这样做对特许学校和政策制定者都有利。

“我希望这对传统公立学校也有好处，因为这可以提高它们的知名度。”他这样说道。

芬恩先生说，他现在相信，最重要的区别是不同类型的特许学校之间的差异，如在特许学校网络组织内运营的特许学校之间的差异，或是州与州之间因适用不同法律而造成的差异。

他指出："我对特许学校的平均绩效并不是很感兴趣，对这类学校而言，'特许'一词没有什么意义，特许学校具有多样性，其他学校也是如此。"

特许样本

全国教育进步评估所设计的特许学校学生样本具有全国代表性，但是，与普通公立学校参加测验的学生相比，在数量上简直少得可怜。

最近一次针对特许学校每个年级学生的阅读水平的测验，所选取的样本学生数为2300—3300 人，涉及样本学校为 150—200 所。相比之下，2007 年全国公立学校的阅读测验，选取的样本数高达 18.34 万名学生，涉及 7310 所学校，其中 8 年级学生的样本数略少一些。

总体而言，特许学校实际学生人数与公立学校学生人数有很大差别，不同类型学校之间的比较颇为复杂。按百分比计算，2007 年全国教育进步评估抽取的样本特许学校中的黑人学生比例，是该评估测验的全部考生中黑人学生比例的两倍，这些黑人学生绝大多数生活在城市，其总体成绩低于全国平均水平。

不过，从测验样本来看，特许学校的学生本身也在发生变化。例如，2007 年，53% 的参加 4 年级数学测验的特许学校学生获得了减免午餐费的资格，超过了 2003 年的 42%。 61

全国教育进步评估对特许学校 4 年级学生进行了 3 轮阅读与数学测验，迄今为止，其结果未能显示出明晰的趋势。例如，2005 年特许学校学生的阅读成绩有明显提高，但 2007 年又有轻微下降，然而这一变化在统计学上并不显著。因为普通公立学校 4 年级学生 2007 年的阅读成绩也有所进步，特许学校的学生被甩在了后面。

特许学校学生 2003—2007 年的数学成绩保持了稳步提升，但在统计学上并不显著，在缩小与普通公立学校学生的差距方面也没有表现出进展——从普通公立学校学生身上能看到同样的进步趋势。

可以通过是否有资格享受减免午餐费来考察学生的种族和家庭收入

情况，这似乎能使情况有所改变。

在 2005 年和 2007 年的 4 年级数学 500 分制测验中，总体上特许学校学生的成绩比非特许学校学生落后 5 分，统计学上呈显著差异。

对低收入黑人家庭的学生而言，特许学校学生与普通公立学校学生的成绩差异，2005 年为 1 分，2007 年为 2 分，统计学上并无显著差异。根据其他途径的考察，2007 年特许学校低收入黑人家庭学生中成绩中上者占 56%，而普通公立学校的这一数据为 59%。

伊利诺伊大学厄巴纳－尚佩恩分校教育学副教授萨拉·托利·卢宾斯基，在考察 4 年级学生最近的阅读与数学成绩之后说："当然，原始数据表明特许学校学生是落后的。"但是，她补充道，控制住种族与低收入这两个变量之后，"两类学校学生成绩的差异并不显著"。

在去年 9 月出版的报告中，全国特许学校联盟强调了 2007 年特许学校 8 年级学生的进步，尽管这些表面上的进步在统计学上并不显著。2005—2007 年，特许学校学生的阅读平均成绩从 255 分上升到 260 分，数学平均成绩从 268 分上升到 273 分。

62 进步速度不同？

全国特许学校联盟总结道，与普通公立学校的同龄学生相比，特许学校学生学业成绩的"进步速度非常快"。显然，某些特定群体，如美国 8 年级非裔学生和低收入家庭学生的阅读成绩进步非常快。

特许学校联盟还提到了特许学校拉美裔学生的成绩。2005 年，特许学校 8 年级拉美裔学生的数学成绩，比普通公立学校的拉美裔学生高 9 分，2007 年高 8 分。不过，由于特许学校学生样本小，这些成绩差异在统计学上并不显著。

到目前为止，美国教师联合会对全国教育进步评估最近提供的数据未置可否。在被问及结果时，联合会发言人丹·墨菲说："大致说来，全国教育进步评估提供的数据，和我们自己获得的数据差不多。确有一些绩效优异的特许学校，也有一些不达标的特许学校……普通公立学校也存在同样的情况。"

新奥尔良特许学校的收益

莱斯利 A. 马克斯韦尔

2008 年 5 月 21 日

（新奥尔良）索菲 B. 赖特学业优异学校（Sophie B. Wright Institute of Academic Excellence）是为新奥尔良上城区 4—8 年级学生创办的一所特许学校。在这里，学生们能见到来自大学的教师。

学校里每天都有来自杜兰大学的教师。南方大学新奥尔良分校（Southern University at New Orleans，SUNO）的教授来学校开设科学课讲座。来自新奥尔良南方大学的 Alpha Phi Alpha 兄弟会[①]的成员，花许多时间来学校对男孩子们进行课外辅导。

莎伦·克拉克校长说，与高等教育机构紧密联系，是赖特学业优异
学校的教育模式的重要组成部分。2005 年 7 月，也就是卡特里娜飓风摧 63
毁这座城市之前的一个月，赖特学校由新奥尔良南方大学创办，成为一所特许学校，从那时起，这种紧密联系就一直渗透其中。赖特学校曾经是卡特里娜飓风来临之前新奥尔良地区麻烦最多的学校，现在，这所学校的学生学业成绩进步最为引人注目。该校几乎所有学生都有享受减免午餐费的资格。本月初，学校获知，每一名 4 年级学生都通过了路易斯安那州的高风险考试。

在获知这一考试结果前，克拉克女士在一次采访中曾说："我们确信，我们能够帮助任何孩子。我们已经把注意力集中在学业成绩上。这栋教学楼中的任何一个孩子，都能告诉你他们的阅读水平怎样；而且，这里的任何一位教师，都了解他们的学生哪方面强哪方面弱。"

---

① 兄弟会（Fraternity）是美国大学校园内的学生组织，与之对应的是姐妹会（Sorority）。拉丁语中，"Frater" 和 "Soror" 分别有兄弟（Brother）和姐妹（Sister）之意。兄弟会是一种以兄弟情谊为基础，以在校本科生为成员的社交组织。兄弟会或姐妹会一般以希腊字母命名。——主译者

2005 年 8 月 29 日，学校在按新合同运营了仅仅一周后，就遭受了卡特里娜飓风的侵袭。而几个月之前，在新奥尔良学区层面的学校撤并计划中，赖特学校已濒临关闭。但是，新奥尔良南方大学的领导者们有兴趣承办当地一所中学，他们找克拉克女士商量这件事。自 2001 年被聘为校长以来，克拉克女士就一直设法提高赖特学校薄弱的考试成绩。

南方大学新奥尔良分校主管学术事务的副校长兼索菲 B. 赖特学校监事会主席罗斯·杜霍恩－塞尔斯女士说："这座城市有很多薄弱学校，我们感到有责任参与其中，并帮助改善其中的一所。"

在飓风到来之前，这所学校成为经新奥尔良市批准的 5 所特许学校之一。杜霍恩－塞尔斯女士说，索菲 B. 赖特是美国历史上第一所由黑人学院承办的特许学校。

富有经验的教师

这所新特许学校，很快就成了邀请家长们参与学校事务的场所。至少，家长们每个季度都必须来学校领取其子女的报告卡。赖特学校实施
64 了"人人成功"（Success for All）计划，在全校范围内提高学生的阅读能力。而且，新奥尔良南方大学的教师们，也在教师专业发展方面参与进来帮助学校，对各门学科的教师进行指导。

不过，赖特学校在其成为一所特许学校之后，没有发生变化的地方也非常明显：克拉克女士还担任校长；有一半教师留任；还是那些学生——他们中的大多数来自低收入家庭以及非裔家庭。

2006 年 1 月，飓风之后的赖特学校重新开学，尽管克拉克女士和许多教师都回来了，但学校看上去与以往有些不同。尽管注册学生数与飓风之前差不多，而且大多数是黑人和低收入家庭的孩子，但是近 70% 的学生在飓风之前没有在赖特学校就读过。

克拉克女士说："这确实与飓风之后什么样的家庭有能力很快回到这座城市有关，而且与我们这所学校在飓风后第一个开学有关。这些孩子中有许多人经历过飓风灾害最严重的时刻。他们在高速公路的立交桥下生活过，在新奥尔良的超级圆顶体育场内生活过。"

如今，这所学校成为特许学校已达三年之久，并且免于飓风灾难幸存下来，正一步步走向繁荣。

本月，学校为 4 年级学生在路易斯安那教育评估计划（Louisiana Educational Assessment Program，LEAP）中所取得的成绩举行了庆祝活动。62% 的 8 年级学生通过了路易斯安那教育评估计划的测验，通过率比去年高 21 个百分点。4 年级和 8 年级没有通过测验的学生不能升入下一个年级。

自 2004—2005 学年以来，赖特学校的考试成绩取得了巨大进步。而此前，作为新奥尔良的一所普通公立学校，赖特学校近 83% 的 8 年级学生的英语语言文学考试成绩，不是“接近基本水平”就是“不令人满意”，76% 的学生的数学成绩也低于这两种水平。要想通过路易斯安那教育评估计划，学生的英语与数学成绩至少要达到“基础水平”（basic），其他科目则要达到“接近基础水平”（approaching basic）。

克拉克女士将这些进步归因于若干因素。她说，因素之一是，富有经验的教师在一个不超过 20 名学生的课堂上工作。本学年，赖特学校只有一位教师是头一年执教的新手。与新奥尔良其他特许学校校长和由州 65
运营的“复苏学区”（Recovery School District，RSD）[①] 的所有学校校长不同的是，克拉克女士没有参与“为美国而教”（Teach For America，TFA）[②] 或“来路易斯安那州的新奥尔良教书”（Teach NOLA）[③] 的教师招聘计划。

克拉克女士说：“我真的不相信培训，尤其当这些孩子的教育需求如此之多的时候。”

特许学校的性质——意味着学校由公共经费资助但有很大的独立性——给了克拉克女士更大的挑选教师的自由。她对高年级英语课和数学课实行单一性别编班授课，这一策略有助于“避免学生的各种无意义言行，让学生真正集中精力学习”。克拉克女士重新启动了“人人成功”计划，这是她曾经在学校施行过的一个阅读计划，一度被新奥尔良的一位督学所禁止。

---

① “复苏学区”是美国路易斯安那州于 2003 年通过立法设立的、由州教育局运营的特殊学区，旨在帮助质量不高的学校，使其变成成功的学生学习之所。参见：http：//www. rsdla. net/Home. aspx. ——主译者

② 参见：http：//www. teachforamerica. org. ——主译者

③ 参见：http：//www. teachnola. org/corps_programoverview. php. ——主译者

克拉克女士说："对于要做的事情，我无须告诉或请示任何人，如果这么做对我们有意义，我们就去做。"

男性辅导老师

在索菲 B. 赖特学校，南方大学新奥尔良分校扮演着多重角色。大学掌管着学校的薪水发放事务以及其他人力资源事务。杜霍恩－塞尔斯女士此前曾担任过大学教育学院院长，她定期参访赖特学校，观察课堂教学，并与克拉克女士交流。南方大学新奥尔良分校的领导者们承诺，赖特学校每一位 8 年级高中毕业生，都能获得一份进入公立大学读书的奖学金。

杜霍恩－塞尔斯女士说："我认为，如果我们不及早对这些学校伸出援助之手，让这些学生较早地与大学建立联系，并证明哪些是可以做的，那么，大学就是无用的。"

对赖特学校的男生而言，来自南方大学新奥尔良分校 Alpha Phi Alpha 兄弟会的成员们，给他们留下了难以忘却的印象。

27 岁的莫基思·菲利普斯是南方大学新奥尔良分校的一名 4 年级学生，他每周有 3 天会到赖特学校给 6 名男孩辅导功课。他和这些男孩一
66 起学习，帮助他们完成家庭作业，像一位大哥哥一样给他们提出建议，教他们如何在这座城市中克服成长中的烦恼。本月初的一天，他无意中看到 4 名男孩正在排练一套快节奏的踢踏舞，这是他们为同学和老师准备的节目。

菲利普斯先生说："来这里做辅导老师的感觉很好，因为我知道，对我来说，有一位辅导老师做榜样是多么重要！"他在新奥尔良问题最严重的居民区长大，16 岁时有过高中辍学的经历。"我们需要帮助这些小男孩远离街道上的所有消极影响，他们需要了解比他们所处的环境更为美好的生活。"

14 岁的詹姆斯·沃森是一名 7 年级学生，他说，和辅导老师在一起"帮助我继续完成我的学业"。今年年初，他曾考虑放弃参加辅导项目，原因在于项目的要求之一是男孩们的成绩至少要保持在 C。但菲利普斯先生对此没有任何要求。

詹姆斯说："他不希望我放弃，他让我相信自己。"

该给特许学校下定义吗？

全国特许学校网络怎样通过最好的实践来革新这一运动，重塑城市教育

理查德·惠特迈尔和安德鲁 J. 罗瑟拉姆的评论

2008 年 2 月 13 日

许多很早就买了电脑的人或许曾迁怒于这些电脑，因为他们只是用电脑写一些文字，用它们玩俄罗斯方块，然后便问：这有什么大不了的？

之后，因特网诞生了。

你可能会用类似的思维来理解特许学校运动。自从第一所特许学校于 1992 年在明尼苏达州的圣保罗创办以来，美国的特许学校很快就发展到 4000 所。目前，有一些特许学校办得很出色，也有一些不尽如人意， 67
但是从整体上来说，没有证据表明特许学校与其他传统公立学校有根本区别。所以人们不禁要问，特许学校有什么大不了的？

这被称为“纽约效应”（New York effect）。

4 年前，纽约市学校总监乔尔 I. 克莱恩用每年 1 美元的学校承包合同，吸引了一些非常成功的特许学校网络［如“知识就是力量”（Knowledge Is Power Program，KIPP）、“成绩优先”（Achievement First）、“杰出学校”（Uncommon Schools）等项目］。这些网络都已签约，但是它们所做的远不止于此：它们并没有彼此竞争，而是致力于“合作式竞争”（coopetition），在纽约市，它们常常联手发展。

来自“杰出学校”的约翰·金说：“我们之间不是相互抢夺资源，而是一直努力尝试如何把水池掘深，合作创造资源，从而使我们都能得到发展。学校创办之初，我们会参访对方学校，相互学习宝贵的经验与教训。”

这些学校互通有无，分享“经验教训”，并进一步拓展至共享培训与其他资源。这种融合状态促成了特许学校的“互联网时代”的诞生。期间，特许学校思想的真正影响日益显现：办得特别好的特许学校会越

办越好，而低绩效的特许学校（以及低绩效的公立学校和学区）就会面临越来越大的改进以至于关闭的压力。这种趋势愈演愈烈。当前特许学校的理念与其早期已有很大差别。很多左翼人士支持特许学校是为了建立更多实实在在的小型（mom and pop）公立学校，很多右翼人士支持它则是为了将竞争压力引入僵化的公立学校系统。

贾巴里·萨维基是布鲁克林区贝德福德－施托伊弗桑特（Bedford-Stuyvesant）已创办4年的“卓越特许学校”（Excellence Charter School）的校长。萨维基在波士顿办学颇为成功的罗克斯伯里预备特许学校（Roxbury Preparatory Charter School）开始了他在特许学校的教学生涯。“杰出学校”的领导人（罗克斯伯里预备特许学校的创办者）选中了他，
68 请他经营新的贝德福德－施托伊弗桑特学校。此后，他接受了广受褒奖的“知识就是力量”（KIPP）学校领导项目的培训。

萨维基领导的这所学校，有许多教师正在亨特学院（Hunter College）的一个新项目中攻读硕士学位。上述三个特许学校网络的创办人、特许学校运动中的著名人士以及知名教育工作者，如“知识就是力量”项目的戴维·莱文，“杰出学校”的诺曼·阿特金斯，为亨特学院的这一新项目讲学授课。当萨维基的学生到了上高中的年龄时，许多学生会进入专门为这三个特许学校网络而建立的两所新的高中之一就读。新的高中预计于2010年开学。支持这两所学校的是罗宾汉基金会（Robin Hood Foundation）——这场交融试验背后有对冲基金（hedge-fund）支持的金融力量。

这种合作的优势，在“卓越特许学校”的第一次考试成绩中得以彰显。这是一所在贫困社区刚刚起步的学校，所有学生都来自少数族群，数学与阅读是其致命弱点。新学校一般不会出现这种优势，但它确实出现了。不仅“卓越特许学校”如此，由这些团体所创办的其他刚刚起步的特许学校也都出现了类似情况。

也许合作带来的最大好处，是亨特学院举办的这个两年制硕士学位项目。在特许学校的创办者找到了他们理想的教育学院院长、著名的教育学院改革家戴维 M. 斯泰纳后，这个项目开始启动。在斯泰纳领导下，亨特学院的教师与特许学校的创办者一拍即合，去年夏季，他们启动了一个试验项目，并预计这个项目会迅速扩大，不仅包括其他特许学校的

教师，而且还会包括纽约市普通公立学校的上百位教师。

该项目旨在教授一些提高学校效能的策略。就像“杰出学校”的阿特金斯所解释的那样，策划者想要“找到最好的教师来教学，想让我们示范和呈现在自己学校已取得很大成功的教学方法”。结果是，由这样一支混合团队引领的课堂迥异于传统课堂。这三个学校网络的共同特点是，教师与学生每天不用忍受高度结构化的学校生活和密集的 69
教学任务。

“知识就是力量”项目的合作创始人莱文说，我们的目标是将亨特学院项目推广到全国的教育学院。他说：“这不是一个组织的成功，而是共同承担教育孩子的工作。”

这是一个关键性的目标，但是在以往的教育系统中却被证明是难以实现的，因为在这种教育系统中，单一的成功而非系统的改进才是一种常态。与此同时，这些优秀的学校及其领导者所面对的挑战，实质上也是重塑城市教育的良机。

所有特许学校在启动时期都非常依赖慈善捐款。目前，有一个核心机构致力于这种投资，帮助特许学校弥补公共经费的不足。但是由于慈善资助本身的不确定性，这些优秀的学校必须建立一条可以获得公共部门长期支持的经费渠道。

另外，尽管特许学校网络发展迅速，但是所有高效能的特许学校网络都会面临大规模提高学业质量的挑战。传统上来看，教育质量与教育规模之间呈负相关：当特许学校扩大规模时，当初承诺的教育效能就会大打折扣。当然，事情也并非那么绝对。例如，“为美国而教”项目通过增长或保持（如果无须改进的话）自身效能，通过为优秀特许学校网络输送大量的教师和领导者，就打破了这种趋势。“知识就是力量”项目是美国最大的特许学校网络，它在扩大规模的同时也保持了很高的质量。尽管特许学校非常注重各种关键性质量因素，但是随着其学生数量从几千人发展到几万人甚至几百万人，能否应对质量挑战将有待检验。

着眼于学校内部的人力资本战略，而不是对那些传统的教师与学校领导职前培训抱有期望，将会有所帮助。持改革取向的督学或其他高绩效的特许学校网络，可以在任何地方推广这一模式。如果这些优

秀的特许学校能有助于缩小教师职前培训和实践效能之间的差距，那
70 么它们将会促进这个领域向前发展。但是，戴维·斯泰纳的资源供应并不充足，而且不经过一场斗争就期望教师职前培训有显著变化似乎不太可能。

在教育领域内，种族问题也经常扮演重要角色。乍一看，许多优秀的创新活动的领导层与其所服务的学生并不一样①。迄今为止，在许多社区中对优良学校教育的选择还是有名无实。但是，随着优秀的特许学校网络建立起一个覆盖面更广的城市教育系统，关于种族、阶级问题等的艰难对话将在所难免。值得信赖的是，这些优秀的特许学校正在努力为其领导角色所需要的各种才能拓宽道路。但是，尽管如此努力，仍无法掩盖当今社会表象之下所潜伏的令人不安的现实。

随着优秀的特许学校网络建立起一个覆盖面更广的城市教育系统，关于种族、阶级问题等的艰难对话将在所难免。

最后，也是最重要的，这些创新活动必须通过发展特许学校，来证明它们从根本上关注所有学生的学业成绩。就像“新奥尔良的新学校”（New Schools for New Orleans）的首席执行官马特·坎德勒所说的那样，没有谁愿意参与以“不像其他形式的学校选择那么‘令人生厌’”为由，来为自己的合理性进行辩护的运动。但是，如果这些优秀的特许学校能步入正途，它们绝对有潜力不仅对城市教育的某些方面进行实质性的变革，而且为整个公立教育质量建立标准。

从1992年明尼苏达州建立第一所特许学校至今，特许学校已走过了一段漫长的道路，这可能会为美国公立教育带来一场革命。

① 这里指创新活动的领导者多为白人，而他们服务的学生以黑人为主，从肤色上看不一样。——主译者

联邦教育创新——挡不住的激情[①] 71

泰德·米切尔和乔纳森·肖尔的评论

2008 年 10 月 29 日

当布什政府在 6 年前着手建立一个教育创新办公室（office of education innovation）的时候，他们还没有想到要花费数百万美元来建造一个博物馆，用以强调马萨诸塞州新贝德福德在 19 世纪的捕鲸业中的重要性[②]。

就像他们在漫长的竞选中极力宣扬教育创新那样，参议员巴拉克·奥巴马和约翰·麦凯恩应警惕："教育部灵活的企业化运作之手（entrepreneurial arm）"，最终不过是把数以万计的美元，花费在从老达特茅斯历史学会（Old Dartmouth Historical Society）的捕鲸博物馆，到促进"传统美国历史教学"项目这样一些无关紧要的问题上。与避免重蹈过去的错误相比，人们在承认联邦政府在推进教育创新的强有力作用上更容易达成共识。如果下一任总统要明智地推进教育创新，那就必须采取一些关键性措施。

如果下一任总统要明智地推进教育创新，那就必须采取一些关键性措施。

对于在政府体制之外且与政府合作的企业化组织能够带来解决问题的新生机这一广为接受的观点，麦凯恩与奥巴马均已表示赞成。上个月，

① "挡不住的激情"（*Getting it Right*, 1989）为一部电影名。——主译者

② 19 世纪中叶，由于对捕鲸业的垄断，新贝德福德得到极大发展，人均收入在当时全世界范围内名列前茅。此后，由于鲸油的销路因石油制品的推广而被压缩，加之许多人因"淘金热"而移民加利福尼亚州，捕鲸业迅速衰落。1925 年最后一艘捕鲸船从新贝德福德驶出。——主译者

在俄亥俄州的一次主要针对教育问题的演讲上，奥巴马呼吁大幅度地提高对教育创新和企业化运作的投资，呼吁创办更多更好的特许学校。他引证了美国经济竞争力正在衰退的情况，呼吁“创造一个 21 世纪教育新图景——我们不仅要支持现存的学校，而且要激发创新”。

72 同样，在支持企业化运作的变革进程方面，麦凯恩走得更远，他甚至点名支持诸如“为美国而教”与“新教师工程”（New Teacher Project）等先驱性组织，这些组织也是他的改革努力的同盟者，他还赞成创新引领者们所支持的改革，如根据学生学业成绩奖励教师之类的改革。两位总统候选人都直言不讳地支持特许学校，认为这种具有企业化运作性质的战略可能会在教育变革中起引领作用。

值得高兴的是，两位总统候选人都清晰地认可公私合作的新形式。这些观点已经在与“知识就是力量”项目、种子基金会（SEED Foundation）①、大志公立学校（Aspire Public Schools）② 等组织的合作中开花结果——这些组织已改变了数以千计的低收入家庭儿童的生活。对这些结果取向组织的创建和成长予以鲜明而又灵活的支持，将会极大地促进儿童的发展。此外，显著增加联邦教育投资可以使教育中有影响力的新观点大量增加，而且有助于证明企业化运作的思想将大大超过私人慈善机构今天所能做的一切——尤其是在当前的金融危机的情况下。

但是，联邦政府与教育创新之间长期的不和谐关系使我们认识到，无论谁在 2009 年 1 月当选总统，都将需要动脑筋想一想如何避免过去所犯的错误。各种官僚机构和政治力量总是阻挡用于教育创新的明智投资。例如经费已经划拨，但根深蒂固的思想却使这一领域的变革无从开展。或者更糟糕的是，投资到教育创新项目上的经费多数被滥用到它们的政

---

①　种子基金会是美国一个全国性非营利组织，它联合城市社区伙伴，为那些未能成功上大学的学生提供创新性教育机会。种子基金会是城市教育变革的催化剂，1998 年，基金会在华盛顿特区创办了第一所寄宿制学校——华盛顿种子学校，2008 年在马里兰开办了第二所学校。参见：http：//www. seedfoundation. com. ——主译者

②　大志公立学校是一家在加州经营着 18 所特许学校的非营利特许学校管理机构，服务学生近 5000 人。学校的目标是为所有学生作好上大学并从大学成功毕业的准备。2006 年，所有大志公立学校都达到了加州统考目标。同年，因其在学校改革中的创新，该机构被《快公司杂志》（*Fast Company Magazine*）授予“社会资本家奖”（Social Capitalist Award）。参见：http：//www. aspirepublicschools. org. ——主译者

治发起者身上，而很少真正用到教育进步上。从尼克松时代的国家教育研究所（National Institute of Education）——一个仅从名称上看类似于国家健康研究所（National Institute of Health）的实体机构，到眼下的创新与改进办公室（Office of Innovation and Improvement），已经有太多的联邦创新经费被用到诸如捕鲸博物馆这类事情上了。

这并不令人惊奇。事实上，联邦的创新办公室必须实实在在地做一些政府官僚机构很少能做好的事情：用公共经费直接支持那些未经证实
的观点，承担风险，长期持续地投资，拒绝赞助。在这种“雷区”中航 73
行，下一任总统必须组建一个名副其实的教育创新办公室。这个机构必须享有独立性，从而避免政治压力和投资风险，但是，与联邦教育机构的紧密联系会影响它从企业化运作的角度思考问题，而且，为了更好地监管公共经费的使用，它还必须足够透明。

在新近为布鲁金斯研究所（Brookings Institution）撰写的一篇有关教育创新的优秀文章中，安德鲁 J. 罗瑟拉姆和萨拉·米德提出了一个解决方案。罗瑟拉姆和米德注意到，私营公司经常将研究与发展部门从其他机构中分离出来，以使其免受官僚体制的影响。他们认为，创新办公室应该由一个由美国国会议员委任的独立审查委员会（independent review board）来监管，由分管教育的助理国务卿来领导。这一组织架构将赋予创新办公室一定的影响力和透明度，并使其得到保护。

在这一结构下，新成立的联邦教育创业与创新办公室（office of educational entrepreneurship and innovation）将监管两项基金：一是“教育创新挑战”（Education Innovation Challenge）计划，它将帮助那些有巨大潜质的新思想顺利起航；一是“工作中成长”（Grow What Works）计划①，旨在使业已获得证明的企业化努力成比例扩大。这些基金将支持创办和发展高效能学校，支持那些可以使学校更加强大的培养教师与校长的新战略，支持课程、评估、技术等领域的新工具。两项基金都将高度重视投资结果，要求有确凿的证据以表明这些创新正在对学生学业成绩带来有意义的改进，并且这两项计划都将受到严格的评估。

如同美国国家健康研究所在医学上、国防高级研究计划局（Defense

① 参见：http：//www. edexcelencia. org/initiatives/growing-what-works/full. ——主译者

Advanced Research Projects Agency, DARPA)①在军事上所作的努力一样，这两个项目的共同努力将激发教育中的开创性工作。而且，这种资金的有效使用将使创新组织的领导者们更加关注直接惠及儿童的工作，
74 而不必像现在那样花许多时间去募集资金。已为低收入家庭儿童提供的诸如“知识就是力量”、“为美国而教”等项目，具有创业风险，但是考虑到它们未来的收益，明智而又大胆地扩大这些项目的价值将是巨大的，而因其花费仅相当于政府军事与医学研发经费的一小部分，因此也是能够实现的。(在现行预算体制下，这也是可以做到的——在目前财政困难的情况下，这是一个备受欢迎的消息。)

然而，除这两项基金外，不能将企业化运作思维视为下一任总统的教育部要做的一个独立项目，而必须将其作为思想倾向来发挥作用。不能将一种灵活的、重要的、结果取向的方法，降低为一个单一的办公程序，它必须是指导整个部门的方式方法。当然，这需要下一任总统予以确认。

伟大的企业化运作行动体现了务实的美国精神：不断探索什么东西有用、有效，并对不起作用的东西加以重新设计和改造。下一任总统在想明白如何重新设计联邦教育创新的方式方法之前，必须做好这些事情。

---

① 美国国防高级研究计划局是美国国防部负责军事新技术开发的机构。为回应苏联卫星发射成功的挑战，美国于1958年建立了高级研究计划局（Advanced Research Projects Agency, ARPA），1972年3月更名为国防高级研究计划局（DARPA），1993年2月再次更名为ARPA，1996年又改为现名（DARPA）。自成立以来，该组织一直负责为许多对世界产生重大影响的新技术开发提供经费。参见：http：//www. darpa. mil. ——主译者

第 4 章 优先发展数学与科学教育[①]

“我无法接受这样的现实：美国的小学生每天仅用 25 分钟时间学习科学，而同时我们知道，日益增长的工作有 80% 以上都需要数学和科学知识。”

巴拉克 · 奥巴马

新罕布什尔州，曼彻斯特，2007 年 11 月 20 日

议 题

苏联人造卫星发射 50 年后，全美所有中小学的科学与数学教育仍处于危机之中。例如，2003 年国际学生评价项目(Program in International Student Assessment, PISA)②对 40 个国家的调查显示，美国 15 岁儿童的数学成绩排在第 28 位，科学成绩排在第 19 位。

在 21 世纪，每个人都需要掌握科学和数学知识，这不仅仅是就业的需要，也是成为一名健康而又见多识广的公民的需要。更何况，日益增长的工作有 80% 以上都需要数学和科学知识。

---

① “Asians Best U. S. Students in Math and Science,” by Kathleen Kennedy Manzo, as first appeared in *Education Week*, December 9, 2008. Reprinted with permission from Editorial Projects in Education.

“Science Education,” by Mary C. Breadon, as first appeared in *Education Week*, March 26, 2008. Reprinted with permission from Editorial Projects in Education.

“Scientists Nurture Teachers' Growth in Math and Science,” by Sean Cavanagh, as first appeared in *Education Week*, November 28, 2007. Reprinted with permission from Editorial Projects in Education.

“Labs at Elementary Level Help Bring Science Alive,” by Sean Cavanagh, as first appeared in *Education Week*, June 4, 2008. Reprinted with permission from Editorial Projects in Education.

“A School Where STEM Is King”, by Andrew Trotter, as first appeared in *Education Week*, March 27, 2008. Reprinted with permission from Editorial Projects in Education.

② 经济合作与发展组织国际学生评价项目，是由经济合作与发展组织（Organization for Economic co-operation and development, OECD）实施的一项国际性学生学业成就的比较研究项目。为了帮助成员获得关于学生的知识、技能及教育表现的常规而可靠的数据资料，OECD 于 20 世纪 90 年代中期开始着手开发 PISA 的工作，1997 年正式启动 PISA，2000 年发布了第一个评价报告。在评价过程中，PISA 国际联络处从每个参与国家或地区 15 岁零 3 个月—16 岁零 2 个月（平均年龄 15 岁，即将完成义务教育）的学生中，随机抽取 4500—10000 名具有不同背景与能力水平的青少年，依据熟知知识的内容或结构、阐释所掌握的信息、应用所学的知识和技能三个标准，对其阅读、数学与科学素养进行测量。PISA 是一个动态的评价框架，每 3 年选择一个主题，每 9 年完成一个周期，迄今为止参与国家或地区已达 60 多个。参与国家或地区可以根据 PISA 的测评结果审视自身教育发展的变化，考察本国或本地区学生是否实现了主要的学习目标，以及学生的学业成就在国际上所处的位置。参见：http://www.pisa.oecd.org. ——主译者

76

奥巴马的蓝图

奥巴马将数学与科学教育视为国家的优先战略，因此，我们要为学生提供21世纪所需的知识与技能。

- **招聘高质量的数学与科学教师：** 优先招聘拥有数学、科学和工程学位的毕业生。
- **支持数学教师与科学教师的专业发展：** 努力为数学与科学教师提供支持，帮助新教师和老教师学习该领域的专业知识。
- **改进科学教学：** 保证每个年级的所有儿童都能获得优质的科学课程。

视　点

- 美国学生的数学与科学成绩落后了
- 美国的科学状况
- 科学家培育教师成长
- 小学实验室有助于激活科学课
- 一所以科学、技术、工程与数学为主的学校

美国学生的数学与科学成绩落后了

凯瑟琳·肯尼迪·曼佐

2008年12月9日

当前的调查结果显示，美国4年级和8年级学生的数学与科学成绩虽持续高于国际平均水平，但却落后于许多亚洲国家或地区以及一些欧洲国家。

不过，马萨诸塞和明尼苏达两个州参加测验的学生的成绩，在全美遥遥领先。尤其是马萨诸塞州，在某些方面并不逊色于那些一路领先的亚洲国家或地区。

国际教育成就评价协会（International Association for the Evaluation of Educational Achievement，IEA）主持的第三届国际数学与科学研究（The

Third International Mathematics and Science Study，TIMSS）项目①正在持续进行，这使得下列论争愈演愈烈：美国中小学在改进这些学科的课程与教学方面，是否付出了足够的努力？

艾娜 V. S. 穆利斯是位于波士顿学院的第三届国际数学与科学研究（TIMSS）和国际阅读素养进展研究（Progress in International Reading Literacy Study，PIRLS）② 国际研究中心的执行主任，她指出："调查结果中
78 既有好消息，也有坏消息。在数学方面，美国不断取得进步，而且自1999 年以来这种进步变得尤为明显。但是，美国与那些成绩最优的亚洲国家或地区相比，差距仍然很大，甚至可以说巨大。"

"相对位置"

美国教育部下属的全国教育统计中心（National Center for Education Statistics）的执行专员斯图尔特·克拉切斯凯认为，美国学生在数学方面所取得的进步，是与十多年来为改进该学科的教学所付出的努力相吻合的，而科学教育则没有受到这样的关注。

他指出："与那些成绩领先的亚洲国家或地区相比，我们的相对位置仍然没有发生变化。总的说来，尽管我们看到美国学生不断取得好成绩，但美国［在国际上］的相对位置仍然没有发生变化。"

---

① 第三届国际数学与科学研究（TIMSS）是由国际教育成就评价协会（IEA）主持、美国波士顿学院 TIMSS 国际研究中心设计和实施的一项教育研究，它组织严密，影响深远，是国际上迄今为止规模最大的一项国际教育比较研究。1995 年之前，IEA 已先后组织过四次国际数学与科学研究，分别为：第一届国际数学研究（FIMS）、第一届国际科学研究（FISS）、第二届国际数学研究（SIMS）和第二届国际科学研究（SISS）。由于前两次研究的设计不尽完善，且样本信息的回收率没有超过 85%，其研究结果的效度受到了质疑。因此，IEA 于 1995 年启动 TIMSS，检测对象是 40 个国家和地区的 3 个不同年级（4 年级、8 年级和中学最后一个年级）50 万名学生的数学和科学成绩。TIMSS 的第一次 8 年级检测结果于 1996 年 11 月公布，4 年级和中学最后一个年级的结果则分别于 1997 年 6 月和 1998 年 2 月公布。1996 年 11 月，美国教育统计中心（NCES）出版《追求卓越》（*Pursuing Excellence*）一书，其中第 2 章"国际背景下美国 8 年级数学和科学的教学、学习、课程以及成绩的研究"，即为第三届国际数学与科学研究的部分成果（参见：魏国栋. 追求卓越［M］. 北京：人民教育出版社，1998）。——主译者

② 国际阅读素养进展研究，是国际教育成就评价协会（IEA）的研究项目之一。该项目计划每 5 年进行一次全球范围的阅读素养评价，以此来监控儿童阅读能力的未来发展。2001 年，PIRLS 对全球 35 个国家和地区进行了第一轮的阅读素养测评，PIRLS 第二轮的测评工作于 2006 年进行，共有 47 个国家和地区参加，当年中国也首次参与了该项目。——主译者

虽然学校改革越来越多地关注改进数学与科学领域的教学和教师培训，但有些专家认为整体说来这些努力还远远不够。

位于弗吉尼亚州阿灵顿的全国科学教师协会（National Science Teachers Association）执行主任弗朗西斯 Q. 埃伯利指出："在过去 10 年间，我们看到许多报告主张应该在科学教育领域投入更多，但是这些倡议很少在课堂中被付诸实践。第三届国际数学与科学研究的重要价值在于，帮助我们了解相对于其他国家而言我们自己做得怎么样，帮助我们了解当前需要重点做些什么。所以除非国家能够认为科学非常重要，否则类似的结果不会引起人们的注意。"

自 2003 年的考试以来，美国 4 年级学生的数学考试成绩取得了明显进步，这是类似考试所取得的最好结果之一。在总分为 1000 分的考试中，他们得到了 529 分，提高了 11 分。而科学考试的团体成绩则几乎与几年前相同，为 539 分。与上次考试相比，8 年级学生也取得了一点进步，但并不明显。但是根据研究报告，1995 年以来 8 年级学生提高了 16 分，这是一个非常明显的进步。

在科学方面，美国 8 年级学生的成绩为 520 分，与 2003 年相比略有下降，但不显著。

新加坡、中国香港特别行政区和中国台湾地区的 4 年级学生考试成 79
绩遥遥领先。韩国和日本的 8 年级学生考试成绩也名列前茅。捷克共和国、匈牙利、拉脱维亚、俄罗斯和斯洛文尼亚等几个东欧发展中国家，也在某些领域超过了美国。

超越平均水平

在数学和科学两个学科的考试中，美国 4 年级和 8 年级学生中达到"中等"、"中上"和"高级"水平的比例，均明显超过了国际平均水平。但是，在那些成绩最好的国家或地区，对这些学科有着最透彻理解的学生的比例要远远高于美国。例如，在 4 年级和 8 年级的数学考试中，新加坡和中国香港达到"高级"水平的学生比例至少有 40%，韩国和中国台湾也有同样比例的 8 年级学生可以达到这一水平。

美国的科学状况

位于芝加哥的科学与工业博物馆所作的一项调查发现，美国3/4的成人认为自己不能很好地理解科学，80%的成人认为学校应该更多地关注科学教育。

70%的成人认为，在科学方面美国不是世界的领导者；几乎有同样比例的人认为，在未来20年内美国无法在科学领域成为世界的领导者。这在很大程度上是因为在科学教育上美国没有投入足够的资金，也缺乏优质的教学。

该报告的数据，是由位于纽约曼彻斯特的哈里斯互动调查公司（Harris Interactive）① 以民意调查为基础搜集的。这次全国性电话民意调查在2007年11月和12月进行，共调查了1300位成年人。

马里 C. 布雷登，2008年3月26日

80 第三届国际数学与科学研究，试图测量学生对数学与科学课上某些特定内容的掌握情况，以及在理解、应用和推理等方面的认知水平。这项研究与去年发布报告的国际学生评价项目（PISA）形成了对照。国际学生评价项目就15岁学生将数学技能应用于现实世界的能力进行了国际比较。美国学生在第三届国际数学与科学研究中获得的成绩，要比在国际学生评价项目中获得的成绩好一些。

但是，正如克拉切斯凯所说，考虑到美国的国家规模和多样化程度，如果直接用这些测量结果与那些处于领先地位的国家和地区进行比较，可能会有潜在的问题。

他指出："对于一个像美国这样文化多样化程度非常高的国家来说，要扭转局面并作出较大的变革存在很大困难。"他补充说，把美国学生与

① 1975年，美国纽约罗切斯特大学的政治学教授戈登 S. 布莱克（Gordon S. Black）博士成立了戈登 S. 布莱克公司（Gordon S. Black Corporation），即今天的哈里斯互动调查公司的前身。自那时起，哈里斯互动调查公司逐渐发展成为世界上最大的市场研究与咨询公司，并成为网络调查的全球领导者。参见：http：//www. harrisinteractive. com. ——主译者

抽样选取出来的中国大陆地区学生进行比较，然后再与抽样选取出来的中国台湾地区学生进行比较，结果会有非常大的差异。

在 2007 年的第三届国际数学与科学研究评估中，共有来自 59 个国家和地区的 42.5 万名学生参加。此外，还选取了包括加拿大的几个地区、阿拉伯联合酋长国的迪拜以及美国的马萨诸塞州与明尼苏达州等在内的 8 个地区，作为“基准区”（benchmarking sites）。可以将这些地区的测量结果与它们国家的数据进行比较，并以此作为估计这些国家的学生学业成绩的国际基准。

马萨诸塞州和明尼苏达州参加考试的样本学生，给美国带来了最好的消息。例如，马萨诸塞州 4 年级学生的科学考试成绩为 571 分，紧随新加坡（587 分）之后，位居第二。在数学考试中，来自该州的 4 年级学生获得 572 分，仅排在中国香港、新加坡和中国台湾之后。在 8 年级的各门考试中，马萨诸塞州的学生同样也排在成绩最好的几个亚洲国家和地区的学生之后。

明尼苏达州所取得的成就也明显好于美国的整体水平。在 4 年级科学考试中，该州学生的考试成绩甚至高于像日本这样的国家。但是，该州在各门考试中均落后于排名最靠前的几个亚洲国家和地区。

有专家认为，这两个州的成功表明设置更为严格的标准，以及为执行这些标准而投入更多促进课程开发与教师专业发展的资源，将有助于 81
提高学生的学业成绩。

当前，华盛顿的“成功公司”（Achieve，Inc.）① 正在研究那些学生成绩优异的国家的学业成绩标准。该组织的负责人迈克尔·科恩指出：“我们可以看到，这两个州不仅有清晰、集中、严格的数学学业成绩标准，而且不断地努力改进教学和学习。于是，马萨诸塞州便取得了非常好的成绩，明尼苏达州 4 年级的学生也取得了明显进步。对那些认为我们无法与某些国家相比的人来说，这一现象值得深入思考。”

有专家认为，如果考虑到 1995 年首次参加第三届国际数学与科学研

① 成功公司是一家由高层管理者和企业领袖在 1996 年成立的独立的、跨党派的非营利性教育改革组织，总部设在华盛顿特区，旨在帮助州政府提高学生的学业水平和毕业率，改进评估，强化绩效责任。2006 年，该公司被《教育周刊》评为全美最具影响力的教育集团之一。参见：http：//www.achieve.org. ——主译者

究的测验时，明尼苏达州根本没有学业标准，那么它所取得的成绩就更值得思考了。密歇根州立大学专门研究这一问题的研究员威廉 H. 施密特指出，此后，明尼苏达州便决定汲取第三届国际数学与科学研究的课程研究所取得的经验与教训，即像世界上成绩最好的那些国家和地区那样建立学业标准。

“明尼苏达州取得了显著进步，从成绩平平到相当优异。它现在正紧随几个成绩最优的国家和地区之后，”施密特接着说，“对，这就是说，你能够做到这一点，这就是实现这一目标的途径。”

创新总量

然而，也有人批评这种国际比较，认为国际性考试并不足以预示某个国家是否成功。华盛顿汤森港（Port Townsend）的一位研究者杰拉尔德·布雷塞伊认为，虽然美国学生的考试成绩并不是很好，但美国在国际竞争力的各项指标上均位居世界前列，而且美国的工人被认为是世界上生产效率最高的。他还指出，考试未必能测量出诸如创造力、理想和创新精神等品质，而这些品质恰恰是美国人所具备的。

布雷塞伊先生认为：“需要指出的是，一旦进入现实世界，新加坡的学生就失去了活力。在经济竞争力的各项指标中，创新精神永远不会变得无足轻重。更大或者更快的飞机只可能提高生产率，但创新却没有极限。”

82 这是第三届国际数学与科学研究的报告首次在网上发表。它像一个包罗万象的网络百科全书，详细说明了每一个国家和地区的具体指标。

与穆利斯女士共同领导这一国际研究中心的迈克尔 O. 马丁认为：“这本百科全书尽可能地为人们提供一幅有关一个国家的学校文化、课程、教育目的、学校目标等内容的全景图。”他说：“所以，你可以获得所有那些难以量化的信息。”而且，这还有助于你把数据放到具体的情境之中。

科学家培育教师成长

肖恩·卡瓦纳

2007 年 11 月 28 日

想象一下，一间教室，里面有数千英尺的光缆和两个四层楼高的显微镜。学生们围在顶尖的科学家身边，这些科学家使用周围的工具来探测核物质，期望某一天能够在科学与技术上取得重大突破。

这间教室便是位于托马斯·杰斐逊国家加速器实验室（Thomas Jefferson National Accelerator Facility）的著名的 A 座教学楼（Hall A）。这些学生都是科学教师，他们来到弗吉尼亚州纽波特纽斯（Newport News）的联邦实验室，这是一个不同寻常的教师专业发展机会的一部分。

这个名为“科学院培育教师科学家”（Academies Creating Teacher Scientists）的项目①，让美国能源部的科学家，与那些来自全国各地的希望改进自身课堂教学技能的中学教师结为合作伙伴。

在连续 3 年的暑假里，教师们可以选择到某个联邦实验室接受为期 4—8 周的指导。在科学家的指导下，他们设计各项活动和课程，以便将来能在课堂教学中运用。

这仅仅是联邦机构为数学与科学教师提供的诸多培训项目之一。虽
然某些官方人士对这种做法持有异议，但是事实证明这种做法非常受教 83
师欢迎。因为除了这种方式，教师只能求助于教师工作坊或研讨会等更
为传统的途径来提升自己。

---

① 美国能源部的“科学院培育教师科学家”项目（Department of Energy Academies Creating Teacher Scientists，DOE ACTS），是由美国能源部科学办公室设计的教师发展项目，旨在用恰当的知识和科学研究经验培育杰出的科学与数学教师，使其成为地方或地区教学的引领者或积极的变革代理人。这个为期 3 年的项目要利用能源部的国家实验室的丰富资源，指导和丰富教师对科学与技术世界的理解。通过这一项目，教师与指导他们的科学家和教学伙伴建立起一种长期的合作关系，以便当他们回到课堂中的时候，仍能得到支持。参见：http：//www. scied. science. doe. gov/SciEd/ACTS/about. htm. ——主译者

马里兰州距巴尔的摩市约 50 英里的东北中学的约瑟夫 J. 阿马，是一位 8 年级教师。在刚刚过去的这个暑假，他第一次参加了由能源部主办的这个项目。包括阿马先生在内，今年共有 17 位科学教师有机会接触能源部的实验室里的科学仪器和资源，并在联邦科学家的帮助下，根据自己在这里的所见所闻，设计简单的课堂活动和实验。

阿马先生说："我们所接触的并不是只会对我们说教的人。他们不是走马灯式地仅仅给我们开个讲座就走，而是鼓励我们全身心地投入。"他指出，实验室里的科学家"采取非常先进的方法"，向教师们展示了"非常简单的概念"。

一种信心游戏

这个培训项目开始于 2004 年，每年的预算是 230 万美元。迄今为止，共有大约 200 位教师参与了该项目。教师们可以在网上申请，去项目所提供的能源部 12 家实验室中的任何一家，这些实验室遍布全国各地，其研究人员的研究背景不同，而不仅仅局限于能源领域。

参与项目的教师与承担指导任务的科学家一起工作，这些科学家通过研究项目给教师以指导，组织与实验室工作相关的研讨和演示。教师们也需要在网上提交专业发展规划，描述将怎样继续改进自己的教学技能，然后根据在实验室的经历设计课程。项目还鼓励他们在教学过程中与实验室的科学家经常保持联系。

在参与项目的过程中，教师每周有 800 美元补贴，而且每年可以申请高达 4000 美元的资金，来为课堂教学购买仪器或参加其他形式的专业发展活动。根据家庭所在地与联邦能源实验室的距离，项目还可以为教
84 师们提供住所。阿马先生的学校位于马里兰州的东北部，他和他的未婚妻珍妮弗 L. 埃弗里特（也是来自那里的教师）选择住在实验室，他们的居住条件与杰斐逊国家加速器实验室来自世界各地的访问学者和学生一样。

专家型指导教师

参与“科学院培育教师科学家”项目的教师们，能够在4—8 周时间内从科学家那里学到课堂教学的理念和技能。

项目特征

规模：迄今为止大约有200 位教师参与。

支持：除了在实验室所接受的培训之外，教师们还有生活补贴，并能够申请经费以购买课堂教学材料、继续深造或支付旅费。

位置：美国能源部的下列 12 个实验室承接了该项目。

- 埃姆斯国家实验室，艾奥瓦州（Ames National Laboratory，Iowa）
- 阿尔贡国家实验室，伊利诺伊州（Argonne National Laboratory，Ill.）
- 布鲁克黑文国家实验室，纽约州（Brookhaven National Laboratory，N. Y.）
- 费米国家加速器实验室，伊利诺伊州（Fermi National Accelerator Laboratory，Ill.）
- 爱达荷国家实验室，爱达荷州（Idaho National Laboratory，Idaho）
- 劳伦斯·伯克利国家实验室，加利福尼亚州（Lawrence Berkeley National Laboratory，Calif.）
- 劳伦斯·利弗莫尔国家实验室，加利福尼亚州（Lawrence Livermore National Laboratory，Calif.）
- 国家再生能源实验室，科罗拉多州（National Renewable Energy Laboratory ，Colo.）
- 橡树岭国家实验室，田纳西州（Oak Ridge National Laboratory，Tenn.）
- 太平洋西北国家实验室，华盛顿州（Pacific Northwest National Laboratory，Wash.）
- 桑迪亚国家实验室，新墨西哥州（Sandia National Laboratory，N. M.）
- 托马斯·杰斐逊国家加速器实验室，弗吉尼亚州（Thomas Jefferson National Accelerator Facility，Va.）

资料来源：美国能源部

85 埃弗里特女士说，通常，每天开始的时候都有一位科学家的演讲，然后是一段演示或到实验室的某一部门参观。下午是小组活动，集中探讨课堂教学技能的改进。教师们要根据所讨论的科学内容构建课堂教学平台。他们还要把自己观察后的反思发表在网络杂志上。

杰斐逊实验室的科学教育干事简·泰勒指出，与许多专业发展项目一样，该项目的目标是为了让教师能够熟练地掌握技能，并树立足够的自信，以便在回到自己所在的学区时能胜任领导者的角色，帮助他们的同事。

自信的确立需要时间。泰勒女士指出，在导师面前，教师很容易局促不安，因为导师拥有渊博的科学知识和深厚的专业资历。杰斐逊实验室共有 700 位员工，他们开展核物理学的前沿研究，主要关注原子核。

“教师们会觉得自己没有科学家重要。而这正是我们要努力去修正的。他们需要听到的是，对于这个国家的未来而言他们非常重要。这样的话，他们听到的还不够多。”泰勒女士说。

科学家道格拉斯 W. 希金博特姆与教师们一起参与了这个项目。他非常珍视所扮演的教育家角色。他还记得他的两位中学教师——一位初中化学教师和一位高中物理教师——是如何帮助他进入专业领域的。

他说：“他们并没有非常多的知识储备，但是他们可以把概念讲得非常清晰。他们真正让我着迷。”

希金博特姆是一位核物理学家，在与教师们合作时他也尝试采用类似的理念。他向教师们介绍各种不同的概念，并和他们讨论应该如何使用实验室的仪器，如 A 座教学楼中著名的大型光谱显微镜。

他最近的研究重心是宇宙射线——这是一种来自外太空的微粒，虽然人类无法看到或感觉到它，但地球却被包裹在其中。他让教师们自己研究这一课题，而且在为期数周的项目期间，向他们介绍科学家们用以
86 探测这种射线的技术。他希望教师们不仅能够理解这一概念，而且也能够了解科学家们是如何研究这种很难被探测到的现象的。

除了能源部之外，还有许多联邦机构在从事数学教师与科学教师的培训项目，其中包括美国教育部、国家科学基金会和国家航空航天局（National Aeronautic and Space Administration，NASA）等。

长期以来，国家航空航天局（NASA）一直参与基础教育。航天局常务行政助理吉姆·斯托凡说，该机构正在分阶段安排 300—500 名教师

的入职教育，而且每年还要培训 1000 名在职数学与科学教师。

应对薄弱环节

然而，联邦的这些项目现在面临着越来越大的展示成果的压力。今年 5 月发布的一份报告，对各个机构所承担的 105 个数学与科学项目的效能提出了质疑，这些项目的总预算为 30 亿美元，包括那些针对教师的项目。该报告由学术竞争力委员会（Academic Competitiveness Council）发表，并经国会授权。学术竞争力委员会是一个全国性组织，现任主席是教育部长玛格丽特·斯佩林斯。

能源部教师与科学工作者发展处副主任比尔·瓦尔德斯说，能源部根据这份报告制定了一套评价学术项目的流程，并将在 2008 年的财政预算中开始实施。

但他同时指出，能源部官员最初是依据（他称为）“研究 - 验证”的策略[①]来设计这些学术项目的。顾名思义，就是为教师提供可持续的支持，而不是一次性的帮助，让他们与负责指导的科学家以及特别优秀的教师保持联系。瓦尔德斯先生在一封电子邮件中写道：“这个项目一定会成功，对此我们有足够的信心。”

对于阿马先生和埃弗里特女士这两位马里兰州的教师来说，到联邦实验室来学习，然后把这里的经验带回课堂，是一个非常好的机会，所以他们难以忘怀。

埃弗里特女士指出，最富有成效的活动是在研讨会上诊断自己课堂
教学的优缺点，然后在活动中获得帮助并克服自己的缺点。她希望能够 87
得到一些建议，即设计出一些活动，使它们既适用于科学课堂上表现优秀的学生，也适用于表现较差的学生。暑假期间，在其他教师和实验室工作人员的帮助下，埃弗里特女士设计出了一个有关旋涡流和电场的教学方案，这个方案将分别用于这两类学生。

实验室的工作人员让教师们寻找材料和制作各种设备。在这一过程中，教师的科学知识得以拓展。埃弗里特女士和阿马先生都曾被要求组

---

① 指教师进入科学家实验室从事研究，特别是验证性实验研究，以获得研究体验。——主译者

装一个“圆环”，这是一个由线、管道和其他材料制成的像小洞一样的东西。他们打算在本学年教授有关电和磁的知识时使用这一设备。

阿马先生还在实验室制作了幻灯片，展示他在实验室所看到的各种高科技设备。幻灯片的展示非常成功，他因此而准备在接下来的学期中把它们呈现给学生，以激发他们的兴趣。

阿马先生说，自己对科学的热情也被重新激发起来了，“我觉得孩子们对此非常着迷，但他们还想看到更多的东西。有了这段经历之后，你会真正对科学产生兴趣。它能够改变你对科学的看法”。

小学实验室有助于激活科学课

肖恩·卡瓦纳

2008 年 6 月 4 日

（堪萨斯州奥拉西）你如何看待一个简单的科学实验的影响力？让我们走进一个 4 年级课堂——注意不要打扰他们。

这就是最近一天小学教师杰米·柯鲍上课的情况：她把学生分成小
88 组，让他们比赛，看哪个小组能够用塑料管、磁带和剪刀造出横跨实验
桌的最牢固的小桥。

柯鲍女士依次检测小桥所能承受的重量。她把一条绳子系在一个罐头瓶上，接着把它挂到每座桥的中间。然后，她开始慢慢往罐头瓶里放高尔夫球，以增加罐头瓶的重量。

第一座桥能够承受 3 个球的重量，第二座桥能够承受 9 个球的重量。随着承受的球越来越多，孩子们也屏住呼吸，变得越来越安静。

柯鲍所在的草原河小学（Prairie Creek Elementary School）位于堪萨斯城西南部。在许多教育工作者和支持者看来，对培养低年级学生的科学兴趣与理解能力而言，她这种通过简易的课堂科学活动（science-class activity）来吸引小学生的做法非常重要。

通常，许多州和学区的科学标准都要求低年级小学生动手参与科学实验。国家研究委员会（National Research Council）1996 年制定的《国家科学教育标准》（National Science Education Standards）非常强调类似的活动，许多州现在已采纳了这一标准。

然而，许多观察者指出，即使在低年级开展非常简单的实验，各个地区也存在很大差异，这在很大程度上是因为其他学科也需要投入时间；此外，小学教师们缺乏开设这类课程的经验和自信也是一个重要原因。

但是，草原河小学以及拥有 1900 名学生的堪萨斯城斯普林 · 希尔（Spring Hill）学区的其他小学，正日益重视科学实验和课堂实验。该学区得到了一笔资助，规定给这类动手操作课以更多的时间，并帮助学校聘请科学“教练”——这些“教练”定期与像柯鲍女士这样的教师见面，帮助他们设计各类活动。这些小学还开辟专门的房间作为实验室，专门用于科学教学。

在学区科学教练琳达 · 沙利文的指导下，柯鲍女士设计了前面提到的“造桥”活动。在课堂上，柯鲍女士讲授了从开展研究到实验操作直至检测是否达成实验结果等科学实验的基本程序，学生们都非常认真地听讲。

检测过几座桥之后，柯鲍女士来到第五组学生建造的桥旁边，蹲下 89
来往罐头瓶里放高尔夫球。

目前保持的纪录是 13 个球，但第五组正在打破纪录。

“10，11，12”，柯鲍女士每说完一个数字，都会停一下，看桥是否能够承受住球的重量。

孩子们默不作声，轻轻地和她一起数数，或低声耳语。两张桌子开始拉紧，桥开始有点弯曲和下沉。

到 14 个球的时候，桥仍巍然屹立。学生们为这个新纪录而欢呼。最后，当放入第 15 个球时，桥轰然倒塌。

回归科学

在实验之前，柯鲍女士已评价了学生们所提到的不同的桥梁设计，包括拱、梁、悬架模型等。现在，她让全班学生来评价这次实验。她的问题是，承重最好的桥有什么特征。

有一名学生说，他们的塑料管是捆在一起的。还有学生说，他们使用了金属剪刀作为支撑。

那么，承重最差的桥呢？有个男孩说："他们的塑料管分布得太散了，这边一根，那边一根。"

与许多小学的学生不同，柯鲍女士所教的 4 年级学生能够在一间专门的教室里做实验。教室的门上挂着"欢迎科学家们"的牌子。教室的墙壁上是孩子们做实验的照片。教室里放着 8 张实验室用的长桌子，这些桌子通常只有在中学才能看到，一般不会让这些低年级孩子使用。沙利文女士说，这里全天开放，而且鼓励孩子们前来观察蚯蚓、植物或其他生物等。

这里的做法可能会让很多科学家和科学教育工作者感到振奋。他们抱怨这些年来科学被排斥在课程之外，在低年级尤其如此。还有许多人
90 批评联邦制定的《不让一个孩子掉队法》，因为这项法案要求学生每年都要参加阅读和数学考试，而且学校必须提高这两门学科的考试成绩，否则就会面临越来越严厉的惩罚。

但是，全国科学教师协会的前任主席琳达·弗罗肖尔认为，最近要求这一联邦法案适用于科学的呼声越来越高，相信科学实验室乃至整个科学学科在小学教育中的地位将日益巩固。

在 2007—2008 学年，联邦第一次要求在 3—5 年级、6—9 年级和 10—12 年级三个学段开始组织科学考试。但是，如果学校未能提高科学考试的成绩，它们不会像在数学和阅读考试上那样受到惩罚，除非各州自行要求。

弗罗肖尔指出，许多新近实行考试的州都在尝试评价学生的科学"探究"能力——通常来说，这指的是他们像真正的科学家那样，通过科学活动与过程来获取知识的能力。

她认为，实验是一种培养不同年龄段学生的能力的有效方式。"你只有在参与科学研究的过程中才能获得这种能力。"弗罗肖尔女士现在是康涅狄格州韦斯顿学区小学数学与科学课程的领导人，这个学区有 2500 名学生。

弗罗肖尔女士还补充说，虽然许多小学没有专门用于实验的教室，但教师们还是努力想办法，在传统的教室里通过一些基本的动手活动来引导学生。

迈克尔·拉切是芝加哥公立学校系统的前任科学课主任，他认为，

在小学阶段开展动手活动的明显好处在于能够激发孩子们的科学热情。但是，教师们也需要通过实验活动向年轻的学生们提出挑战，并将这些活动与重要的科学知识联系起来。他现在是这个拥有40.9万名学生的学区的中学教学部官员。

拉切先生解释说，向学生们提出挑战，不仅意味着让实验室变得“不同、有趣和有吸引力”，还意味着能够让学生“形成一种（独特的）科学观念”。

有所准备的教师 91

在小学有效开展科学实验的最大障碍，是找到那些有较强能力的教师。27岁的柯鲍女士承认，当她大学毕业并拿到小学教育学位时，她的阅读与数学比科学好。

但是，在过去的两年中，她的信心与能力都有所增长。从2006—2007学年开始，她定期和小学科学教练沙利文女士会面——学区共有三位小学科学教练。沙利文女士帮助她设计科学课教案，在开始的时候还深入课堂，指导这些科学活动。现在，在学年快结束的时候，柯鲍女士已经能够自己指导这些课堂活动了。

柯鲍女士认为，教练“非常有帮助”。“这个项目的最大好处是，如果［教师们］不知道答案，我们会老老实实地承认。”

斯普林·希尔学区的尝试，得到了位于密苏里州堪萨斯城的考夫曼基金会为期3年、总额为28万美元的资助。这个基金会为堪萨斯城13个学区捐赠了1500万美元，均用于改进数学与科学教育。

各学区使用这笔资金的方式有所不同，最为常见的方式是用于聘请科学教练和建设小学科学实验室。（考夫曼基金会还在《教育周刊》上做过封面广告，宣传科学教育。）

坚持完成任务

与其他小学教师相比，辛迪·麦格鲁的科学实验室似乎来得更容易些。麦格鲁女士曾经是一位中学科学教师，目前在伊利诺伊州哈瓦那市的新中心小学（New Central Elementary School）工作，这所学校有500名学生。她利用学校的一个小花园为实验室搜集、加工和培育草种，用家用氨水、洗衣剂与泻盐（Epsom salts）① 测试物理和化学反应。

她说，明年她所在的学校，将开始使用加利福尼亚大学伯克利分校
92 开发的小学生动手实验课程——自由选择科学系统（Full Option Science System，FOSS）②。

麦格鲁女士很理解那些对自己的能力有所担心的教师——他们担心无法让孩子们在实验室中集中注意力，甚至会担心孩子们的安全问题。她说她会设法让孩子们对实验产生兴趣，并让他们认真对待这些课程。

麦格鲁女士说："我告诉他们有两种学习科学的方式。"她指的是动手参与活动和阅读教科书。她问他们："你最喜欢哪种方式？"

"那么，让我们确保我们都按老师说的去做，并坚持完成任务吧！"

---

① 泻盐是一种无色细小的针状或斜柱状结晶，密度为1.68g/cm^3，易溶于水，微溶于乙醇，无臭，有苦味。泻盐可用于镁肥、耐火材料、鲜酵母和味精的生产，也可用作动物饲料、蛋白凝固剂、泻药、玻璃、瓷器和颜料的添加剂，纸张的脱墨剂、上浆剂，印染棉、丝的加重剂，塑料的稳定剂、阻燃剂，以及鞣皮剂、盐析剂等。泻盐是多种酶的活化剂，在糖及蛋白质代谢中起重要作用。——主译者

② 依据《美国科学教育标准》，为从幼儿园到8年级（K－8）学生开发的旨在培养学生科学素养的科学课程，由一系列"以探究为中心"的"动手做"主题单元组成，包括生命科学、物质科学、地球科学、地球与宇宙科学、物质科学和技术6大科学领域36个单元。其基本内容与结构如下：

年级	生命科学	物质科学与技术	地球与宇宙科学	思维过程
6—8	人的大脑和感觉器官 人口和生态系统 生命的多样性	电子学 化学反应 力和运动	行星科学 地球历史 天气和水	推断　相关 组织　比较 交流　观察

年级	生命科学	物质科学	地球科学	科学推进与技术	思维过程
5—6	食物与营养 环境	杠杆与滑轮 混合物和溶液	太阳能 地形	模型与设计 变量	相关　组织 比较　交流 观察
3—4	人体 生命的结构	磁和电 声学	水 地球物质	想象与发明 测量	高级组织 比较　交流 观察

年级	生命科学	物质科学	地球科学	思维过程
1—2	新植物 昆虫	固体和液体 平衡和运动	空气和气候 卵石、沙和淤泥	开始组织 比较　交流 观察

年级	生命科学	物质科学	思维过程
K	树 两两成对的动物	木材 纸和纺织物	比较　交流 观察

参见：http：//www.fossweb.com.——主译者

一所以科学、技术、工程与数学为主的学校

安德鲁·特罗特

2008 年 3 月 27 日

（巴尔的摩）访问巴尔的摩综合技术学校（Baltimore Polytechnic Institute），会给人留下非常深刻的印象：这是一个实干家的乐园。

在巴尔的摩综合技术学校，教师和学生们似乎是在搜集知识与信息，因为他们要用到这些知识和信息。一名学生与当地的科学家有一项为期两年的关于残杀同类的蓝蟹的研究项目，目前她正在作一些背景性研究。一群年轻人正在网络上搜索一种改进机器人的设计理念，以使机器人能在即将开始的竞争中获胜。一个航空小组依据从学校楼顶上测量到的数据来讨论当天下午的天气情况，因为天气会影响由无线电控制的直升机模型。

对应用信息的关注，仅仅是这所位于巴尔的摩学区北部的公立学校 93
的目标之一，学校的更大追求是：成为一个科学、技术、工程与数学（称为“STEM”）多学科交叉的大熔炉。校长巴尼 J. 威尔逊看上去精力非常充沛，他指出，STEM“实现了理论与实践的结合。当人们谈到 STEM 时，它似乎是一个黑箱，事实上，它是一种思维方式和生活方式。要想真正了解它，你必须以这种方式生活”。

一个多世纪以来，这所中学关注的重心首先是手工艺术品，后来转变成了职业技术。但近 20 年来，它已经开始根据 STEM 来实现转型。

罗伯特·马林内利 14 年前来到这所学校工作，现在他是该校科学部主任。在他的帮助下，学校过去的手工室以及木材车间、金属车间、热金属车间和机械车间，变成了计算机与设计实验室、航空飞行实验室以及其他现代化的学习场所。

同样重要的是，他和其他教师围绕 STEM 开发了一系列课程，这套课程特别重视“STEM”这个缩写词中的“T”（技术）和“E”（工程）。

每位新同学都要学习为期一年的工程学基础课程，而且必须通过考试。

今天，当美国人民、商界领袖和越来越多的教育者们都在讨论 STEM 教育时，这所拥有 1350 名学生的学校已经走在了前列。

入学标准

巴尔的摩综合技术学校，是巴尔的摩市少数几所严格选择学生的公立高中之一，录取学生的标准主要是考试分数的高低以及初中教师和辅导人员的推荐。

威尔逊校长说："我们想要那些有数学天赋和喜欢科学的学生，此外，他们还应该对学校有非常认真的态度。"这反映在他们在初中阶段的良好表现上。

这所学校的生源非常好。在 2007—2008 学年，全市有 1800 位学生申请该校的 430 个名额。

目前的新生中，78% 是非裔美国人，男生和女生的比例基本相当。威尔逊非常自豪地说，几乎所有学生的目标都是上大学。

他认为，学校取得成功的秘诀有三：优秀的师资、成功的历史和优秀的学生。

94 但是，巴尔的摩综合技术学校还有许多其他可以利用的资源，如许多对学校有深厚感情的校友：学校保存有 2 万名校友的资料，这些校友遍及该市的商业、高等教育和政府等各部门。这样，除了能得到拥有 8.2 万名学生的巴尔的摩学区为每一所中学提供的常规拨款之外，学校还能得到来自校友的资助，这些资助是学校经费的重要补充，发挥了关键性作用。

还有一些大学毕业生返回巴尔的摩综合技术学校从事教学工作，给学校带来了更为丰富的工业与学术知识。

巴尔的摩综合技术学校的科学、技术、工程和数学

威尔逊本人也是巴尔的摩综合技术学校的毕业生，他在卡内基－梅隆大学拿到了电气工程、经济学和数学学士学位，之后又取得了工业管理的硕士学位和城市教育领导学的博士学位。

威尔逊在卡内基－梅隆大学形成了这样一种观念，即跨学科有助于促进创造力和问题解决能力的形成，这在卡内基－梅隆大学被称为“达芬奇效应”（Da Vinci effect）。在威尔逊看来，这就意味着学生应该接受跨学科的教育，用大脑的两个半球去思考，包括对艺术有非常深刻的理解，“几乎达到专家水平”，并且这种教育会使学生发挥领导作用。

学校很好地宣传了这一理念。在多媒体实验室的墙上，挂着文艺复兴时期的伟大人物达·芬奇的画像。学校走廊的两块巨大公告板上，赫然写着“STEM”四个字母，刚上学的新生很快就会领略其中的含义。

学校的另一块公告板上，展示着学校最近在马里兰州高中科学评估中所取得的成绩——生物考试的通过率是93.4%。公告板上的宣传口号是：“让我们成为第一所通过率达到100%的学校吧！”公告板还将全国两大著名的STEM学科竞赛——西门子数学、科学与技术竞赛（Siemens Competition in Math, Science & Technology）和英特尔科学奖（Intel Science Talent Search）① ——的结果公示于众。

玻璃公告栏上记录着该校“超级研究明星”的辉煌——在过去三个 95
学年的英特尔竞赛中获得全国前十名的三位同学。向前再走几步，展示的是校际运动会的奖杯。

学校对STEM的关注还体现在课程建设上。所有9年级学生都要学习一门叫做“技术基础”（工学基础）的课程。这门课程让学生认识到，技术不仅仅是苹果公司的播放器（iPods）或平板液晶电视；他们还要学习技术史，探讨技术与工程、科学和数学的关系。

迈克尔J.斯科特是这门课的任课教师之一，他解释说：“技术是工程的应用或实施，而工程则是数学、科学和技术原理的应用。”

斯科特的讲课内容包括电、电子、结构和流体等九大核心技术领域的概念、实践与应用。如果学年没有结束，他还会讲授其他许多领域的

---

① 直译为“英特尔科学天才搜索”，是美国面向高中生的历史最悠久、最具声望的科学竞赛。前身是1942年西屋电气公司设立并资助的“西屋科学奖”（Westinghouse Science Talent Search）。1998年改由英特尔冠名。每年都有来自全美各州的上千名高中生报名参赛，展示他们的原创性科研作品。大赛由各领域的知名科学家担任评委，评选出300人进入半决赛，之后再选出40人入围决赛，最后公布大赛前十名。迄今为止，已有7位诺贝尔奖获得者在高中时期获得过这一奖项，故该奖项有“小诺贝尔奖”之称。——主译者

知识。

他的教室很宽敞，以前是一个金属车间。教室还没有完全改造好，学生们从陈旧的金属壁橱里取出夹板进行加工。但这间教室通风很好，天花板很高，采光也非常好，而且是旧枫木的地板。

教室的一个角落里放着 9 台电脑，都已使用 8 年之久，只能运行旧版本的 CAD 设计软件。斯科特打算今年暑假将这些电脑与因特网连通，这样他的学生们就能够方便地使用网络来开展研究，而不用安排专门时间去学校的计算机实验室了。

教室里还有一些带锯和钻床，这样学生们就能学习根据技术草图制造实用模型了。斯科特展示了学生们设计并制作的一个模型——一个由夹板、塑料管和各式各样的塑料包构成的透析机。斯科特说："他们做得很好，这让我非常激动。"这台机器能够将橙色染料中的黄色和红色区分开来。

在技术和工学课上，9 年级学生最喜欢的是在航空飞行实验室开展
96 为期两周的学习。学校的一个角落里有 14 台模拟飞行器——配有仿真飞行设备、脚踏板和模拟软件的台式电脑。

这个实验室还有一个同实物大小一样的飞机头和跑道指示牌，这些都是当地的一家机场捐赠的。它配有火箭模型、无线电控制的飞机模型和直升机模型，而且还能够从学校楼顶的气象站获得实时的气象预测数据。

该校教师、空军少校罗杰·高尔特介绍说，虽然 9 年级的学生所能接触到的只是一点点航空科学知识，但参加巴尔的综合摩技术学校初级空军预备役军官训练团（Poly's Air Force Junior, ROTC）的学生，却可以上为期一年的航空课程，包括为了获得飞行员许可证而需要接受的地面训练等。

步入正轨

巴尔的摩综合技术学校为学生提供机会，让他们在 9 年级和 10 年级探索许多学科，但是一旦进入第三学年[①]他们就必须分轨，在两轨中选

① 美国高中的学制是 4 年，从 9 年级到 12 年级，美国的高中三年级即 11 年级。——主译者

择其一：科学或工程。从此，项目的要求就变得越来越严格了。

科学轨通常会有长达两年的“实习”研究机会，由相关领域的专业科学家进行指导。学生们常常是在参加中学竞赛时开始参与研究项目，这会使他们在进行大学申请时更具优势，并且更有可能获得奖学金。

不过，威尔逊指出，这两条路径的目标都是使学生形成科学的思维方式，并且更具有洞察力、更能解决问题，也为大学阶段的学习作好更为充分的准备。

他自豪地说：“在大学第一年，我们的学生常常能够拿到 4.0 分。”①

利萨 R. 罗滕多是一位科学课教师，讲授遗传学和大学先修课程生物学。她说，科学“使人一刻不停地拼命工作”。

她的教室紧挨着斯科特的教室，也非常明亮、宽敞。这间教室过去曾是一个机械车间，几年前在州政府的资助下进行了全面改造。这里被划分为几个独立的区域，包括授课区、参考文献区、实验活动区和由崭新的苹果电脑组成的网络研究区。 97

罗滕多在学校执教已达 23 年，她戴的珍珠项链就好像 DNA 的双螺旋结构。她还负责指导 12 年级的科学辩论课。这是一门选修课，为了不给那些努力学习的 12 年级学生增加更多的负担，这门课不布置课外家庭作业。但是罗滕多强调说，这门课非常符合 STEM 的理念，因为它把非常多的学科结合在了一起。

她这样描述学生们的反应：“他们来到这里，然后说‘噢，你真的学会了如何用那些知识’。”她借用了当前一部有关犯罪现场调查的流行电视剧②的说法：“他们之所以上这门课是因为他们觉得这才是‘犯罪现场调查’（CSI）。”他们学习色谱分析、纤维分析、毛发分析、血斑分析和 DNA 指纹识别，并实际操作，开始运用他们所学的化学和遗传学知识与技术。

作为一所学生非常优秀的精英学校，巴尔的摩综合技术学校的成功引出一个“掐尖”问题，即这所学校的成功是否有益于整个学区和巴尔

---

① 美国学校通常采用 GPA（Grade Point Average）的成绩计算方法，即 4 分制。换算到百分制中，4 分相当于 90—100 分。——主译者

② 美国热播的多季（集）电视剧《犯罪现场调查》（*CSI*：*Crime Scene Investigation*），由肯尼思·芬克（Kenneth Fink）导演，达斯廷·亚伯拉罕（Dustin Abraham）编剧。——主译者

的摩全市的学生群体。这一问题在城市中尤为明显。

对于这一问题，该校科学部的负责人马里内利的回答是，如果所有的资源和优秀学生都集中到了巴尔的摩综合技术学校，而且其他的专业学校都分布在市区的各个中学，那么很多家庭将会用自己的双脚作出选择，让自己的孩子到巴尔的摩郊区的学校就读，或是有能力的话，让自己的孩子进入私立学校。

他说："我们已经失去了一些真正有价值的东西，而且，我们永远也找不回来了。"

据学校的管理人员说，今年，巴尔的摩综合技术学校的后进生100%通过了本州的中学科学考试，无论他们是第一次参加考试还是补习之后重新参加考试。

现实世界的经验

在马林内利看来，人们认识到巴尔的摩综合技术学校的学生经历过真实的科学体验，这一点非常重要。在谈到科学实习时，他这样说："他
98 们是积极参与的科学家，而不是学习科学的学生。人们认为他们会洗玻璃器皿。"

但该校的另一位技术课教师、培训设计师弗雷德·纳斯特沃格尔指出，与20年前相比，今天的学生不会利用自己所学的知识解决现实世界的问题。

纳斯特沃格尔说："许多年轻人连一点点事情都不会做；他们不会用自己的双手去修理或建造一些东西。孩子们从来没有体验过使用材料做一些快乐的事情。"他补充说，由于缺乏这些经验，他们不理解"宇宙中的事物是如何运转的"，也不懂得诸如原子的运动方式这类知识。

他所谓的"原始的STEM经验"，其实质在于中学应该给学生提供大量的机会，让他们对模型和材料进行加工。

马林内利指出，巴尔的摩综合技术学校现在正在模仿自然科学的实习活动，来设计工程类实习活动，以便为11年级和12年级学生提供高级工程课程，并在专业工程师的指导下进行实习。

这一项目很有可能会激发更多的学生开展项目设计，例如，该校一位12年级学生米歇尔·琼斯便发明了一种旨在防止司机驾驶时睡觉的设

备。这项发明是一个安装在仪表板上的视频照相机，它能够对司机的眼睛进行监控，当司机眨眼的频率变慢或明显加快时便会发出警报。

当然，巴尔的摩综合技术学校的很多教师都认为，创新是丰富多样的 STEM 课程的核心成果之一，但人们并没有正确理解这一概念，常常还会将其与“发明”相混淆。

马林内利说：“比尔 · 盖茨有所发明，但这是很罕见的。”他指的是微软公司的创始人之一比尔 · 盖茨，他开发了世界上使用最为广泛的计算机操作系统和办公软件。“毫无疑问，我会告诉学生，在你的整个一生中，大部分技术都已经被发明出来了。你要做的是更好地利用它们——你是一个高效率的专家。”

不管给 STEM 所聚焦的创造力贴上什么样的标签，巴尔的摩综合技 99
术学校的领导者们都认为，重要的是要保证他们的学生为其将来的成功作好准备。威尔逊校长说：“我可以随便找来三个学生，让他们从事商业活动——10 年内，他们将跨入财富 500 强。”

项目的目标是培养“创造力”

对许多学校而言，帮助学生在科学、技术、工程和数学（STEM）学科上取得卓越成就是一个过高的要求。但是，巴尔的摩学区却实现了这一目标，而且得到了基金会的帮助。

当地的埃布尔基金会（Abell Foundation）[①] 在 1992 年创建了创造力计划（Ingenuity Project），每年为 500 名学生提供总额为 100 万美元的资助。这些学生来自两所初中和一所高中的 6—12 年级。该计划的目标是使学生在大学先修课程（Advanced Placement）考试中取得成功，并在全国性的数学、科学、工程、技术和相关领域的竞争性考试中取得卓越成绩。

学生通过申请上初中，此后，所有学生必须再次申请才能上 9 年级。学生们一起上科学和数学课，但在学习其他学科时，会按通常的编班方

① 这是一家由哈里 C. 布莱克（Harry C. Black）于半个世纪前创立的基金会，旨在募集资金，帮助学校、医院和社区服务机构救助处境不利人群。在过去 20 年间，该基金会主要致力于应对与城市贫困有关的各种复杂挑战。参见：http：//www. abell. org. ——译者

式上课。

在巴尔的摩综合技术学校这所非常关注 STEM 而且吸引了全市学生的中学，勤奋的学生们在 9—12 年级要参加为期 2—3 年的独立的科学研究项目，暑假期间也不例外。

“创造力计划”的执行主任多洛雷斯·科斯特洛指出：“学生们能够对一些东西进行探索，不是在书本上学习，而是在实践中学习。”

戴维·纳尔逊是巴尔的摩综合技术学校的研究部主任，这一职位得到了“创造力计划”的资助。他的任务之一便是帮助学生们找到自己的研究课题。巴尔的摩地区的一位科学家也会对学生进行校外指导。

纳尔逊说：“我们试着给学生更多的自主权，并让他们承担更多的责任，让他们自己作出决定，找到自己的兴趣点。让学生们经历这一过程非常有价值。”

第5章　应对辍学危机[①] 100

“现在，我们需要承担起使命，为每个孩子提供世界一流的教育，因为这与全球经济竞争同样重要。”

巴拉克·奥巴马

丹佛，2008年8月28日

议　题

美国高中生的毕业率只有70%。非裔和拉美裔学生的毕业人数明显少于白人学生。现在，辍学率是失业率的两倍。即使他们找到工作，工资也往往比较低，发展的空间比较有限，并且难以享受医疗保险。巴拉克·奥巴马和乔·拜登将支持一些项目，在还不算太晚的情况下，帮助那些业绩不佳的学校的学生，以此来解决辍学危机。

---

① “Motivating Students in the Middle Years,” by Kathleen Kennedy Manzo, as first appeared in *Education Week*, March 19, 2008. Reprinted with permission from Editorial Projects in Education.

“Middle School Performance,” by Debra Viadero, as first appeared in *Education Week*, February 6, 2008. Reprinted with permission from Editorial Projects in Education.

“Chicago Students to Play Lead Role in Dropout Project,” by Catherine Gewertz, as first appeared in *Education Week*, November 19, 2008. Reprinted with permission from Editorial Projects in Education.

“Instructional Model May Yield Gains for English-Learners,” by May Ann Zehr, as first appeared in *Education Week*, December 5, 2007. Reprinted with permission from Editorial Projects in Education.

“Dropout Prevention,” by Mary C. Breaden, as first appeared in *Education Week*, November 14, 2007. Reprinted with permission from Editorial Projects in Education.

“Raising Graduation Rates in an Era of High Standards,” by Cheryl Almeida & Adria Steinberg, as first appeared in *Education Week*, July 30, 2008. Reprinted with permission from Editorial Projects in Education.

101

奥巴马的蓝图

为了帮助那些在学校中处于最危险境地的孩子顺利完成学业，奥巴马和拜登的计划将采取以下措施：

- **应对辍学危机：**奥巴马和拜登将通过立法向学区提供资金，用于中学的各种干预政策，从而解决学生的辍学问题。这些干预政策包括：制订个人学习计划，组建教学团队，家长参与，教学辅导，精读教学，数学教学，以及延长学习时间等。
- **支持英语语言学习者：**奥巴马和拜登支持过渡性双语教育，并将强化学校对于那些英语水平有限的学生完成学业的责任，以帮助这些学生取得进步。

视　点 102

- 激发初中生的学习兴趣
- 中学的运作机制
- 在辍学中扮演主角的学生
- 使英语学习者受益的教学模式
- 预防辍学：留意早期的辍学特征
- 提升高标准时代的毕业率

激发初中生的学习兴趣

凯瑟琳·肯尼迪·曼佐

2008 年 3 月 19 日

（北卡罗来纳州，达勒姆）在安伯·克莱因的数学课上，开小差并不是一件容易的事情。

在罗杰斯－赫尔中学（Rogers-Herr Middle School）的 7 年级，即使是最会逃课的学生也无法逃脱富有经验的教师的提问，在讲授比例与比率的课堂上，学生始终处于被激活的状态。

这位认真的教师，已经掌握了如何让学生将注意力集中到他们正在做的数学题目上的方法，当学生开始感到沮丧或者注意力开始不集中时，她会及时地让学生放松一下。经过一学年的磨炼，她练就了一身本领，不仅了解每一位学生在学业上的优缺点，还了解他们的个性、情绪甚至是怪癖之处。

克莱因女士说："有些学生的学习并不是自发的，在家里也得不到支

103 持，对这样的学生，我们需要督促他们，要求他们把事情做完。”“我们了解每个孩子的需要，并根据他们的不同情况，要么向他们施加压力，要么给他们以支持……他们知道我们不会坐视他们失败。”

在学校中，克莱因女士和她的同事们努力将各门有着严格区别的学科加以融合。这既要符合考试取向的绩效责任要求，同时也要解决在学校里占多数的625名少数族裔和低收入家庭学生的个人发展、家庭以及社会问题。

一批富有影响力的中学改革者，将较高的学业标准引入批评者所谓的过于情感化的中学世界，这一过程历经十余年。许多教师一方面在努力促进学生的智力发展，另一方面在努力帮助他们适应进入青春期后的身体和情绪等方面的变化。

专家认为，在指导学生方面，教师的严格、中肯与反馈都至关重要，尤其是对那些面临辍学危险的学生完成学业乃至今后的成功而言。很多中学的学制是4年（6—9年级），这段时期学生好奇心日益增长，独立性也在增强，并渴望被同伴接纳。学校如果不能满足他们在这些方面的需求，则很可能会导致其辍学。然而，现在很多学校都还没有找到最有效的方式来满足学生这些方面的需求。

早期干预的好处

“我们相信他们能够自己克服（那些困难）。但证据表明，在较为贫困的环境中，如果没有外力的干预，他们很难自己摆脱（那些困难），”总部设在位于巴尔的摩的约翰·霍普金斯大学内的学校社会组织中心（Center for the Social Organization of Schools）的研究员罗伯特·巴尔芬兹说，“一旦孩子们出现了差错，我们就要介入并帮助他们处理这些问题。”

巴尔芬兹先生在他的有关大城市学生辍学问题的研究中发现，追踪学生的课堂表现并及时处理相关问题，可以防止更为严重问题的出现。他总结说，出勤率、行为表现和年级等因素，远比考试成绩、种族或社会经济地位等因素更能准确地预测哪些学生能够毕业，哪些学生将辍学。

104 巴尔芬兹先生认为，约40%的辍学者在6年级时就能被识别出来。“如果我们能够将这些学生识别出来，观察他们在学校中的表现，就可以对他们进行干预。”

与以前的一些研究者一样，巴尔芬兹先生和他的同事认为，很多学生在升入高中之前就已经出现了问题。他认为，初中应该是预防辍学的第一道防线，应该在初中时就对有辍学迹象的学生进行干预。

“很多学生在初中时表现还不错，但在从初中向高中的过渡阶段会遇到一些麻烦。”他说。然而现在那些用来帮助 9 年级学生顺利过渡的项目，却无法帮助巴尔芬兹先生所提到的那些已经显现出辍学迹象的学生克服困难。

他补充说：“现在我们认为，有一部分辍学的学生其辍学隐患在 9 年级之前就已经长期存在，只是他们的实际辍学行为发生在 9 年级而已。”

许多迹象表明，中小学校都没有重视这些信息。有研究人员和决策者指出，在全国评估中学业成绩不佳的 8 年级学生，根本就没有打算达到较高标准的学业要求。例如，在 2007 年的全国教育进步评估中，只有约 3/10 的中学生可以熟练地进行阅读和数学学习。高中改革的倡导者往往认为，初中改革的失败在于无法为中学生提供富有挑战性的课程。

位于明尼阿波利斯市的明尼苏达大学双城分校教育心理学教授桑德拉 L. 克里斯坦森提出：“为什么学校没有对学生的早期辍学迹象进行系统监测呢?”“如果学校系统地监测那些因素，就可以有针对性地对那些有辍学危险的学生进行干预，从而改变他们的未来。”

早在 10 多年前，克里斯坦森女士就帮助实施了“检查与衔接”（Check & Connect）项目。该项目为那些学习困难的学生指定一名教师，负责检查这些学生的出勤、成绩和其他一些情况。这位教师与学生及其家长一起来防止学生的学业失败。克里斯坦森说，尽管她的这个项目以及其他类似的项目都取得了成功，但由于时间和费用等问题，这 105
些项目还没有推广到其他中学，因为在这个项目中每个学生要花费 1300 美元。

满足初中学生的需求

虽然人们仍然普遍认为，小学教育与中学教育之间的衔接非常薄弱，但是，人们对初中教育的重视远不及对小学或高中教育的重视——小学和高中都可以从联邦政府或私人那里得到资助。

去年秋天，人们向国会提交了议案，要求支持建立中学教育信息中心，开展项目研究，向学区拨款，帮助学校实施业已被证明为有效的教学模式。这些议案被移交到参议院教育委员会和众议院的分委员会，可能成为《不让一个孩子掉队法》的附件。

这场要求建立一批学校以更好地适应青少年的发展需要的运动，始于30多年前。在1996年的第三届国际数学与科学研究（TIMSS）中，美国的初、高中学生落后于其他国家，这使得中学成为民众指责的焦点。第二年，一批倡导者成立了全国促进中学改革论坛（National Forum to Accelerate Middle Grades Reform）①，以帮助中学改进课程、教学以及这一领域的研究。

现在，观察家认为，联邦《不让一个孩子掉队法》所要求的绩效测量，使得对中学教师的要求大大提高，并再次将工作重点放在提高学业要求上。

中学改革的倡导者认为，提高学业要求并不仅仅是强调考试成绩。

“我们一方面要教学生为考试作准备，另一方面也要教学生一些生活和认知方面的知识。”罗杰斯－赫尔中学校长德鲁·索耶说。

北卡罗来纳州的达勒姆学区拥有3.3万名学生，其所管辖的中学已着手从以上两方面来对学生进行教育。该学区的官员已制定了一系列政
106 策来保障对学生的监测与支持，尤其是对初中学生的监测与支持。

该地区已开始跟踪监测学生的出勤、纪律记录和学习成绩，将其作为学生高中毕业计划的一部分，每月都会将这些信息发给学校。学校顾问（school counselor）和劝学官（truancy officer），对那些逃学超过一定时间以及不回电话与信件的学生加大了家访力度。当地的志愿法官每周为那些逃学的学生组织一次“逃学法庭”，邀请那些经常逃学的学生、他们的家长、社会工作者和学校官员一同参与，当庭宣读州政府的相关规定以及放任这些行为可能导致的潜在危害。

“逃学往往是学生家庭问题和个人问题的一种外在表现，很多时候都需要‘逃学法庭’来处理，”学区的学生支持服务主管助理德布拉·皮特曼说，“在‘逃学法庭’上，会有正式的法官以及一名仁慈的律师，

---

① 参见：http：//www. mgforum. org. ——主译者

这些都在向他们传递一种信息：这是非常严肃的事情。”

学校已出台了更有效的降低缺勤率的政策，并与达勒姆的其他机构建立了正式的合作关系，以帮助一些家庭获得所需要的健康、法律和经济方面的服务。他们还培训学校辅导员，主动寻找那些需要帮助的学生，而不是被动地等学生前来求助。同时，辅导员将特别关注那些学习上有困难或经常缺勤的学生。

每所中学在课外都为学生提供课外辅导和一些娱乐活动，同时还提供日常的教学辅导，为学生补课，或提供一些额外的更具挑战性的课程。

在过去几年里，该学区的辍学率有所下降，2006—2007 学年辍学率降到了 4.9%，低于该州的平均辍学率。

一所示范学校

罗杰斯 - 赫尔中学是一所生源极为多样化的学校，学生中的 69% 是黑人，16% 是白人，拉美裔学生占 10%，另外，近 40% 的学生来自贫困
家庭。在学区的支持下，罗杰斯 - 赫尔中学取得了显著的成就，学生的 107
出勤率达 96% 以上，去年，学校由于考试成绩的提高而获得了州授予的“高增长”荣誉称号，还被位于伊利诺伊州尚佩恩的全国促进中学改革论坛认定为北卡罗来纳州的“示范学校”（school to watch）[①]。学校追求卓越、坚持适应性以及民主化的教育原则，为其赢得了这些荣誉称号。

在这所学校里，每天，教师和行政人员都会用拥抱和握手来迎接学生，同时提醒他们要注重自己的着装和行为。学校每天的第一堂课是“补充核心课程”（core plus），旨在为那些没有掌握教师所教知识的学生补课，或是为那些有需要的学生提供额外的课程。

最近的一个早晨，7 年级科学教师卡琳 · 萨特正在检查学生的成绩册，成绩册上有学生没有完成作业的记录。萨特在教室巡查每个学生的功课，帮助他们安排学习，并对他们进行学习指导。

---

① 示范学校是美国全国促进中学改革论坛于 1999 年发起的一项改革倡议。通过这一倡议，该论坛在全美各州发展达到其高绩效标准要求的成员学校。这些标准包括：（1）学业优异——使每位学生都用心学习；（2）对发展的敏感性——帮助每个学生敏感地应对青春早期所面临的发展挑战；（3）社会公平——学校是民主而公正的，为每位学生提供高素质的教师、高品质的资源与支持。参见：http：//www. schoolstowatch. org. ——主译者

中学的运作机制

一项关于纽约州15所贫困学生占多数的中学的研究认为：运作较好的中学拥有许多共同的特点和做法。

研究人员比较了10所成功中学的做法，其中5所中学的规模和经费额很相似。他们发现，运作较好的学校强调团队精神、协作和共同的教育目标。这些学校的教育工作者还致力于让学生保持健康的社会观与情感状态。此外，这些学校经常收集数据并进行分析，以帮助他们在项目和教学方面作出正确的决断。

该研究由纽约的一家名为“一切为了孩子”（Just for the Kids）的机构组织实施，这是一个总部设在得克萨斯大学奥斯汀分校的全国性非营利机构。

德布拉·维亚德罗，2008年2月6日

108 “你不想让我看看你的作业吗?”她在检查到一个男孩时问，“这是你的一个机会，把你完成的作业给我看看，我就可以改掉你成绩册上零分的成绩。”她说这句话时提高了声音，让其他同学也能听得到。“你们有15分钟,”她提醒到，“好好利用。”

一些学生正在这样做，他们为英语（语言）艺术课准备了一个多媒体演示。

在稍后的科学课上，她帮助学生制作了一个视频来演示他们已学过的果蝇的遗传特征。这些视频开始时是数百只红色和棕色眼睛的果蝇，扑在实验室窗台的玻璃瓶上。除了视频演示之外，教室里还摆了许多介绍果蝇生命周期的图片，以及展示其遗传特点的庞尼特方格。

“我们自己养果蝇，自己制作视频，这会使课堂更加贴近生活。”亚当·布朗说。他与另一名学生莱昂内尔·纳尔逊坐在电脑实验室里，正在为视频录制旁白。

“我已经学到了很多有关特性是如何代代相传的知识。”莱昂内尔说。

即使采用多媒体这样的互动性的课堂教学，也不能吸引所有学生的注意。一些学生被软件的新颖特征分散了注意力，还有一些学生则因为没有准备脚本而不知道该记些什么，显得有些不知所措。萨特女士给学生提供了课外辅导的机会，但只有很少的学生会加以利用。

其他班级也会出现类似的情况。一个男孩上课时大部分时间都在扰乱课堂秩序，或分散其他学生的注意力。他会在教师讲课时大声削铅笔，扯女生的长发，胡乱发言。一位比较勤奋的学生抱怨说，教师必须花大量的时间管教那些“麻烦制造者”，而这却让课堂变得很乏味、无聊。

在每日例会上，萨特女士和克莱因女士以及年级里的其他教师，开 109
始讨论这个男孩的这些行为以及教师们遇到的其他学生的问题。

“我们确实有一些孩子学习能力较差，”克莱因女士说，“我们能做的就是竭力去发现他们的兴趣并加以利用，从而让他们更多地参与课堂教学。我们不停地告诉他们，我们很关心他们。”

这种理念贯穿于整个学校，包括 6、7、8 年级的走廊以及学校建筑物的其他角落，学生可以很方便地与成人交流。

例如，在餐厅外面，一群 6 年级的学生正在跟一名分配到该校的警官文斯·拜纳姆（Vince Bynum）讨论他们班级的事情。不一会儿，警官与两名自愿在校门口捡垃圾的学生一起大笑起来。

校长办公室是学生们常常会光顾的地方，但并不是因为他们遇到了困难。几个学生坐在校长索耶先生办公室的办公桌旁，讨论他们与同学之间发生的矛盾。一名因生病落下了几周课的学生，正在请校长审核他的新课表。另一个男孩则在解释他跟一名教师发生的争执，试图让索耶先生相信教师没有理由拒收他的作业。

“我现在知道，你跟那位老师说话时的语气与现在并不一样。”索耶先生说道，提醒这名学生要尊重老师。索耶先生在教给这名学生一些继续跟那位老师讨论的小建议后把他送走了。

同时，索耶先生也在处理一些学生的纪律和学习方面的问题。

他和他的同事们正在努力制定一些规章制度，并致力于建立一种关系，以帮助大部分学生避免出现这类问题。

“我们是一所不同于其他中学的学校，尽管面临相同的挑战，有着同样的庆祝活动，”索耶先生说，“但我们总是力图在问题出现之前就把它解决掉，所以看上去很多问题在我们学校是不存在的。”

110

在辍学中扮演主角的学生

凯瑟琳·盖沃茨

2008 年 11 月 19 日

芝加哥的一些学生领袖，已说服该市学校系统的负责人推行一项试验计划，让学校以更切合实际和适应学生需要的方式来降低学生辍学率。

来自 12 所高中和 7 个社会团体的学生联合起来，组成了芝加哥青年教育之声（Voices of Youth in Chicago Education，VOYCE）[①]，他们进行了为期一年的研究，以探寻为什么如此多的年轻人离开学校，不读大学。

他们的调查结果之一是，对于辍学问题学生更多地归因于自身，而不是学校。他们还发现，学生辍学是因为他们看不到自己的学习与目前的生活以及未来之间的联系。

以这项研究以及其他一些调查结果为基础，拥有 40.9 万名学生的芝加哥学区于上周宣布，同意在 12 所高中开始进行第一阶段的试点。在其中的 8 所高中，他们将为新生制定一套个性化的学习方案，学生如果遇到困难，可以参加“静修辅导”（guidance retreats），从而帮助他们克服所遇到的困难。该学区还将允许学生在课程改革和教师培训方面拥有发言权。

在一些学校，芝加哥青年教育之声的领导者们将与教师和管理者一起，协助建立由学生领导的团队，并成立领导学院以对学生进行培训，使他们学会在学校中如何完成自身的积极变化。他们也将帮助教师形成“共同体的取向”（community orientation），以便更好地熟知教师们所教的学生。

现年 18 岁的亨尼西·威廉斯是这一研究性组织的成员，他认为，这一项目向身在任何地方的青少年传递着这样一个信息：“只要愿意，你就

---

① 参见：http：//www. voyceproject. org. ——主译者

可以有所改变。”

威廉斯目前就读于肯伍德高中三年级，他继续道：“但是，你所选择
的倾诉对象与改变方式都非常重要。你可以从一个小组开始。你不只是 111
试图去改变一些事情，你必须首先对此进行研究。这之间是有很大区
别的。”

芝加哥学校首席执行官阿恩·邓肯在一份声明中说，学区已“意识到学生们可以在他们的教育中发挥重要作用”，而且，这一试验只是促进中学生更好发展的一系列计划中的“第一步”。

使英语学习者受益的教学模式

玛丽·安·泽尔

2007 年 12 月 5 日

（纽约）位于曼哈顿桥畔的布鲁克林国际高中（Brooklyn International High School），是一所专为移民子女设立的小型公立学校。学校的教师们认为，其独特的教学方法——其中包括将不同英语水平的学生混合编班上课——是该校毕业率高于纽约许多其他公立学校的关键原因之一。

这一模式已被纽约其他 8 所移民高中以及加州奥克兰的一所移民高中所采用，并且得到纽约市的一家非营利组织——国际公立学校网络（Internationals Network for Public Schools）的支持，该组织计划将这一模式推广到其他城市。

这一非营利组织是比尔与梅林达·盖茨基金会于 2004 年捐资成立的，其宗旨是将该市创办的 4 所国际高中的成功办学模式推广到更多地方。布鲁克林国际高中创办于 1994 年。

如果说布鲁克林国际高中的毕业率是一项衡量指标的话，那么纽约 112
教育工作者的积极性就不难理解了：该校的毕业率是 80%，而纽约市的

平均毕业率是60%。

这所学校在教育英语语言学习者（English language learners，ELLs）方面所取得的成功，令人印象尤为深刻。2007年，在这所四年制高中读满四年的英语语言学习者的毕业率为65%，然而2006年的数据显示——这是我们能够获得的最新资料，纽约市四年制英语语言学习者的平均毕业率只有26%。

虽然有人可能会质疑，让英语语言学习者与其他移民学生一起上课是否会让他们更容易蒙混过关。对此，这所有着392名学生的学校的校长帕梅拉·塔兰托说，任何有这种想法的人都可以来“看看我们的成果”。

警　示

然而，英语语言学习专家发出警告说，尽管将不同英语水平的英语语言学习者混合编班的教学模式可能是有效的，但学校必须有一个强有力的专业发展计划来对教师进行培训，使他们能够对学生因材施教。

“这是极其困难的。”斯坦福大学教育学教授克劳德·戈登堡说。他正主持着美国教育部教育科学研究所的一项如何对不同英语语言者因材施教的研究。

他举例说，教师们可以学习，如何针对不同学生布置不同的作业，提问不同的问题，将学生分成每学年或每天都灵活变化的小组进行教学，并通过一些其他的方式，在同一课堂上对不同英语水平的学生进行有效教学。

“但这很难坚持下去。”戈登堡先生说。

另一方面，他说，当把英语水平相似的语言学习者分在一组时，初学者和成绩一般的学生的学习就会大打折扣。“由于不想让学生有挫败感，教师往往会使教学过于简单。”他说。

113 专业发展是布鲁克林国际高中办学模式成功的关键，塔兰托女士认为，该校教师需要花三年左右的时间才能熟练掌握这一教学模式，并将其付诸实践。

教师被分成五人一组，同一教学组的教师教授同一批学生。他们常常相互配合，以促进学生的跨学科学习。9年级和10年级学生同班上课，所以这两个年级的同一组教师会跟同一批学生以及教师团队共事两年。

不要“怕”说

布鲁克林国际高中的学生认为，这所学校的特别之处在于，学校帮助他们提高英语水平和学业成绩——学校只招收移民学生。每个学生在入学时都是英语语言学习者。

预防辍学：留意早期的辍学特征

位于华盛顿的美国研究所（American Institutes for Research），是一个从事社会和行为科学研究的非营利组织，全国高级中学中心（National High School Center）是其分支机构之一。一项来自该中心的研究表明，早在学生6年级时，就可以通过一些关键特征将有辍学危险的学生识别出来，例如，很低的出勤率，很少的课堂参与，核心学科成绩较差等。

这项研究还发现，8年级英语与数学不及格的学生中有75%可能辍学。所以该研究建议，学校应该采用电子数据系统来追踪学生在一段时间内的表现。

该报告收集了来自非营利组织、学术界和政府机构等多个机构的数据。

马里J.布雷登，2007年11月14日

“在这里我没有感到怕说英语。”来自多米尼加共和国的10年级学生理查德·阿布雷乌说，他今年16岁了。他说，他曾在纽约市的其他两所学校就读过，在那里他有一种被其他学生忽略了的感觉。他回忆说：“人们认为‘我不能跟他说话。他不会说英语’。” 114

高年级学生斯蒂芬妮·李说，五年前从中国来到美国时，她与其他中国学生一起被安排在一个双语教学班中，不跟其他学生接触。“初中时我从来不说英语。”李小姐说。现在，她的英语已非常流利。

布鲁克林的国际学生还表示，在第三学年必修的社区实习过程中，他们的口语还能通过与母语是英语的居民交谈而得到锻炼。

塔兰托女士说，学校的学生来自 44 个国家，学生的种族多种多样。“我们很多学生都来自民族和种族比较单一的国家，”她说，“他们对这里的多样化非常感兴趣。”

课堂互动

最近的一个秋天，记者观摩了该校三个不同班级的三堂核心课，见证了这所学校在互动式教学和因材施教方面的成果。这三堂课分别是：一节 9 年级和 10 年级合班的科学课、一节社会研究课和一节高年级英语课。

10 年级的迪娜・贝格姆来自孟加拉国，是四人小组的组长，他们正在进行一项科学实验，比较自来水和肥皂水的表面张力。

“我们需要一个烧杯，对吧？”她说，小组实验开始了。

“标题是什么，同学们?”当学生们开始用收集的数据绘图时，她提醒道。“现在，让我们开始工作。”她说。完成绘图后，他们开始写实验分析报告。

教师要求小组中 10 年级以及英语非常熟练的学生的实验分析报告要写两段话，而对那些英语水平有限的学生则只要求写两句话即可。

115 高年级英语课上，小组成员强烈要求来自中国的 16 岁女孩凯伊・陈参与练习，尽管她很不情愿说话。

教师曾布置他们阅读一则故事，现在他们正在作相应的循环练习，每个人复述故事中的一句话。当轮到陈时，她没有复述。一个男孩站了起来想替她。

“不要替她复述——就问她个问题好了。”另一位来自中国的学生马克・马说。他是这个小组中教师指定的组长。

“我只读到了这里。”陈指着课本承认。

但是同学们并没有就此放过她。来自多米尼加共和国的 17 岁学生纳萨莉・卡布拉尔试图继续逼她讲话。“你读到哪儿了？发生了什么事情?故事中人物的反应怎么样?”她问到。

陈说，当老师允许放过她时，学生们才肯罢休。

这些新的学校教育安排以及课堂教学改进的努力，得到了安嫩伯格基金会的支持。

提升高标准时代的毕业率

谢里尔·阿尔梅达和阿德里亚·斯坦伯格的评论

2008 年 7 月 30 日

在布什政府临近卸任的几个月里，公共机构和私营部门的领导人，对许多美国高中存在的惊人的高辍学率表现出极大关注。4 月，美国教育部长玛格丽特·斯佩林斯宣布，美国教育部将要求各州在 2012—2013 116
学年之前以相同的方法计算学生的毕业率。

与此同时，美国前国务卿科林·鲍威尔正在帮助发起全国范围内的美国希望联盟（America's Promise Alliance's），倡议在 2010 年底之前对 50 个州和 50 个城市的高辍学率进行干预，以解决这一问题。

这是个好消息。这是一个那些没有完成高中教育的人的命运越来越令人担忧的时代。这也是一个需要让各种干预学生离开学校、降低高辍学率的政策，比促进大学预科学术水平全面提高的政策优先出台的时代。

三年前，全国州长协会（National Governors Association）加速推进了这一工作，它推动各州自愿采取共同措施以干预辍学问题。多年来，各州定期报告的毕业率在 90% 以上。但是，我们了解到，大多数州的平均毕业率仅接近 70%。正如斯佩林斯的声明中所揭示的，目前仍然需要做大量的工作。在未来几年内，除了执行重新评估高中毕业率的新标准这一重要任务之外，对于各个州而言，至关重要的是制定一系列奖励、支持和惩戒措施，以帮助更多高中学生毕业，为其升大学和就业作好充分准备。

下一代绩效责任体系（next-generation accountability systems），应纠正当前体系中单纯强调高标准的思想，将毕业也作为一个同样重要的目标。

这一政策议程的蓝图正在付诸实施。各州已开始出台各种法律政策，将毕业率作为与高水平学业成绩同样重要的一项责任制度。越来越多的州正在努力提早发现并帮助那些有困难的学生，迅速改造绩效不佳的高
117 中，支持那些为有困难的和失学的青年人设立的新学校与新项目。这些努力将成为大学预科教程的一部分，并不断提高整个高中阶段的学生学业水平。

许多州在这方面一路领先。诸如佐治亚和印第安纳等州已经通过了新的预防辍学立法。其他州，如密歇根和肯塔基，已制定了中学毕业的量化指标。还有一些州，如马萨诸塞，正在建设 P－16 追踪数据系统（P－16 longitudinal-data systems），开始研究教育与经济增长关系中的低效与流失问题，以此来提高学生的毕业率和成功升入大学的比率。

这些工作仅是第一步，并且是试验性的。州政策制定者们担心，将越来越多的学生留在学校里（不毕业），同时不断提高对他们的期望，这一目标可能会使其他“使命不可实现”。但是，最新的研究成果和来自各州的经验已帮我们勾勒出一整套彼此关联的、用以系统化地应对这一问题的政策战略。现在是各州将这一政策战略纳入本州的政策与实践之中的时候了。

在过去几年中，我们的非营利组织“为未来而工作”（Jobs for the Future），已经与成功公司合作，在纽约卡内基公司（Carnegie Corporation of New York）的支持下，研究各州如何最有力地支持旨在提高学业标准与毕业率的种种努力。在以这一工作为基础而形成的题为“提升高标准时代的毕业率”（Raising Graduation Rates in an Era of High Standards）报告中，我们呼吁州政策制定者效法那些最富于创新精神的同僚，对他们所管辖的地区、学校以及他们的学生作出五方面的关键性承诺。我们的工作为各州提供了一些可资采纳的具体措施，这些具体措施的核心是高中改革，以确保以下五方面的成果：

- 一张对升大学和就业准备意义重大的高中毕业文凭。各州必须确保所有年轻人都平等地享有参与富有挑战性的学术活动，以及接受高质

量的高中教育的机会，这并不是说要刻板地执行，而是说各州可以根据当地和学校的实际需求，设计富有创新性与灵活性的课程。为了建设优质、公平和具有连续性的大学预科课程，各州需要监控教学模式，将各 118
种数据依种族和家庭收入进行分类，将学生成绩数据纳入州数据系统，并连接K－12和大学的数据系统，由此就可以对学生在大学入学前和大学学习过程中的数据进行追踪调查。此外，为确保课程的创新性不会因寻求一致性而被扼杀，各州须给学区一定的自主权，并要求学校在支持和帮助那些创新者（他们试图实施一种以实践检验为基础、旨在帮助学困生取得成功的教学计划）的同时，对实施效果负责。

- *使学困生与辍学生顺利毕业和成功上大学的有效途径。*绩效较高的高中，特别是那些招收低收入家庭以及非裔和拉美裔青少年的高绩效高中，往往规模较小，并且注重社会人际关系、知识的关联性和学术的严谨性。目前，这类高中数量太少，对它们的发展和支持也很少。各州需要建立这样的学校，并为这些学校的发展创造条件，提供资金，以确保这类学校能在面临辍学和已经辍学的学生较为集中的社区得到推广。

在这方面，北卡罗来纳州的成就较为突出，该州通过采取支持学校间的合作以及其他一些措施来促进新学校的发展。该州的新学校计划（New Schools Project），是迈克尔 F. 伊斯利（Michael F. Easley）政府雄心勃勃的学习与创富（Learn and Earn）高中计划的具体实施。目前，该州已建立40多所新学校，这些学校的学生可以获得高中文凭，免费修习两年大学学分，或是获得一个副学士学位（associate degree）。

- *改进绩效不佳的高中。*各州需要认定在解决辍学问题上绩效不佳的高中，并与学区合作，创造条件帮助这些学校扭转不利局面，或者建立更有效的学校取而代之。有一些州，如佛罗里达和亚利桑那，目前正在为那些绩效不佳的学校提供包括技术援助、能力构建和财政资助等方面的支持。同样重要的是，这两个州都保证，如果学校改革进展不顺利，就将对其进行干预。在一个资源短缺的时代，对那些新的、高效的学校和项目来说，最重要的资金来源渠道之一便是用学生的高质量取代辍 119
学率。

- *在下一代绩效责任体系中更加注重毕业率和大学准备。*与高中毕业“在轨测评”（on-track metrics）预报系统同时启用的，是额外的绩效责任指标以及认可和奖励的机制，例如从9年级到10年级的升级情况、核心课程的完成情况等，这些都可以帮助各州鼓励学校和学区留住那些学困生，使他们回到争取毕业这一正途上来，丰富其升大学或就业的准备。

路易斯安那州的毕业指数（graduation index），建立了对保证学生顺利毕业、为高年级学生提供严密的课程等方面的奖励机制。下一代绩效责任体系应矫正现行体制中片面强调达到高标准的做法，并把毕业看成一个与达到高标准同等重要的指标。

- *为学困生尽早提供持续的援助*。芝加哥和费城的研究，已经在6年级和9年级中发现了关于辍学问题的富有说服力的校本化指标，如核心课程的学业成绩、学分积累以及出勤情况等。如果各州强化它们的数据系统，将这些指标纳入其中，帮助学区开发和利用准确的早期辍学预警系统，以认定辍学生，并有针对性地对其进行早期干预，将会使更多的学困生回到正途上来，完成高中学业，并取得以后的成功。

各州采取行动以提高毕业率之时，正是提高学业成绩目标之机。公众日益关注国家的经济地位，并开始要求政府采取行动。政策制定者也清晰地意识到，增加具有中学后教育学历的人口数量对于经济发展至关重要。上述五项州层面的政策承诺，指出了一条将一个看似不能成功的任务，变成一个必须赢得成功的“可能性使命”的道路，这个任务就是使所有学生都能取得高标准的成就。

第6章　增加学习机会① 120

“一个真正具有历史意义的教育承诺——一个真正切实的承诺——将是配置新的资源，进行新的改革。”

巴拉克·奥巴马

新罕布什尔州，曼彻斯特，2007年10月20日

议　题

今天，我们比以往任何时候都更希望学生学习更多的东西，并且许多专家一致认为，对于获得面向21世纪的知识和技能来说，增加学习时间至关重要，尤其对那些学习困难的学生来说更是如此。如今美国最为典型的学校生活仿佛是对农业时代的“返祖”，与世界其他发达国家不在同一个水平上。更长的学习日或更长的学年，可以帮助学生拥有更多的学习时间，从而缩小学生间的学业成绩差异。对于那些同时兼顾育儿和工作双重责任的在职父母来说，各种高质量的课外学习计划，将有助于他们的孩子学习和拓展一系列广泛的技能。

---

① “Consensus on Learning Time Builds,” by Catherine Gewertz, as first appeared in *Education Week*, September 24, 2008. Reprinted with permission from Editorial Projects in Education.

“Expanding Learning Time,” by Debra Viadero, as first appeared in *Education Week*, December 9, 2008. Reprinted with permission from Editorial Projects in Education.

“High-Quality After-School Programs Tied to Test-Score Gains,” by Debra Viadero, as first appeared in *Education Week*, November 28, 2008. Reprinted with permission from Editorial Projects in Education.

“Student Engagement,” by Linda Jacobson, as first appeared in *Education Week*, November 5, 2008. Reprinted with permission from Editorial Projects in Education.

121 奥巴马的蓝图

奥巴马和拜登的计划包括了如下方案：

- **增加实施高质量课外学习计划的机会**：提供双倍的联邦资金，支持课外学习计划——21世纪学习中心（21st Century Learning Centers）计划，从而每年使100多万名儿童受益。
- **增加学习时间**：为州和学区设立一些项目，为有需要的学生增加更多的学习时间。

视　点

122

- 就学习时间达成共识
- 延长学习时间
- 与测验成绩紧密相关的高质量的课外学习计划
- 学生参与

就学习时间达成共识

凯瑟琳·盖沃茨
2008年9月24日

教育工作者、政策制定者和社区活跃人士，正承受着为学生未来的成功作准备的巨大压力，同时又担心标准化的学校课时不足以为学生提供充足的时间以达到这一要求，他们正力图给学生增加更多的学习时间。

“这个问题最近很热门，”全国城市联盟（National League of Cities）的青年、教育与家庭研究所（Institute for Youth, Education, and Families）课外学习计划高级项目助理贝拉 P. 沙阿说，“事实上，我们必须做得更多，并且每个人都要为之负责。”

25年前的那份至今仍有重要影响的报告《国家处于危机之中》（*Nation at Risk*），敦促学校增加更多的时间，以抵挡“平庸化浪潮”对美国教育的侵蚀——在每日6学时之外增加1小时，并将通常的每学年180天延长20—40天。今天，从城市的相关机构到学区办公室，从州政府到联邦政府，各个层面的领导者都在为实现这一要求而努力。

“我所到的每一个地方，人们都在谈论此事。”查尔斯·斯图尔

特·莫特基金会（Charles Stewart Mott Foundation）① 项目办公室官员钟安
123 玫（音）如是说。莫特基金会自20世纪30年代起，就为学校－社区伙伴关系和课外学习计划提供资助。这一慈善组织的总部设在密歇根州弗林特市，它在召集学者、教师和政策制定者反思应有的学习时间这一问题上起着重要作用。

“他们后退了一步，采纳了一个比8年前所用的方法更为全面的方法，”在谈及那些一直在讨论如何拓展学习的人时，钟女士说道，“他们意识到，我们不能仅仅以一种零碎的方式来思考时间与学习的关系。”

数以百计的自发行动

增加学习时间的主意成为一场全国性行动的温床。华盛顿的一家智库美国进步中心（Center for American Progress）7月份的研究发现，1991—2007年，在30个州的贫困生与少数族裔学生占大多数的学校中，至少有300多个自发延长学习时间的行动。总部设在丹佛的州际教育委员会（Education Commission of the States），在汇总各州延长学习日活动后发现，2000年以来这类行动的数量已超过50个。

增加学习时间的形式有很多。它可以是允许学生在凌晨2点时穿着睡衣在电脑上完成学习任务，从而将学生从时间框框中解放出来；或者像波士顿地区那样，允许学生花5年时间完成高中学业；也可以像罗得岛的普罗维登斯地区已经做的那样，为中学生设立名为“课外社区”的网络化课外学习项目，内容涵盖从体育运动、时尚设计到大学指导咨询等领域，并且为他们指明实现目标的途径，从而在学校与学生们在城市中所获得的众多学习经验之间，建立起更为紧密的联系。

大多数情况下，调整时间指的是延长学习日或学年，以适应迅速增长的、学生在成年之后的生活和工作中所需要的丰富的技能与知识。

“唯一可行的办法”

格罗夫·帕特森学校（Grove Patterson Academy）是俄亥俄州托莱多

---

① 查尔斯·斯图尔特·莫特基金会是一个私人信托基金会，成立于1926年，主要资助领域为市民社会、环境、密歇根州弗林特市的相关事务以及摆脱贫困。参见：http://www.mott.org.——主译者

的一家普通公立学校，从幼儿园到 8 年级（K－8），学校为全部 400 名儿童提供每天 8 小时、每学年总计 192 天的学习时间，其中每天有 90 分 124 钟用于不间断的阅读，学习西班牙语或德语，探讨音乐和艺术，从事体育运动，或与数学专家一起工作。

每年多出的 49 天额外学习时间，使被格雷琴 E. 比特尔校长称为“无价的”跨学科学习成为了可能。孩子们用德语解决数学问题，在社会研究课上提升他们的西班牙语水平和地理知识，在音乐中学习绘图和数值。教师们每天都有一起备课的时间，用以协调跨学科课程。

“我觉得这是唯一可行的办法，”比特尔女士说，“这是一个帮助儿童走出困境并做他们想做之事的较好方式。”

其他延长学习时间的著名尝试包括：

- 纽约市及其教师工会在每周的前 4 天中每天增加 37.5 分钟学习时间，教师可利用这段时间对成绩不佳的学生进行分组指导。
- 8 个社区正在寻求莫特基金会的捐款，以便施行一种新的拓展学习形式，它们构想了一种在社区服务网络支持下、可以在校内和校外获得的“无间隙学习经验”。
- 在马萨诸塞州，受到广泛关注的是一个已实施了 3 年的增加学习时间的自主行动。该行动按每学年每位学生 1300 美元的标准划拨给学区经费，以增加 30% 的学习时间。该行动的领导人表示，他们建议其他对此感兴趣的州也采取类似的做法，这样的州至少有 7 个。
- 全国时间与学习中心（National Center on Time and Learning）说服 26 所学校，在 2008—2009 学年实施类似马萨诸塞州的延长学习时间行动。该机构的联合主席克里斯·加布里埃利说：“人们看到，在通常的时间范围内我们无法实现目标。我们的成绩太差了。”

在全国教师联合会的支持下，来自马萨诸塞州的联邦参议员爱德华 M. 肯尼迪，于上个月提交了要求联邦为学区或学校提供资助的立法议案，这一议案效仿了马萨诸塞州的案例。去年秋天，来自新泽西州的联 125

邦众议员唐纳德·佩恩提交的议案中也有类似的想法。

学习时间问题甚至被纳入总统竞选的议题。民主党候选人、来自伊利诺伊州的联邦参议员巴拉克·奥巴马，呼吁开展高质量的暑期项目和课外学习计划，这两个项目的结合组成了见于其2008年竞选纲领的教育问题，它们都提出要延长学习时间。

刚刚过去的这个夏天，设在巴尔的摩约翰·霍普金斯大学的全国暑期学习中心（National Center for Summer Learning），推出了520万美元的公共政策项目，以增加暑期项目的基金，重点服务于那些无法给孩子提供富裕家庭子女所享受的教育的家庭。

约翰·霍普金斯大学的社会学家卡尔·亚历山大，发布了对该活动的调查结果。他指出，处境不利的学生和来自富裕家庭的学生之间的学习成绩差距中，有2/3可归因于前者没有进行暑期学习。他引用的一项研究表明，较少有机会参与暑期活动的儿童有更多的健康问题，如肥胖和糖尿病。

中心执行主任罗恩·费尔柴尔德认为，地方、州和国家等各个层面上的繁忙活动表明，校外学习时间之于儿童学习的重要性是人所共知的。

“在这个问题上，我们开始看到一个真正的转折点。”7月10日，他这样告诉那些聚集在华盛顿游说国会提供资助的拥护者。

持续不断的论争

数据无疑能帮助我们推翻各种论争。总部设在华盛顿的州立学校首席官员理事会（Council of Chief State School Officers，CCSSO）[①] 发现，在2006年，有21个州所要求的每个学习日的学习时间少于5小时，或者根本没有作要求。只有3个州要求每学年不少于180天。

位于马萨诸塞州沃特敦市的一家名为“教育资源战略”（Education Resource Strategies）的非营利性咨询公司，2006年就每天在校学习时间对10个城市学区的学生进行过调查。结果表明，从芝加哥的914小时到

① 州立学校首席官员理事会是美国一个全国性非营利组织，主要由州立小学或中学的正式官员组成，以发展基础教育的主要政策与集体共识为目的，包含课程标准与评价。参见：http：//www.ccsso.org.——主译者

休斯顿的 1274 小时，各地差异很大。这一时间是研究人员所说的“可支 126
配的学校时间”，其中包括午餐、课间休息时间等。专家指出，并非所有的“可支配的学校时间”都是上课时间，更不用说高质量的教学时间了。

城市学校儿童的上课时间并不总是这么少。研究表明，19 世纪中叶，一些大城市的学校每年的在校时间超过了 250 天。那时纽约市的学校全年向学生开放，仅在 8 月份有一个 3 星期的短假。但是到了 20 世纪初，由于中产阶级家长开始坚持休假时间，城市学校的学年时间开始缩短；而农村学校的学年时间则常常因耕作需要而被打断，也会因缺乏资金而缩短，从而使校历拉得更长。到 20 世纪中叶，大部分美国学校都确立了从夏末到晚春的学年标准，其中间隔一整块固定的暑假时间。

在全国教育优异委员会的《国家处于危机之中》报告中，美国前教育部长特雷尔 H. 贝尔表示，改进美国教育需要更高的期望、更好的教学以及更优质的课程。但是，该委员会指出，显然也需要“更多的时间”和更高的使用效率。

自 1983 年该报告发表以来，有关增加更多在校时间的讨论和努力持续不断。另一联邦研究小组在 1994 年发表了题为“时间的囚犯”（Prisoners of Time）的报告，重申需要更长的每天学习时间和学年时间，并称时间是美国教育“不言自明的设计缺陷”，时间必须用于支撑学习，而不是对其进行限制。

在过去 10 年里，人们对这一观点给予了特别的热情，这在很大程度上是由学业标准运动（academic-standards movement）所推动的。该运动试图确定什么是学生应该知道的，并且更加重视不同种族、民族和社会经济背景学生的学业成就差异。这也表明对许多儿童来说，学习任重道远。

2002 年 1 月签署通过的联邦《不让一个孩子掉队法》，强化了反思学习时间问题的紧迫性。观察家指出，追求结果并没能有效地促进学校
进步。有一种观点已为人们广泛接受：伴随着经济全球化，年轻人不仅 127
要掌握核心的学术知识，还必须具备一套“21 世纪技能”，例如批判性思维和团队精神。

同样引起人们对时间问题进行反思的，是追加联邦对 21 世纪社区学

习中心（21st Century Community Learning Centers）计划的资助，该计划旨在利用课余时间，帮助学生综合和拓展所学知识。计划的经费从 1998 年的每年 4000 万美元增加到 2002 年的每年 10 亿美元，此后一直保持在这一水平，尽管布什总统曾试图削减它。

特许学校里的时间

特许学校的兴起同样引起教育家的思考。根据教育改革中心（Center for Education Reform）——一个位于华盛顿的专门追踪研究特许学校和其他形式的学校选择的组织——的研究，这类公立学校中有 2/3 在利用其免于大多数条条框框约束的自由，延长每天的学习时间和学年时间。

专家们通常把“知识就是力量”（KIPP）项目所运营的学校，作为延长时间的典型案例。KIPP 的绝大多数学生来自低收入家庭，它所制定的一个严格的大学预科计划使学生获益良多，该计划要求的学习时间是：每天 8.5 小时、每一个隔周的星期六和暑假里的三个星期。

对增加学习时间的推动，也加速了教育、青年发展和课余生活之间的相互交流与丰富。例如，娱乐和职业培训项目往往对学业有所帮助。越来越多的学校正在设法促使低收入家庭儿童获得富裕家庭孩子可以获得的丰富的校外学习经历，其范围包括艺术课程和实习机会等。

暑期学习损失的累积效应

1982 年，约翰·霍普金斯大学的研究人员卡尔·亚历山大及其同事跟踪了 700 余名巴尔的摩 1 年级学生的学业成就。他们发现，低收入家庭的孩子与其来自中产阶级家庭的同学间的学习差距，在暑假的几个月里扩大了，因为两者在此期间的学习机会不同。

128 “为什么我们会认为出了校门每天的学习就结束了？”米尔顿·戈德堡说。他是全国教育优异委员会的执行主任，他所指导的研究小组撰写了《时间的囚犯》报告，并且戈德堡一直是这场反思学习时间运动的领导者。

“人们并非只是在讨论需要更多的学习时间，”他指出，“实际上，他们正在讨论的是一个根本不同的概念，那便是孩子们什么时候学习、在什么地方学习。”

2005年，莫特基金会召集教育和课外生活的领导人，来帮助界定学习的新概念。

在2007年的报告《学习的新一天》（A New Day for Learning）中，莫特基金会的工作小组敦促人们消除校内与校外的差异，创造一种“无缝”的学习经验，既能教学术知识、文化和公民经验，又能形成诸如批判思维与团队合作等技能。这将大大超出学校的范围，且没有“下课铃声”。报告指出，这需要全社区的热情合作，以及“对学习目的、实践和人员的全面反思”。

基金会已邀请了8个学区－社区伙伴团队来申请拨款，以构建体现这些原则的学习体系。预计最后的胜出者将在今年秋天予以公布。

现有的大多数增加学习时间的努力，都有一些共同的核心理念。其中之一便是儿童需要更多的时间和机会，来学习他们需要知道的东西。此外，更多的时间也意味着必须有新的学习模式，而并非时间的累加。各种努力似乎也表明，这一切并不能靠学校独自完成。教育工作者与社区团体的长期联系，可以扩大和丰富学生的学习，长达百年的社区学校（Community Schools）运动即是一例。但是，这种联系往往突然发生，远不是学校的常态，更没有正式结成联盟。

虽然拥有共同的信念，但是，各种努力的哲学理念和实践方式却千 129
差万别。

一种情况是对成绩较差的学生进行学习干预。例如，在佛罗里达州迈阿密的戴德县，学区此前实行的学校改进区（School Improvement Zone）计划，便是让业绩不佳的学校延长每天的学习时间和学年时间，并将所增加的时间专门用于核心学科。

另一种情况是融合学术型知识与拓展型知识。其基本愿景是通过提供艺术、体育、文化和人际经验、职业培训以及学术上的帮助，造就全面发展的成年人。这类计划通常由社区团体单独组织，或与学校联合提供，并且通常是在上学时间或放学以后进行。

也有其他一些延长学习时间的方式。如马萨诸塞州最初采取的行动，就是从根本上重新规划学校，让学区直接负责协调学术型知识与拓展型知识的构成，以提高学生的学业成绩。与其他计划不同的是，所有在校儿童都必须参与该计划。

美国教师联合会主席兰迪·温加滕指出，在延长学习时间过程中，如果教师能够发挥整合作用，那么，学生与教师可以共同受益。学生可以有时间以不同方法学习，如小组学习，或是以一种更加务实的方式学习。同时，教师也将进一步提高技能，有更为满意的工作体验。

“这不只是某些人如此说说而已：‘我们要延长每天的学习时间，你们必须付诸实践。’”温加滕女士说，“这可以是一种用以构建能力的非常专业的实践，一种集体合作的实践，是一种强大的士气助推器。”

交替安排的日程

延长学习时间并不必然意味着所有教师都要工作更长的时间，她补充说。在纽约的一所由市政府和当地的教师联合会（美国教师联合会的地方组织）合办的特许中学里，在延长的时间内，教师的工作是交替安排的。

130 延长时间可能代价昂贵，并且在政治上意义微妙。华盛顿的一家智库“教育部门”（Education Sector）[①] 的高级政策分析师埃琳娜·席尔瓦指出。她在 2007 年的一篇论文《论时间》（On the Clock）中考察了延长时间问题。

席尔瓦女士说，延长学年时间可能会遭遇来自某些商业利益的阻力，如游乐园业，这一行业雇用了许多十几岁的青少年做兼职，而且其营业收入依赖于旅游业。此外，阻力还来自中产阶级家长，他们希望有更多的时间与孩子在一起，他们会为休假被破坏而感到愠怒。

把每天的时间延长一点，可能受到的反对会比较少，她说道，虽然高中的体育组通常会认为这是个问题，因为它打断了传统上用于体育训练的时间。

全国时间与学习中心的加布里埃利先生表示，从马萨诸塞州最初采取的行动来看，延长每天的学习时间比延长学年时间更为经济、有效。

---

① 参见：http：//www. educationsector. org. ——主译者

延长学习时间

延长学习时间在行动：在贫困学生和少数族裔学生占多数的学校与地区所采取的行动

7 月 21 日发布的一份报告，总结了美国全国各地超过 300 项旨在延长学习时间的行动，所有这些行动都是在那些处境不利的学生占绝大多数的学校开展的。

华盛顿智库美国进步中心的研究者用了两年多的时间，搜集了学校、学区和州三个不同层面上分别延长每天学习时间、周学习时间和学年时间超过原来 30% 的各类行动。他们选定了其中的 300 项，这些行动遍布 30 个州，都是在 1991—2007 年开展的。

该研究发现，这些学校（其中许多都是特许学校）以各种各样的方式来利用这些额外的时间，包括课业辅导、核心学科的学习、知识拓展以及劳动力培训等。

德布拉 · 维亚德罗，2008 年 7 月 30 日

席尔瓦女士指出，当决策者考虑延长时间时，费用问题“绝对是他 131
们所要考虑的第一件事”。

2008 年美国进步中心一项由布罗德基金会资助的研究发现，将在校时间延长 30% 的学校的年度开支，从每生 287 美元到 720 美元不等，这具体取决于为所延长的时间配备的是辅助性专业人员，还是具有专业认证的员工，因为两者的薪水基础不同。研究指出：如果是重新调配已有人员的工作任务或者是给他们一些津贴，费用可能比较低；如果是雇用新的具有专业认证的员工，费用会比较高。

该文的合作者、教育资源战略公司的执行主任卡伦 · 霍利 · 迈尔斯指出，学校会发现，在延长 30% 的时间的同时，必须增加 16% 的开销。这很有典型意义。

延长学习时间运动引起人们关注的另一问题是，其风险在于可能只

是延长了无效的教学。

“有一些校长和督学认为，更多的时间意味着更多地重复已有的各种做法。”课外学习公司（The After-School Corp.，TASC）总裁露西 N. 弗里德曼说。这是一家位于纽约市的非营利公司，今年正管理着一个新的、在 11 所学校开展的延长 30% 时间的项目。“我们认为，孩子们需要更为广泛的学习途径。”

青年工作者的角色

课外学习部门的一些负责人担心，他们在青年发展方面的丰富专业知识，会在日益热烈的关于延长学习时间的讨论中落伍，从而使儿童付出巨大代价。

“在当前的这场讨论中，青年工作者大有可为。但是，我们最好快一点儿——在这里，我好像看到了一辆疾驰的列车，但时间可能不多了。”简·奎因去年在《今日青年》（*Youth Today*）杂志的一个专栏中这样写道。奎因女士现为纽约市儿童援助协会（Children's Aid Society）下辖的社区学校助理执行主任，该协会为儿童及其家庭提供校内外的广泛服务，与市教育局联合经营 22 所社区学校。

132 韦尔斯利学院全国校外时间研究所（National Institute on Out-of-School Time）主任埃伦 S. 甘尼特，回忆了她参观佛罗里达州延长学习日计划时的低落情绪。当时，她看到下午 4:30 教师仍在给中学生授课。而当她询问工作人员学生什么时候可以互动或以更活跃的方式学习时，人们告诉她，这些事学生们可以在 5:30 放学离开教学楼后做。

“这是一种完全不考虑个人情感与人际关系的时间利用方式，对我来说，这是件极不愉快的事，”甘尼特女士说，“一个人在电脑前度过一个下午，而不与任何朋友或是关心他的成年人沟通，这让我忐忑不安。”

那些参与拓展学习项目的人都清楚地知道，这些项目都还在进行之中。但是，这一运动从一开始就把那些投身于儿童事业的人聚集在一起，虽然大家并没有总是密切地合作。

“我们已经意识到，如果我们想要改变孩子们的生活，就必须帮助他们在学校中取得成功，”莫特基金会的钟女士表示，“无论是课内还是课外，青年发展不能单独进行，也不应该这样做。我们都是教育工作者，我们必须走出这一困境，必须实实在在地做些什么。”

与测验成绩紧密相关的高质量的课外学习计划

德布拉·维亚德罗

2007 年 11 月 28 日

对 8 个州开展的相关项目的研究结果表明，定期参加课外拔尖计划（top-notch after-school program）的处境不利学生，两年后的学业成绩远远超过了他们的同伴——这些同伴将更多课外时间花在无人监督的各类活动上。

一项题为“充满希望的课外学习计划”（Promising Afternoon Programs） 133
的新研究，对为 14 个社区的 2914 名学生提供的 35 个课外学习计划进行了考察。这些社区分布在从康涅狄格州的布里奇波特到加利福尼亚州海边的不同地区。在该研究开始时，所有这些社区实施课外学习计划都至少已满三年。这些计划之所以被选为研究对象，是因为它们有着成功的记录。

对课外学习计划的倡导者来说，这一研究结果与 2005 年对 21 世纪社区学习中心计划的评估形成了对比。当时的评估颇有争议。在 21 世纪社区学习中心计划中，联邦为美国全国 130 万名中小学生的课外学习计划提供了资助。

位于新泽西州普林斯顿的运筹政策研究公司此前的研究发现，联邦资助的项目并没有特别显著地提高学习成绩，从统计学上看，甚至还会导致一些消极行为有所增加。

“我希望这一研究能够切实推翻运筹政策研究公司的研究结论，并且真实地说明课外学习计划为参与的儿童带来了变化。”位于华盛顿的课外学习联盟（Afterschool Alliance）负责政策与研究的副主席珍妮弗·莱因哈特这样说道。该联盟正致力于宣传新的结论。

但是，一些学者警告说，在正在进行中的这场关于联邦资助课外学习计划的讨论中，由密歇根州弗林特的莫特基金会资助的这项新研究，可能同样会遭到批评。其中一个可资引证的问题是，被研究者用作对照组的那些学生是断断续续地参与课外学习计划的，这表明，这些学生可能从一开始就不像那些定期参与这一计划的学生那样积极。

“它所告诉我们的是，那些在起跑线上存在差异的孩子，在两年以后差异变得更大了，”运筹政策研究公司评估项目负责人马克·戴纳尔斯基说，“但这并不能作为课外学习计划卓有成效的证据。”

聚焦质量

在这项新研究中，研究者将学生分成三组：“仅参与计划”的那组
134 学生每周有2—3天参与课外学习计划的活动，除此之外并不参与任何校外活动；“叠加计划”的那组除每周有2—3天参加项目活动外，还参加体育运动、教会活动、音乐课或其他课外活动；另外一组为“低度监督”，学生每周参与1—3天的混合课外活动。

研究者发现，经过三年的历程，那些在有监督的情况下参与课外活动的学生参与度更高，而他们在学习、社会交往和行为习惯上的表现也更好。

举例来说，3年级和4年级“叠加计划”组的学生的数学标准化测验成绩，高出那些较少参与的学生20个百分点。同时，较频繁地参与活动的学生，也在学习习惯、持续能力和社会技能等方面有了长足进步，并且诸如逃学、打架等消极行为有所减少。

那些经常参与课外学习计划的6年级和7年级学生，在研究结束时，数学学习成绩超出了同年级“低度监督”组的学生12个百分点。另外，与缺乏监督因而参与率更不稳定的学生相比，“仅参与计划”和“叠加计划”两组学生中酗酒与吸毒者的比例也有所降低。

“令研究结果有趣且让人感到惊讶的是，数学成绩的进步发生在并非专门针对学术型技能的课外学习计划中，”研究报告的主要作者、加州大学欧文分校教育学系主任德博拉·洛·范德尔指出，“儿童发展是持续的、集中的和参与式的，我们相信，这些技能儿童在上学时已经具备，并且有助于他们的数学学习。”

范德尔女士表示，在设计这个“充满希望的课外学习计划”的研究方案时，她就对批评者所指陈的运筹政策研究公司的报告的缺陷进行了

研究。比如，批评者和倡导者都抱怨说，以往的研究都有缺陷，因为它囊括了不太成熟的或者不同质的活动项目。

因此，范德尔女士和她的研究伙伴——来自华盛顿的政策研究协会 135
公司（Policy Studies Associates Inc.）的伊丽莎白 R. 赖斯纳和来自加州大学欧文分校的金 M. 皮尔斯——锁定了最佳方案。在他们的研究中，并非所有项目都是由21世纪社区学习中心计划来提供经费，也并非都是在学校内开展。

研究小组从200个为低收入家庭中小学生服务的项目中选择了35个，这些项目被选为研究对象，是由于它们有着成功的记录。

“我必须做的另一项工作是，观察各种高质量项目与学生发展之间的联系，而这也意味着高质量项目的结果就是人们所寄予的更高期望，”范德尔女士说，“我们确实看到了在其他项目中没看到的成绩。”

学生参与

评估学校参与：校外时间项目指南

没有真正融入学校生活的学生，学业成绩不佳的可能性也很高。但是课外学习计划的负责人，或许并未很好地认识到如何吸引这些他们为之服务的学生。

位于华盛顿的研究机构“儿童趋势”（Child Trends）组织发布了一份新的评估学生参与的指南，认为参与包括三个方面：行为参与、情感参与以及认知参与。

校外时间项目也已经发现，如果能为学生提供辅导、社区服务、学业辅导以及生活技能培训，项目就能激发学生的兴趣。

报告指出：“总的来说，如果学生在学校能够得到成年人的支持，获得具有挑战性和趣味性的任务、适当的规范、对自主性的支持、与同龄人一起学习的机会和主动学习的机会，他们便更有可能融入学校生活。”

琳达·雅各布森，2008年10月5日

范德尔女士承认了戴纳尔斯基先生所指出的她的研究对照组设计中
136 的局限，但她也表示，她的团队在研究中已采取了各种措施，将可能的误差控制在最小范围内。其中一项措施是，比较学生参与项目前后的学习成绩，而不是笼统地看不同学生群体的整体成绩情况。

资助问题

马萨诸塞州的研究开始于 2000 年，正是克林顿总统推行 21 世纪社区学习中心计划的四年之后，同时也是在使这一计划的目标变得更加聚焦于学生学业的两年之后。

这一研究成为人们批评的靶子，部分原因是布什总统在 2002 年借助早期研究结果削减了该计划的拨款额。当时该计划的拨款约为 10 亿美元，而此后国会通过的方案仅是 9.81 亿美元，此后该计划的年度拨款一直保持在这一水平。

这项新研究的结论与越来越多的调查研究取得了一致，这些研究将课外学习计划与学生在有组织的课外活动中所获得的社会和情感收获相联系。

例如，芝加哥的学业、社会与情感学习协会（Collaborative for Academic, Social, and Emotional Learning）发布的一份关于今年已发表的 73 份相关研究报告的述评，考察了那些旨在发展年轻人个人和社会技能的项目，发现这类项目与学生其他方面的发展之间有着广泛联系。

报告指出，与控制组相比，项目参与者的自尊与自信有了更大提高，更大程度地减少了问题行为，并且其学业水平与考试分数也有长进。

其中，“充满希望的课外学习计划”的实施成效特别显著。“叠加计划”组的学生比“低度监督”组的学生高出的那 20 个百分点的成绩，效应量（effect size）[①] 为 0.73。根据范德尔女士的研究成果，其所带来的学习进步，是教育工作者通过减少小学班级规模至每班 8 人后的成果
137 的 3 倍多。而在戴纳尔斯基先生看来，这是值得怀疑的。

---

① 效应量是统计学术语。在社会科学研究中，如果想证明一些原因如何影响一个现象或结果的出现，在分析数据是否显著（significance）的同时，有必要考察影响的程度，效应量即是呈现影响的程度或某些测试前后效果优劣的统计量。——主译者

“怎么可能从一个甚至不在学校里进行的计划中得到如此大增幅的成效?”他质疑说，“虽然这些活动每周甚至每天花了几个小时，但是学生参与活动的这些时间都是非常零碎的。”

范德尔女士说，使这些成效看起来很大的部分原因在于，全面参与计划的学生和“低度监督”组的学生间的差距随着时间而扩大了。“必须记住，这些学生在一个星期中有 2—3 天的时间与朋友一起闲逛，或是与兄弟姐妹一起待在家中。”她说的是“低度监督”组的学生。

虽然新的研究的最终报告尚未在学术期刊上发表，但是研究人员已经在上个月造访了国会山，以期与联邦国会议员分享这些成果。

布什总统本月早些时候否决的卫生与教育支出中，包括了为课外学习计划追加的 1 亿美元经费——这是那些倡议者们提出的第一个期望经费每年能有所增加的项目。他们相信，新的研究报告所表明的这种日益显现的成效，将有助于扭转联邦对该计划的资助前景。

138

第7章　美国教师的聘任、培训、留任与奖励①

“我们知道，从我们的孩子步入课堂的那一刻起，决定他们学业成绩的唯一重要因素，既不是他们的肤色或原住地，也不是他们的父母是谁或是他们拥有多少财富，而是他们的教师。”

巴拉克·奥巴马

新罕布什尔州，曼彻斯特，2007年11月20日

议　　题

教师在学生学业成绩中扮演十分重要的角色，然而教师职业正为大量的问题所困扰。参差不齐的培训标准、低工资以及艰苦的工作条件，都导致教师流失率大幅提升，造成艰苦地区和薄弱学科的师资短缺。在下一个10年，随着200万新教师的入职，该是从根本上转变美国聘任、培训、留任与奖励教师方式的时候了。

---

① “Aspiring Teachers Take Up Residence,” by Vaishali Honawar, as first appeared in *Education Week*, October 14, 2008. Reprinted with permission from Editorial Projects in Education.

“Tiered Licensing Systems Being Used by States to Help Teacher Quality,” by Bess Keller, as first appeared in *Education Week*, December 19, 2008. Reprinted with permission from Editorial Projects in Education.

“The Question of Performance Pay,” by James W. Guthrie & Patrick J. Schuermann, as first appeared in *Education Week*, October 29, 2008. Reprinted with permission from Editorial Projects in Education.

“Seeking-and Finding-Good Teaching,” by Julie Sweetland, as first appeared in *Education Week*, October 29, 2008. Reprinted with permission from Editorial Projects in Education.

“Teaching at the Precipice,” by Arthur E. Levine & David Haselkorn, as first appeared in *Education Week*, November 5, 2008. Reprinted with permission from Editorial Projects in Education.

“A Marshall Plan for Teaching,” by Linda Darling-Hammond, adapted from the original, which first appeared in *Education Week*, January 10, 2008. Reprinted with permission from Editorial Projects in Education.

奥巴马的蓝图

为了吸引和留住称职的、高效能的教师，奥巴马和拜登将为教师的专业成长和职业发展提供丰富的机会。

- **教师聘用：**设立新的教师服务奖学金（Teacher Service Scholarship），该奖学金覆盖四年制本科或两年制研究生教师教育，还包括为在职教师提供高质量的、可选择的学习项目，条件是这些教师必须在急需的地区至少执教四年。
- **教师培训：**要求所有教育学院必须通过认证。奥巴马和拜登将建立一套自愿参与的全国性绩效评价体系，以确保每位新教师已接受培训，作好上课的充分准备，能进行有效的教学。奥巴马和拜登还将设立教师实习计划（Teacher Residency Programs），为急需教师的学校提供3万名准备充分的新教师。
- **教师留任：**通过拓展经验丰富的老教师与新教师结对的方式，给教师以帮助。奥巴马和拜登将采取激励措施，让教师们有计划地花时间合作，分享成功的实践经验。
- **教师奖励：**推进以新颖的、创新性的方式提高教师薪酬，使薪酬随教师的成长一起增长，而不仅仅是加薪了事。学区可以设计一些项目，奖励那些辅导新教师的优秀教师，为他们加薪。学区还要奖励那些在农村和市中心等较差地方工作的教师。如果教师在课堂上表现一直很出色，他的工作也要得到肯定和奖励。

140

视　点

- 有职业追求的教师的实习
- 实施教师分级认证制度，提高教师质量
- 绩效工资问题
- 寻求并发现好的教学
- 濒临危机的教学
- 教学的“马歇尔计划”

有职业追求的教师的实习

韦沙利·霍纳沃

2008 年 10 月 14 日

（波士顿）每 5 年都会有一批新教师进入波士顿一些最艰苦的学校，这些教师几乎都准确地知道自己的目标以及别人对自己的期望。

这是因为，他们已在这些学校里度过了一年的时间，并在一位受过特殊训练的专家教师的指导下进行观摩和教学。他们对可能会遇到的学业问题与纪律问题已经有了充分的了解。如果需要指导，他们随时都会得到专家教师的帮助。

这些教师是波士顿教师实习计划（Boston Teacher Residency Program）毕业生中的一分子。该计划为期一年，旨在遴选和培训有抱负的教师。他们中的许多人是从别的行业转行过来的，并将在该市急需教师的学校工作。

这一计划不同于最常见的两种教师培训类型——顶岗实习和传统的

教师教育项目，它所模仿的是医师实习方式，即将课堂培训与实践经验紧密结合。 141

该计划负责人杰西·所罗门曾是波士顿的一名教师。在他看来，全国的学校都已具备培养优秀教师所需的专业技能。这一认识加上“我们相信不是一种因素而是多种因素共同成就了伟大的教师”这一事实，促成了该计划的诞生。这一计划吸纳了当今教师教育领域为人所熟知的许多最佳实践经验。

对于这些经验，所罗门先生如数家珍：对教程的精确而又熟练的把握，长达一年理论联系实际的实习，对初任教师入职第一年的指导，自我反思与合作教学方面的培训。

最近几个月，教师教育专家开始关注教师实习，并以此作为培养有效教师的最佳方式。除了波士顿的教师实习计划以外，芝加哥以及丹佛郊外的两个学区［亚当斯12五星学校（Adams 12 Five Star Schools）① 和梅普尔顿］也正在实施类似的计划。

教师教育专家开始关注教师实习，并以此作为培养有效教师的最佳路径。

城市教师实习学院（Urban Teacher Residency Institute）的执行主任阿尼萨·利斯塔克说，新的计划有望于明年6月在田纳西州的查塔努加和孟菲斯、丹佛、纽约城以及费城实施。该学院去年在芝加哥成立，为那些准备实施这一计划的群体提供培训。

利斯塔克女士说，俄亥俄州和田纳西州的教育官员已经开始同她接触，他们希望在全州范围内实施该计划。

最新的研究已经表明了这项计划的积极效果。华盛顿的一家智库阿

① 亚当斯12五星学校位于科罗拉多州丹佛市以北7英里处，五颗星代表为布鲁姆菲尔德（Broomfield）、联邦高地（Federal Heights）、诺斯格伦（Northglenn）、桑顿（Thornton）和威斯敏斯特（Westminster）5个社区提供独特的教育服务。它包括小学29所、初中8所、高中5所、K－8学校1所、特许学校4所、备择学校（alternative schools）2所、技术教育中心1所、成人教育学校1所，全部在校生42077人，其中白人占60.19%，拉美裔占30.80%，亚裔占5.44%，非裔占2.72%，原住民占0.86%。参见：http：//www.adams12.org. ——主译者

斯本研究所（Aspen Institute）上月公布，90%的参与波士顿教师实习计划的学员，在接受培训三年后继续从事教学工作，其中有超过一半的新
142 教师来自少数族裔群体。此外，全国教师教育鉴定委员会（National Council for Accreditation of Teacher Education）上月发布的一项报告呼吁，传统的教师教育计划应该包括实习。

城市实习计划中更能激起人们兴趣的一点是，联邦《高等教育法》（Higher Education Act）最近重新授权投入30亿美元，用于教师培训项目以及学区建设此类实习机构。

如果这笔资金使用得当，将有助于扫除推广该计划所遇到的障碍——启动成本高。然而，支持者很快指出成本问题是中立的，从长远看，由于教师持续留任的比率较高，这笔资金甚至可以转换为学区的节余。

所罗门先生说，在波士顿，征召并聘任一位实习教师大约要花费0.3万美元，而培养一位实习教师则要花费3万美元，其中包括每位实习教师1.1万美元的薪金、健康保险和学费。当实习教师在教学岗位上工作未满三年而要离开时，他或她要按一定比例返还学费。

观察家认为，要使波士顿教师实习计划取得成功的一个关键因素，或许是让该计划在学区之外独立运作。从芝加哥及丹佛附近的教师实习计划来看确实如此。

“你必须找到那些业已建立的，并且与学区有着良好工作关系的第三方来实施‘成功的计划’，”位于华盛顿的倡议组织全国教学与美国的未来委员会（National Commission on Teaching and America's Future）主席汤姆·卡罗尔说，“假如大学尝试做这个项目，就要把它变成大学各种计划中的一项；同样，假如学区来做，则要把它融入学区的其他计划之中。”

利斯塔克女士指出，除丹佛的计划外，多数即将实施的教师实习计划将由独立的机构来运作。

如果按学区运作模式来实施，那么当前“一只脚进一只脚出”的模
143 式是有效的，她说道，因为当与变革较慢的学区合作时，计划可以调整变革的进程。利斯塔克女士还补充说，由学区来运作该计划的可持续性问题，也会受到资金、更换领导人等问题的干扰。

波士顿的教师实习计划最初在公立学校系统中进行，随后获得当地

教育基金会“波士顿卓越计划”（Boston Plan for Excellence）的支持。该基金会与拥有5.7万名学生的学区，在教师和校长的专业发展上有着密切的合作。启动资金则源自当地的另一个基金会——“战略性资助伙伴”（Strategic Grant Partners）。

在与波士顿教师实习计划达成共识的情况下，学区为该计划承担的成本比例逐年增加，在第四年已经达到60%的份额。今年，学区将投入200万美元。

该计划由许多之前担任过教师的人员来运作，独立录用和培训实习教师，但在安排实习场所以及随后教师在市内学校的岗位分配等问题上，则与学区开展密切合作。

波士顿学校督学卡罗尔·约翰逊说，她受到报告的鼓舞，报告称该计划有助于在一些需求最大的学校中培养忠诚于教师职业的、多样化的劳动者。

“招聘有色人种教师时，竞争非常激烈。”她说。

但是，约翰逊女士补充说，她正在等待一项持续到明年的研究的结果，该研究探讨的是实习教师对学生学业成绩的影响。“外部评价将回答最重要的问题：学生的学业成绩是否正在得以改善。”她说道。

但同时，已有的大量事实表明，与以其他方式培养的新教师相比，城市实习教师在第一年做得更好一些。

莉拉G.弗雷德里克示范中学（Lilla G. Frederick Pilot Middle School）校长德布·索西娅说，她发现那些刚通过实习期的新教师，在教学技能水平上更像那些已经是第二年从教的教师。

“实习阶段的培养效果不言而喻，这些经过实习培训的教师在开始教 144
学工作后取得了巨大的成功，”她说道，“那些经由传统教师培训项目培养的教师，很难像我们一样如此自信地步入工作环境。”

“我们［波士顿教师实习计划］所有的毕业生都已开始发挥引领作用。”查尔斯敦高级中学（Charlestown High School）校长玛格丽特·布莱索说。该校有6名从该计划毕业的教师，同时还有6人正在接受培训。“他们已经是非常棒的教师了。”

> “我们［波士顿教师实习计划］所有的毕业生都已开始发挥引领作用。”

城市教师实习计划如此受欢迎，以至于波士顿的学校每年都争相接收实习教师来自己的学校实习。许多毕业生都在他们接受培训的学校找到了工作。

因为几乎每一所项目学校通常都有几位实习生、毕业生和指导教师，所以该计划在校友与实习生之间建立起了长期而持续的共享意识和友情。这些特点形成了一种合作学习的氛围。

查尔斯敦高级中学的历史教师埃米·皮亚奇泰利任教已有 14 年。今年，她是实习生贾温·米克斯的指导教师。皮亚奇泰利女士觉得自己的经验在不断丰富，她说，这是因为“我喜欢和别人一起工作……有另一个人可以交流，一起想办法，真是太好了”。

“这一计划的焦点是构建关系。”已毕业的实习生凯蒂·赖因克说。她辞掉了撰写医疗手册的工作，从圣地亚哥横跨了整个国家来参与这个计划。

她于 2006 年毕业，目前在查尔斯敦高级中学教英语。在学校里，她是实习生贾斯廷·诺顿的指导教师。赖因克女士曾在查尔斯敦高级中学实习过，她实习期间的指导教师就在隔壁教室上课。“我很高兴在任何时候都可以去征求她的意见。”凯蒂·赖因克说道。

145 每一所项目学校都有一位驻地主任（site director）负责协调所有实习生。两位实习主任（field director）则负责考察今年的全部 14 所项目学校，为实习生提供所需要的指导与支持。①

索西娅女士说，她之所以喜欢这个计划，原因之一就是知道有这么一个由实习主任和驻地主任全程支持的网络，可以提供解决问题所需要的专业知识。她说，该计划的顾问甚至参与解决像学生出勤这样的问题，

① 驻地主任是每一所实习项目学校中负责协调到本校实习的所有学生的行政事务的人员；实习主任是负责为参与计划的所有实习生提供业务支持的人员，需要在各实习项目学校进行巡回指导。——主译者

在她所在的学校，这确实是一个问题。

波士顿公立学校的所有新教师在第一年都配有导师，但是，所罗门先生说，在需要时该计划可以通过派遣教练，为其毕业生提供专业发展课程和额外的支持。例如，假如为一位新的数学教师配备的导师没有相应的数学背景，该计划将为其派遣一位数学教师。

每周五的早晨，已经获得学士学位的75名实习生，聚集在位于风景如画的波士顿港的马萨诸塞大学波士顿分校上课。实习生们将从7月份开始——也就是波士顿的中小学开学前的两个月——一直在这里上课。

在最近的一次星期五研讨会上，他们讨论了还没有分年级、分学科之前的那一周的课堂经验，那一周的课由一些实践专家执教，包括波士顿以前的和现在的教师，也有辖区内的大学教授。

研讨会由霍利·弗里曼主持，他是教师实习计划两个学科的负责人。研讨会上，实习生们首先在小组内交流，然后全班交流，主题是他们在每一节课上学到的内容，以及他们在自己执教时的不同感受。他们希望同伴们能就他们在课堂上所遇到的问题提出建议。

丹妮尔·伯杰是麦考密克中学（McCormick Middle School）的一名实习生。她说出了自己担心的问题：如何处理她的特殊教育班级中的纪律问题。

“我想知道一节特殊教育课堂中的‘问题’有多少，并且有多少问题 146
是可以解决的。”她说道。坐在她桌前的其他实习生向她提供了建议，并分享了相似的经验。

诺顿先生告诉他同桌的小组成员说，他的导师告诉他，让他多加关注她是如何处理课堂问题的。

诺顿先生今年28岁，像这里的大多数实习生一样，他也是从别的行业转行来的。他原来在塔夫斯大学（Tufts University）的招生办公室工作，他想尝试一些更具有挑战性的工作，他说。从那时候起，他就开始考虑做一名教师。

他在一张小传单上偶然看到了波士顿教师实习计划，认为它非常适合自己。“这正是我想要的那些东西，不过它们没有让我马上走进课堂。”他说道。

在一个特别的日子，诺顿先生在上午6:30就到了查尔斯敦高级中学，他与赖因克女士谈论了新的一天的工作。学校开学了，他在赖因克女士的课堂上听了三节课，在一个特殊教育班级中听了一节课。

所有实习生都要接受特殊教育的双重认证。所罗门先生解释说，这是因为学区中 1/5 的学生被认定为有残障。

目前，诺顿先生的主要时间都用在观摩赖因克女士的教学上。这种情况从今年的早些时候就开始了。但是随着时间的推移，他将承担更多的课堂教学工作，到了春天他将承担一半的教学工作量。

结束一天的工作后，诺顿先生会和赖因克女士一起回家，回顾和评价他每天取得的进步。这个时候，他会向她请教，如为什么会采取“那种”方式来处理某一特定情况，也是在这个时候，赖因克女士会对他需要改进的地方提供反馈意见。

赖因克女士说，她相信那些通过这一计划的候选人都会打算以此为业。

“很显然，当你阅读项目资料时，你就会有一种关于教师队伍建设的紧迫感。”她说道，最终，那些严肃对待教师工作并愿意为之奉献的人会留下来。

147 就赖因克女士本人来说，毫无疑问，她不再留恋撰写医疗手册的工作。现在是她从事教学工作的第三个年头，她无法想象从事其他工作会是什么样。

“我每天早晨 5:30 起床，”她说，“但是，我没有一天不想去工作。”

实施教师分级资格认证制度，提高教师质量

贝丝・凯勒

2007 年 11 月 19 日

密歇根学校的领导人宣布，今年秋天，他们将对教师资格认证制度进行大规模的制度重构。教师资格认证制度主要是由各州来进行微调。

学校领导人迈克尔 P. 弗拉纳根一直建议启用三级教师资格认证制度，以取代现行的两级教师资格认证制度。另外，教师的职级晋升应只取决于绩效评估，而不是那么多标准化的额外课程或研讨会。这一建议是大湖区全面提升教师质量的尝试之一。

“我们认为，在期望教师做些什么以及使教学更加专业化的问题上，我们必须提高标准。”密歇根教育局主管教学的负责人萨莉·沃恩说。

对三级教师资格认证制度感兴趣的并非只有密歇根一州。近年来，特拉华州、新墨西哥州和威斯康星州也都在尝试这样的转变，尽管各州的目的有所不同。

当各州探索如何形成、保持和改进教师的教学实践的时候，废除终身制教师资格已成为变革的主旋律，各州的官员们都在不断强化对教师专业发展的要求。不过，有些州正在寻求通过教师资格认证制度来改进教学实践。

新墨西哥州是一个突出的例子。2003 年，该州通过立法，规定了三级 148
教师的最低工资水平。一位“临时”教师只有参与了为新教师开办的辅导项目，并且具备 3—5 年成功的课堂教学经验，才可以晋升到第二级①。

更为严格的要求

像新墨西哥州一样，许多州已将辅导视为教师资格认证制度的必要补充部分，以确保学区给予新教师帮助。还有少数州紧随先行一步的康涅狄格州之后，在标准化课堂观察之外制定了许多办法，以判断教师是否能承担教学责任。

例如，在新墨西哥州，每一位新教师在其从教的最初 5 年，必须向所在学校的校长、辅导教师和两位独立观察员分别提交一份“专业发展档案袋”，说明自己已经拥有州认可的教学技能。档案袋内容可以包括教案、教学反思和显示学生学习成果的评估材料。如果教师不能达到这些要求，将不能留任。

---

① 新墨西哥州将教师分为三级，分别为“临时教师”（provisional teacher）（第一级）、“专业教师”（professional teacher）（第二级）、“优秀教师”（master teacher）（第三级）。参见：http：//teachnm. org/experienced-teachers/nm-teacher-competencies. htm. ——主译者

采用三级教师资格认证制度的州

- 特拉华州
- 伊利诺伊州
- 印第安纳州
- 艾奥瓦州
- 堪萨斯州
- 缅因州
- 内布拉斯加州
- 新墨西哥州
- 威斯康星州

资料来源：《教育周刊》，2007

在新墨西哥州的教师资格认证制度中，教师要从第二级晋升为第三级，必须再有3年的教学工作经历以及类似的档案袋评价过程，当然人们也会期望他们具备更优秀的教学技能。他们还必须获得硕士学位或美
149 国全国教学标准专业委员会（National Board for Professional Teaching Standards）颁发的高级证书。

人们期望，达到最高级别即第三级的教师能为所在学校的教师专业发展承担更多责任。与其他州的三级教师资格认证制度一样，新墨西哥州的最高级别的教师资格并非是对教师的统一要求。

密歇根州正在酝酿类似的制度，而威斯康星州早在一年半以前就已出台了类似的制度。但其中的显著差异是：在新墨西哥州，州政府负担了学校成本的最大部分，同时规定了每一级教师的最低工资水平。“临时”教师的工资至少是3万美元，“专业”教师至少是4万美元，而“优秀”教师至少是5万美元。

新墨西哥州的官员说，新制度有助于解决教师来源与质量方面的问题。

“我们已经基本上清除了那些空壳班级，清退了那些没有获得认证的教师。”全美教育协会新墨西哥州分会（National Education Association-New Mexico）的议案游说人爱德华多·霍尔金说道。提交给新墨西哥州议会的一份最新报告显示，在过去的6年里，放弃教师资格证书的教师比例已从10%下降到1%，而与此同时教师数量不断攀升。此外，报告称，顺利通过头三年考验并得以留任的教师比例有所提高，从大约2/3上升到3/4。

到目前为止，大约有10%的教师已设法晋级，第一志愿从教者的档

案袋评价通过率约为 85%。新墨西哥州正在收集数据，以了解三级教师资格认证制度对学生学业成绩的影响。

薪酬问题

在教师薪酬问题上，其他多数的州不承担主要责任，即使教师资格认证制度的成效业已显现，也与钱的问题无关。

艾奥瓦州的经验表明，投入多少至关重要。2001 年，州议会通过了一项新的教师资格认证制度的法案，该制度共分四级，分别配以四种不同的“生涯阶梯”薪酬。另一个变化是，要求新教师在两年内通过一项 150
课堂教学评估，以获得标准化资格证书。新教师还必须参加当地一项经过州认可的教师辅导计划。

此外，该州还要求持有标准化资格证书的教师，与其评价者一起编制个性化的专业目标，制定一个实现这些目标的计划。更新所持有的资格证书须以此为基础。

在这些变化实现之前，“资格认证尚未以任何方式与教师工作评价联系起来”，艾奥瓦州的学校主管朱迪 A. 杰弗里说。

这些条款已经生效，但是经济的低迷也影响了这一制度的其他部分，例如原计划规定，教师从第二级升到第三级将增加 1 万美元的收入。目前这一计划仍然是纸上谈兵，使较高两级资格的晋升办法更加充实并且具体化的相关工作也根本无从谈起。杰弗里女士说道。

各州将教师工资与资格认证挂钩的方式之一是，为那些获得国家级高级认证的教师另外增加一个“第三级”。在大多数州，拥有证书的教师可以得到额外的补贴。在特拉华州、伊利诺伊州和堪萨斯州，获得高级认证的教师的资格可以上升一个等级。

威斯康星州实施三级教师资格认证制度现已进入第二个年头，其承认的“优秀”教师要拥有国家级证书，或拥有硕士学位并通过一个由经过州培训的教育工作者团队组织的类似的等级评估。

“我认为这是很久以来我们所做到的有关教师资格认证的最好事情，”位于威斯康星州希博伊根（Sheboygan）的全美教育协会地方联盟协调人吉姆 · 卡尔森说道，“它为年轻教师描绘了一个未来愿景，他们会因此而更愿意继续从事这一职业。”

威斯康星州的教师要通过提供诸如教学录像带之类的材料，来证明自己的教学技能，并由此获得晋级，这样就把教师资格认证与课堂教学努力联系在一起，而不仅仅是上上课或是开个研讨会，他补充说。此外，教师资格认证的结构也为学区和工会官员提供了同样的机会，使他们围绕绩效来重新确定教师的薪酬等级。

151 **“临时的”发展**

专家型教师并非不喜欢这样的教师资格认证制度改革，但是他们说这会遗留许多难解之题。

位于华盛顿的研究与倡议组织全美教师质量委员会（National Council on Teacher Quality）主席凯特·沃尔什指出，在评价教师时，现行教师资格认证制度没有将重点放在学生的学业成绩上。而要做到这一点，这一制度必须衡量教师多年来对学生学习的贡献。

斯坦福大学教授琳达·达林-哈蒙德反驳说，即使没有这个因素，与15年前相比，评价方法也已有所改善。

不过，她指出，其他国家在促进和认可教师专业发展方面已“遥遥领先”于美国。“假如你看一看［我们］整个国家，”琳达·达林-哈蒙德女士说，“你会发现，这些改革都非常具有临时性。”

绩效工资问题

詹姆斯 W. 格思里和帕特里克 J. 舒克曼的评论

2008年10月29日

大约三年前，当有关教师绩效工资的许多想法尚处于酝酿阶段，倡议者强烈要求将其推广开来时，我们就提醒他们不要盲目追逐时尚，或是不假思考地模仿20世纪80年代按劳付酬（merit pay）的错误［《教师绩效工资：一种时尚抑或一项合理而又持久的政策?》，载《评论》(*Commentary*)，2006 年 4 月 5 日]。我们支持持续地、渐进地改进这种补偿性计划的设计，但我们也急需严格而又独立的实验和客观的评价。

这些年来，这一领域的政策发展并不是渐进性的。绩效工资现在已是一种广受欢迎的选择，尽管表面看来风平浪静，但这一政策将会在未来继续迅速发展。 152

现在，联邦、州和地方三级政府普遍得到了基金会的支持、技术的保障和财政刺激（2008—2009 学年，已划拨了 5 亿多美元），来推广实施绩效工资的范围。有许多州，如佛罗里达、明尼苏达、南达科他、田纳西以及得克萨斯等，通过制定全州范围的政策来促进教师绩效工资的实施。各种各样的绩效工资模式，如密尔肯家庭基金会（Milken Family Foundation）的教师进步计划（Teacher Advancement Program，TAP），得以继续推广。同时，一些富于创造性的学区模式也得到进一步的发展，如丹佛市广为宣传的博达计划（ProComp plan）。[①] 其他一些新的模式也正在涌现，如纽约市由教师联盟与纽约市教育局共同支持的学校绩效奖励计划等。

全国有约 10% 的学区正在以某种形式实施绩效工资计划，并且至少影响了 20% 的中小学（K－12）教师和学生。尽管 20 世纪 80 年代绩效工资 (incentive-pay) 实验的失败给人们留下了不好的回忆，但绩效工资的做法仍在继续推进——从某种意义上讲，这或许是媒体持续关注的结果。

那些已经实施绩效工资计划，或正在考虑采纳这一计划的人应该明白，支撑这种尝试的研究基础十分薄弱。而且，还没有富有说服力的经验材料能表明美国教育的绩效工资计划有什么持续的实质性成功——既不能证明提高了学生学业的成绩，也不能证明提高了对那些想要做教师的人的职业吸引力。事实上，当政策系统热衷于教师绩效工资的时候，研究与评估系统却仍在门外徘徊。

尽管如此，仍然可以从最近的一些研究结果中吸取教训。尽管早期

---

① 博达计划是将教师工资与学区教育目标相联系的薪酬体系。该计划是在丹佛市课堂教师联盟与丹佛市公立学校的合作过程中形成的。该计划由于将教师的绩效工资与学生的学业成绩紧密联系而备受关注。参见：http：//denverprocomp. dpsk12. org. ——主译者

153 的研究成果和初步的实践观察，都可能无法提供一种完善的绩效工资模式的具体运作方式，但是在设计和实施这些计划方面，它们也提出了一些重要的建议——以免走更多弯路。下面是一些有关教师绩效工资的已知风险与未知风险的简短总结，对于这一概念的未来发展而言，这些知识可能是有意义的。

我们所知道的比较确定的结论有：

- 一位高效能的教师能实质性地促进学生学业成绩的提升，无论学生的先天能力、家庭及社区的社会经济环境如何。
- 与高效能的教师持续的、多年的联系，能从根本上缓解学生累积的学业成绩差距。
- 一般来说，高效能教师往往偏好来自较好社会经济环境的学生。
- 尽管当前关于核定公立学校教师工资的种种考虑——涉及教师的资历与学术信誉——已经改善了过去的不公正，并且具有可预测性和客观性，但这与提高学生学业成绩的相关性不大。

我们所怀疑的是经验与观察的真实性，但是，对于某些确定的东西，我们现在也所知不多：

- 奖励可以有力地激发员工的努力愿望。但是，也可能产生目标更替——为了高奖赏的目标而努力工作，却忽视了其他同等重要的目标。因此，绩效工资计划的设计者必须确信，被检验和奖励的那些条件可以（精确地和全面地）反映组织所希望得到的结果。
- 激励计划的设计，几乎总是需要在期望得到的各种结果之间有所取舍，如一方面是透明度，另一方面是绩效检验的准确性。对教
154 师与学校效能的准确检验日益复杂化，通常与透明度的减少相联。
- 草率的构思和过于简单的计划常常会造成失误，并且使员工难以接受。因此，考虑到绩效奖励计划的复杂性，从一开始就启动评价程序以及预设中途校正机制显得十分重要。
- 当前的绩效工资计划最常面对的三大障碍是：(1) 学生学业成绩

及其他结果的测量不准确、不完整、不公平。(2) 为了赢得重要的利益相关者的支持而就该计划向他们作的解释不清晰或不充分。(3) 应对可能的财务风险的计划不准确，没有能力兑现或持续地投入。

还有一些问题需要我们进一步了解：

- 用于促进更有效的教学和提高学生学业成绩的财务奖励的力度。
- 群体奖励相较于个人绩效奖励的效果。
- 经济奖励与非经济奖励的最佳组合。
- 绩效奖励对于提供高效能教师的长效性。
- 为紧缺学科和工作条件艰苦学校的教师提供高水平工资的结果。
- 教师绩效激励相较于其他策略，如小班化、强化教育专家的作用、强化技术配置等，在提高学生学业成绩方面的成本与效能。

考虑到这些情况，我们对教育者和政策制定者的建议几乎与三年前 155
相同：谨慎地支持经过认真设计的绩效工资计划，强烈要求对该计划进行严格的、独立的实验和客观评价。或许我们最需要的是环境工程师杰克 V. 马特森在其 1996 年出版的《创新还是死亡》（*Innovate or Die*）一书中所倡导的那种实用性实验。他提出了一种排除不合适的设计选择的分析过程，他将这种过程称作“智能快速缺陷”（intelligent fast failure），并视其为创新的因素之一。

“智能快速缺陷”不是一个目标，而是冒险尝试的结果。每一项实验的进行都是经过深思熟虑的，其目标是确定获得成功所需的条件。实验力图将风险降到最低，并且很快就能从结果中得知所需的时间与资源。然而，通常情况下人们会依序检验某些想法，从最佳的想法开始，而利用“智能快速缺陷”的实验分析过程则可以同时检验好几种想法。这可以大大加快学习的过程，压缩错误的时间，更快地解决问题。

如今，随着越来越多的地方实施绩效工资计划，教育者系统地收集、记录和广泛分享这些计划的经验教训显得至关重要。由实践者和研究者所传递的经验教训，对于那些有兴趣设计和实施自己的绩效工资计划的州与学区来说，是一笔价值巨大的资产。同样，基于经验对绩效工资计划的短期和长期效果进行评价，无疑会推进政策的完善和实施者的实践。

通过获得丰富的基于研究的背景性观点，利用诸如“智能快速缺陷”过程的力量，我们能继续推进绩效工资制度，使其从一时的流行潮流变成一种健全且持久的政策。

156 寻求并发现好的教学

朱莉·斯威特兰的评论

2008 年 10 月 22 日

教育政策制定者的工作起点，是长期以来为教师所熟知的东西：无论准备了什么样的政策、课程或管理结构，只有在教师将其转化为日常的课堂生活时它们才是有效的。教师质量问题是绝对关键的，因为研究表明教师是学校层面影响学生成功的一个最为重要的因素。随着教育界日益将焦点集中于卓越教学，教师质量领域的研究者和实践者势必不能将好的教学等同于学生考试的高分——这是政治上的权宜之计，也是教育上的危险捷径。

如果目标旨在促进卓越教学（excellent teaching），一个更好的选择可能是致力于显著地改进教师评价的方法。是时候采用一种新方法了，这种方法将创造有关“好教学”是什么的共同语言，帮助学校系统中的每个人学会这种语言，并提供一种帮助他们应用这种语言的明确方式。

虽然任务是艰巨的，但动机却是正确的。有迹象表明，过去 10 年里主导有关学校改革的公众讨论的标准化运动，正在让位于教师质量运动。在各个管理层级，教师质量政策亟待修正的共识正在达成。总统竞选中两个主要政党的候选人，都在着手处理教育工作者绩效工资问题。在美国国会山，一项由民主党提出的修订联邦政府《不让一个孩子掉队法》

的计划中，包括了将大部分联邦拨款投入到教师绩效评价的研究中去的建议。在首都华盛顿正在进行的当地学校高调的改革中，学校总监米歇
尔·瑞正在寻找将教师效能和报酬相结合的方法。在此方面，哥伦比亚 157
特区学校系统，将紧随丹佛市、明尼阿波利斯市和托莱多市等地学区——所有这些学区都已革新方法，以完善教师评价——的脚步。

既然对有效教学的支持是关乎学生学业成绩的学校改革的重要内容，那么，学区将直接观察课堂实践置于重要位置似乎是正确的举措。例如，在托莱多市，教师须经过多种方法的评价才有资格获得绩效奖金，这些方法包括同事互评、多达 6 节课的课堂观察、书面交流技能评价及基于标准的档案袋评价。还有一种混合的评价方法是教师进步计划（TAP），该方法正在全国 200 多所学校中实施。在许多实施教师进步计划的学校中，教师获得绩效工资，须综合考虑全校学生测验分数和训练有素的观察者对 5 节课的课堂评价。

这些绩效工资体系中所运用的观察，绝不是匆忙、潦草、混乱填写的清单——这是最为常见的教师评价方法，但通常不是真正的评价，而是零碎单调的细节，不受管理者和教师的喜爱、重视及信任。严格意义上的课堂评价不只是某个人的观点；而是严格进行的定性评价，要符合清晰和透明的研究标准。这种评价引导训练有素的观察者去寻找卓越教学的具体指标：推动学生批判性思考的有效提问；塑造积极有效的课堂环境的能力；吸引学生投入学习过程的参与式课程的运用。

这些都是超越教学情境的好的教学的指标——它们适用于任何年级、任何学科、任何学校。真正的教师绩效评价绝非一个“温馨但模糊”的教师评价方法，绝非游离于学生学业成绩的“真实”问题之外，而是聚焦于获得了全国性认可的优质教学的标准。哪里有优质的教学，哪里就有学生的学习。

进行直接的教师绩效评价这一观念并不新颖。它只是未被大范围地 158
实施，或是未被很好地实施。大多数公立学校系统所普遍采用的校长“驱动”评价，既便宜，又简单。与此相比，直接的绩效评估需要更多的资金和专业知识。但是，如果舍不得在前期为公平而有价值的教师评价花钱，那么我们将在日后为教师专业付出代价。有效教师从未得到他们应得的认可，并且比起不太有效的同事，他们的离职率更高。学校除

了解雇表现不佳的教师之外，没有办法让他们担负更多的责任；处于中层的教师，也很少收到能够激励他们的建设性反馈来完善教学技能。

如果舍不得在前期为公平而有价值的教师评价花钱，那么我们将在日后为教师专业付出代价。

在低风险、低质量的管理者评价中，明显的缺憾是将学生考试分数作为广为接受的评价手段。然而，人们尚不了解，用快速而模糊的考试分数代替同样快速而模糊的课堂观察，是否能更好地实现收集可靠数据的目标——这些数据将有助于所有相关人员确认和塑造卓越教学。运用学生的学业考试成绩来评价教师，其问题是考试不是专门为教师评价这个目的而设计的，因此考试不是一个灵敏的教师评价工具。

那些多年来深陷考试分数的教学领导者们已经发现，仅靠阅读和数学考试分数，无法得出他们对教师专业发展作出明智决策所需要的评价信息。为此，他们特别依赖于课堂上的所见所闻。为什么呢？当测验结果仅仅告诉学业成绩“是什么”的时候，直接地观察课堂教学却能告诉教师与管理者“为什么”和“怎么办”。真正的评价能告诉人们教学的哪一方面有效而哪一方面无效，这样就可以有目的地指导教师走向卓越。

159 尽管标准化测验的支持者宣称，标准化测验是收集可靠数据最实用的方法，但用标准化测验来测量教师效能却有着明显的逻辑障碍。最大的障碍是，任何学区中只有不到一半的教师教授那些需要参加考试的年级或学科。这就引发了一个问题：日益流行的“增值”（value added）方法对西班牙语教师、历史教师和学前教育教师有何影响。

更糟糕的是，将高风险的员工录用与儿童在一场考试中的学业表现联系起来，将为课堂埋下真正隐患。我们已经看到了全国范围的考试狂热所带来的意外且令人沮丧的效果：为了争取更多的时间准备考试，艺术、音乐甚至休息都被放弃了。通过增加风险来施加压力，只会增加消极的反弹。一个挣扎于及格线的孩子威胁着教师绩效工资的底线，一个高分孩子成为会下金蛋的鹅。学生们可能会通过集体地考砸考试，来报复一位不受欢迎的教师。随意捏造数字的行为肯定会有所增加。

如果我们真的想要优质的教学，我们难道不应该花点时间去探究它吗？

当国家和地方关于教师绩效工资的论争变得不可开交的时候，决策者反而应该支持那些认可及奖励教师为孩子创设丰富、严格和相关的学习经验的评价措施。简单地测验不能得出我们所需要的信息。如果我们真的想要优质的教学，我们难道不应该花点时间去探究它吗？

濒临危机的教学 160

长期加强教师留任和招聘工作

亚瑟·莱文和戴维·哈兹尔科恩的评论

2008 年 11 月 5 日

全部新教师中有将近一半的教师在 5 年内离开了他们的课堂，美国国内有 1/3 的教师正准备退休，一些教育和政治领导者们似乎相信，教育如果要解决其人力资源挑战，可以向军界学习：个人报名短期服役，在新兵训练营接受强化训练，然后被送上前线。

和这些武装部队（甚至是高等教育）一样，领导者们建议的答案是，通过增补小规模的永久性服役人员，同时增补大规模的短期性服役人员，可以提供充足的教师。

这种情况让我们想起了意第绪传说中聪明的海乌姆（Chelm）人。

海乌姆是东欧一个坐落在悬崖脚下不为人所知的犹太村落。天黑以后，迷路的旅客有时会跌落山崖，落到海乌姆村落中，伤得非常厉害。随着这种受伤情况的激增，村落中智慧的首领们聚集在一起，共同寻找问题的解决办法。他们反复考虑了三天三夜，然后郑重地宣布了他们的决定：他们将在悬崖脚下建立一所医院。

海乌姆村落里的智者并不是去防止旅行者受伤，而是选择为旅行者疗伤。他们将问题作为无解之题接受了下来。

围绕当前的人员缩减的形势来重建教学专业，与在悬崖脚下建一所医院非常相像——目光短浅并且最终事与愿违。相反，我们需要为教师提供扎实的培训以及有效的支持，以使他们能够继续留在教学岗位上。

161 多项研究表明，有经验的教师在提高学生学业成绩方面更为有效。例如，由学校教育计划（Education School Project）进行的研究发现，在由拥有 10 年教龄的教师任教的班级中，学生的数学和阅读成绩明显高于那些由教龄少于 5 年的教师所教的学生。经过 12 年的学校教育，两类学生在数学成绩上的差距接近一年，而在阅读方面的差距则超过了一年。

我们可以通过改善一些导致教师离开教学岗位的关键问题来帮助他们留任，这些问题包括：低工资、艰苦的工作条件、低社会地位以及教学培训的不足。

州和学区可以提高教师工资，因为相较于同等学位的一般大学毕业生来说教师的工资比较低，并且随着参加工作年数的增加这种工资上的差距会加大。州和学区还可以为那些条件艰苦学校和紧缺专业的教师提高工资。

学区可以通过任命有才干的校长和委派有志于将教学变成一种职业阶梯的学区领导，来改善教师的工作环境。只有在教师的整个职业生涯中赋予其不同的机会和责任以及持续的专业发展，教师才能沿此职业阶梯上升。

教师工会帮助教师的方式是将教师视为专业人员而不是技术工人。这需要教师联合会具备真正的勇气和领导力，以及来自社区、学校董事会和学区负责人的真心承诺，为教师提供真正的报偿。正如丹佛市重新批准的博达绩效工资计划（Procomp pay-for-performance plan）① 再一次证明的那样，作为对高工资、公正评价（包括同事互评）以及更有意义的专业发展的回报，教师将为提高学业成绩承担更多的责任。

在财政困难时期，这样的建议听上去代价昂贵。但是从长远来看，用于改善教师留任情况的投资将低于不断招聘新教师的成本。全国教学

① 博达绩效工资计划即前文提到的博达计划。——主译者

与美国未来委员会（NCTAF）估计，在我们最大的城市学校中，替换每位早退职的教师的成本大约在1.5万—2万美元。而为缺乏专家教师的 162
学生提供辅导的额外花费则超过了这个数额的两倍。

一组正在进行的研究表明，得到较好培训的教师在从教的头一年会更为有效，而更有效的教师则会在教学行业中待得更久。[参见“纽约教学之路”（New York Pathways to Teaching）项目的研究以及约翰 M. 克里格、埃里克 A. 哈努谢克、丹·戈德哈伯及金伯利·巴拉萨·莱昂斯的研究工作。]

除了实施良好的职前培训，2—3年的辅导和引导也必须成为标准。在此期间，新任教师将经历一个与医学实习和法律培训相同的、弧形的专业成长过程，在这一过程中，教师知识与技能的发展会得到密切的辅导和支持。

为了确保有更多有效的领导者来帮助教师改善工作，我们应该建立一个全国的校长资格认证委员会系统，类似于那种认定骨干教师成长的全国教学标准专业委员会（NBPTS）系统——那些骨干教师能证明他们的课堂教学是有效的。

要确保所有学生都有好的教师还有很长的路要走。州和学区也需要在教师招聘中更为积极，在教师培训中多加创新，这能为教学提供更加丰富的人才库。更高的工资和更好的支持，能使教学行业对那些新近毕业的高材生更有吸引力。

应该更加创新地、积极地招聘潜在的转行者到教学行业中来。在伍德罗·威尔逊全国奖学金基金会（Woodrow Wilson National Fellowship Foundation）的资助下，一项为我们的团队所做的彼得·哈特调查（Peter Hart survey）① 发现，40%接受过大学教育的、年龄在24—60岁的美国人——大约2000万成年人——在适当时机和理想报酬下，会考虑转行从事教学职业。比起其他人，这些潜在的教师更有可能获得研究生学位、参加选修课并且取得高于平均分的成绩。他们也更有可能长久地待在教 163

① 由民主党人、民意测验专家彼得·哈特（Peter Hart）于1971年创办的彼得·哈特研究协会（Peter Hart Research Associates），目前是全美领先的调查研究公司之一。参见：http://www.hartresearch.com/about. ——主译者

学领域，因为许多人想换一个与其以前工作相比有更高的个人回报、更能兼顾家庭责任的长期工作。

什么将吸引他们中的更多人转行做教师？研究表明，起薪在 5 万美元之内就可以——仅仅比许多学区目前的起薪高 1 万—1.5 万美元。当然，再加上精心设计的、高质量的培训和支持就更好了。

真正的挑战将是这些钱的支付问题。加利福尼亚州的前任教育秘书加里 K. 哈特，一直建议授权给州教育委员会来认定急需教师的领域，例如高中数学和科学、特殊教育或业绩不佳的学校。然后，州和参与的当地学区，各自为转行前具备其他行业的熟练技能并进入急需教师的领域的新教师提供 5000 美元的加薪。州和学区可通过撤销或减少非重点计划以及寻求愿意合作的公司和基金会的方式，来为这种补贴提供资金。

一些领导者建议了另一些可供选择的工资制度来为新教师提供更多的资金，并为那些已在课堂上证明其实力的教师更快地增加工资。这种方法，还有助于留住更多那些正处于组建家庭、偿还学生时期贷款、最有可能被其他职业吸引走的年龄段的教师留在教师行业。

关键是，我们需要（并且能够）开发出公正的、有吸引力的备择方案，来替代速成的教师培训、当前的工资级别制度以及喜新厌旧的做法[1]。我们必须这样做，以鼓励教师的忠诚和绩效，并且招聘一大批合格的教师。

重建教学专业，需要将重点放在教师能力建设和教师留任上。目前我们正处于人口变化的关节点：许多学区面临学生入学人数不断增加和由教师退休引起的教师数量短缺，州和学区必须考虑留任与聘用教师的新办法。
164 好教师从事教学专业的时间越长，学生成绩才会越好，学区才能节省资金。当我们充分打开吸引那些受过大学教育并可能从教的成年人进入教学行业的渠道时，我们才能解决教学最为关键的人员需求问题。对此，我们无需重复“在悬崖脚下建一所医院”之类的事情。我们承担不起错过或放弃这个问题的后果。

---

① 原文为“revolving-door approach”。企业管理中有“旋转门效应”（revelving-door effect）之说，指企业花很大力气招揽新客户，被冷落的老客户却悄然流失。——主译者

教学的“马歇尔计划”

《不让一个孩子掉队法》将会发生怎样的变化

改编自琳达·达林-哈蒙德的评论文章

2007 年 1 月 10 日

当前，如同柏林墙倒下之前的柏林一样，公众关于《不让一个孩子掉队法》的观点被分作两大阵营。但是，不管人们如何看待这一法案，在美国，很清楚的一点是，促进更娴熟的教学是确保取得更高、更公正的学生学业成绩的必要条件。如果没有那些教学技能高超的教师来向众多学生教授更富挑战性的内容，那么不同种族、语言和社会经济背景的儿童，绝不可能达到法案所设定的高学业标准。基于这一原因，《不让一个孩子掉队法》最重要的方面之一，就是要求让每一位儿童都有“高质量”的教师。

研究显示，专家型教师是最重要的——而且是被最不公平地分配的——学校资源。然而，在美国，学校为 100 多万名最有需要的学生所提供的是一批缺乏良好培训且经验不足的教师，他们对有效教学知之甚少，更别说对英语语言学习者和残障学生的了解了。这些教师中的许多人几乎没有经过培训就进入课堂，之后很快地离开，在其身后制造了更大的不稳定。同时，富裕学生的教师通常比他们的前任受过更好的培训， 165
因此进一步拉大了学业成绩的差距。

那些未接受充分培训的教师的不断离职导致了恶性循环：学生总是跟随缺乏经验的、效能低下的教师学习。这会使学生学业成绩下降，浪费国家数十亿美元的资源。估计每一位离职的新教师平均消耗的成本为 1.5 万—2 万美元，这些钱如果花在改善教师效能和增加留任教师的培训与辅导上，将更有建设性。

研究显示，专家教师是最重要的——而且是被最不公平地分配的——学校资源。

这不是一个明智的政策。当我们大部分人无法受到良好教育的时候——特别是那些正在快速成为我们公立学校主体的有色人种和新移民学生，那种我们能保持世界顶级经济水平的想法是无以为继的。主要原因在于教育投资不足，美国在学生学业成绩上的排名继续落后于其他工业化国家和地区。例如，2003 年数学排名在 40 个国家和地区中位列第 28 位，刚好排在拉脱维亚之后。与此同时，诸如快速占据国际排名首位的芬兰之类的领先国家，将其教育的成功归因于对教师教育的大规模投资。

现在，我们的竞争对手大都是高学业成就国家，它们都提供了高质量的、研究生水平的教师教育，以保证教师能有效地教育所有的学生。教师的职前培训通常是为所有的参与者提供全额资助，并且包括在大学附属学校的一年教学实践。学校获得资金，用以提供辅导、研讨会、课堂参观以及帮助新老教师合作。与其他职业相比，这一行业的工资具有竞争性，包括为工作条件艰苦地区的教师提供的额外补贴。

166 如果我们切实落实《不让一个孩子掉队法》，那么我们需要做的要比法案所要求的多得多，以确保所有学生都有高质量的教师。有效的行动可以模仿医学中的实践。自 1944 年以来，联邦政府一直资助医疗培训以缓解人员短缺问题，并在急需地区建设教学医院，制订培训计划——这一措施对美国举世闻名的医疗训练和护理系统贡献巨大。

明智的、目标明确的激励，能确保所有学生获得真正高质量的教师。一项有关教师质量和供应的积极的国家政策——类似于“二战”后的“马歇尔计划”——只需不到迄今为止伊拉克战争花费的 3000 多亿美元的 1% 就可以完成，并且用不了几年时间就可以在所有社区建立起一个世界级的师资队伍。

第一，联邦政府应该设立服务奖学金，覆盖为年轻人和转行者提供本科与研究生阶段的高质量培训所需的花费，他们将在那些急需领域或地区至少从教 4 年。（3 年之后，教师更有可能留在教师职业中，并对学生学业成绩产生影响。）因为接受过完整培训的教师留在教学行业中的可能性，是那些几乎没有经历培训的教师的两倍，所以如果学区能聘请到经过良好培训的教师，教师短缺现象将会迅速减少。实际上，如果每人4000美元的服务奖学金能提高到2.5万美元，那么当前所有由代课教师来填补的空缺，都将能由经过良好培训的教师来填补。（价格标签：每年10亿美元）

第二，招聘的激励性条件，对于在高需求学校中吸引和留任专家型教师与有经验的教师是必需的。联邦政府的配套补助，能利用额外的补贴让有经验的教师承担起额外的责任，例如辅导或指导。如果由州或当地来提供配套补助，5万名教师每人每年补贴1万美元——基于教师专业认证系统，诸如全国教学标准专业委员会认证、基于标准的评价以及 167
仔细地收集促进学生学习的证据——将能吸引10万名经验丰富的教师去贫困学校做辅导员或熟练教师。一项附加的3亿美元配套基金，可用于这些学校的教学条件改善，包括较小的在校学生规模、丰富的资源、充足的教师计划及专业发展的时间——所有这些都将使教师愿意留在学校。（价格标签：每年8亿美元）

第三，如同在医学领域一样，教学的“马歇尔计划”应该支持改进的教师培训。激励性拨款（每年3亿美元），应提升所有教师在教学素养与技能、基于标准的内容、面向特殊学生及英语语言学习者的教学等方面的培训。每年额外的2亿美元，将用于在高需求社区拓展最先进的教师教育计划，这些社区在“教学学校”和大学之间建立起合作伙伴关系。正如在医学院的附属医院一样，这些教学学校的师范生一边在最先进的课堂中获得亲身实践经验，一边研究教学和学习。发起（教师）专业发展学校的大学与提供教师实习场所的学区，共同创造了有效的（教师专业发展）模式，在这些实习场所，师范生与专家型教师共同完成任务。这些计划创造了一个使教师准备好致力于最佳实践的渠道，同时还为城市教学创办了示范点。如果资助200项计划，平均每一项计划培养150人，每个计划每年约需100万美元，那么每年将为高需求的社区提供3万名经过良好培训的新教师。（价格标签：每年5亿美元）

第四，为所有新手教师提供辅导，将缓解人员缩减问题并提高教师能力。由于1/3的新任教师将在5年内离开课堂，以及那些没有经过良好培训的教师占有较高比率，招聘教师的努力就如同向一只漏水的桶里注水，收效甚微。通过对州和学区入职项目的投资，我们能确保国内每位新教师都能获得辅导和支持。以加利福尼亚州成功的“初任教师支持与评估”（Beginning Teacher Support and Assessment）计划的资助模式为
168 基础，一项涉及12.5万名新任教师、每人4000美元的联邦拨款，辅以州或者当地政府的配套资金，能确保每一位新手教师都有一位经过训练的导师来辅导。（价格标签：每年5亿美元）

最后，如果由一个高质量的、测量实际教学技能的教师绩效评价体系来引导，教师的培训和辅导工作将能得以加强。当前教师资格认证和联邦政府问责制所使用的测试都是典型的纸笔测验，这种测验只针对基本技能和学科知识，几乎不能有效地证明教师的实践能力。在许多州，如康涅狄格州和加利福尼亚州，对新教师的绩效评价，已经成为改进教师的职业准备和辅导水平的有力保障以及判定教师能力的重要手段。联邦政府对开发一个全国范围内有效的、用于教师资格认证的绩效评价系统的支持，将不仅为问责和改进提供一个有效的工具，而且有助于教师更容易地从师资过剩的州转移到师资短缺的州。（价格标签：每年1亿美元）

从长远来看，这些建议能节省下来的花费远远大于它们的支出。节省的钱将包括现在每年浪费的20多亿美元，这部分钱主要是由教师的高替换率，加上更高的学生留级率、暑期学校、补习计划、损失的工资、辍学者的犯罪判刑等原因所造成的花费（另有500亿美元的花费是由于越来越多的文盲和质量不佳的学校）。教学的“马歇尔计划”能确保美国在几年时间内，将高质量的教师安排到最需要他们的学校中，并且给所有学生一个真正学习的机会。

第8章　改进入学制度，让每个人上得起大学[①] 169

“每位美国公民都有权利追求自己的梦想。但是，我们也有责任确保我们的孩子能够超越我们，走得更远、更高。”

巴拉克·奥巴马

艾奥瓦州，贝滕多夫市，2007年11月7日

议　　题

为了能够在21世纪经济中获得成功，美国的劳动力必须比我们的竞争对手更富有创造力和生产力。为了迎接挑战，让每一位美国人获得就读大学的机会，负担得起大学学费，并在大学中取得成功，变得至关重要。随着学费的攀升和大学资助体系的滞后，许多学生和家长已无力支付大学学费。

这种态势不仅危及美国在全球经济中的竞争力，也影响我们保持和改善美国国内经济发展的能力。奥巴马和拜登确信，让每个美国人都可以上、都上得起大学，可以扭转这一态势。

---

① “Chicago Dixtrict Focusing on Pathways to College,” by Christina Samuels, as first appeared in *Education Week*, June 11, 2008. Reprinted with permission from Editorial Projects in Education.

“College-Cost ‘Emergency’ Said to Jeopardize Access,” by Scott J. Cech, as first appeared in *Education Week*, December 3, 2008. Reprinted with permission from Editorial Projects in Education.

“Panel Proposes Major Overhaul of College-Aid System,” by Scott J. Cech, as first appeared in *Education Week*, September 24, 2008. Reprinted with permission from Editorial Projects in Education.

“What does ‘Ready’ Mean?” By Lynn Olson, as first appeared in *Education Week*, June 12, 2008. Reprinted with permission from Editorial Projects in Education.

奥巴马的蓝图

奥巴马和拜登的教育蓝图包括如下主张：

- **支持大学拓展计划**（College Outreach Programs）：支持诸如快速成长（GEAR UP）计划①、三重奏（TRIO）计划②和向上跃进（Upward Bound）计划③等拓展计划，鼓励更多来自低收入家庭的年轻人上大学，并为此作好准备。
- **支持大学学分革新计划**（College Credit Initiatives）：奥巴马和拜登将设立一个全国性的“让大学成为现实”（Make College a Reality）计划。该计划的远大目标是，到 2016 年，全国修读大学先修课程（AP）④ 或相当于大学水平课程的学生人数增加 50%。该计划建立在奥巴马在参议院提出的两党共同提案基础上，为那些想要获得大学学分，但其所在学校又不能为其提供这些资源的学生提供资助，帮助他们在社区学院修读大学学分。

---

① 快速成长计划是及早具备大学升学意识与准备计划（Gaining Early Awareness and Readiness for Undergraduates Programs）的简称，是美国联邦教育部为改善全国教育质量、激发学生升学愿望、改善学生发展状态、提高大学升学率、促进教育机会均等而设立的教育创新计划。该计划于 1998 年 1 月 27 日经美国国会第 105 次会议通过，由克林顿总统公布实施。该计划由联邦拨款资助，通过州组织和伙伴组织两类组织形式，集中对 7—12 年级的低收入家庭学生提供资金、信息和学业等方面的支持。参见：http：//www. ed. gov/gearup. ——主译者

② 三重奏计划是美国国会为实现向所有美国人——不论种族、民族背景或经济情况——提供教育机会的承诺，根据 1965 年《高等教育法案》和《1998 年高等教育修正案》成立的旨在帮助低收入美国人上大学、攻读研究生以至全面参与美国经济与社会生活的计划。该计划包括“向上跳跃”、“天才搜索”等七类项目，它通过提供从中学到大学的财政资助、学业信息咨询、贫困家庭学业优秀学生的选拔、大学与中学的联系等综合性服务，来增加社会处境不利学生的中等后教育机会。作为一个财务援助项目，三重奏计划在帮助学生克服接受高等教育的经济障碍的同时，也帮助学生克服接受高等教育的阶级、社会与文化障碍。参见：http：//www. ed. gov/about/offices/list/ope/trio/index. html. ——主译者

③ 向上跃进计划旨在帮助处境困难而天资聪颖的学生完成学业并继续上大学深造。参见：http：//www. ed. gov/programs/trioupbound. ——主译者

④ AP，即 Advanced Placement Courses，为美国高中开设的大学先修课程。——主译者

- **建立美国机会税收抵免制度**：奥巴马和拜登将通过建立一个全新的美国机会税收抵免制度（American Opportunity Tax Credit），使所有美国人都能负担得起上大学的费用。这一制度覆盖范围广，对大多数美国人来说，可全额抵免的制度能够保证大学教育中的最初4000美元费用均可免单，而且还能覆盖普通公立学院或大学学费的2/3，同时也能使在社区学院修读的大多数学生完全免费上学。税收抵免的受益者要完成100小时的社区服务。
- **简化资助申请程序**：取消现行联邦学生资助申请表以简化资助申请过程，需要申请的家庭只要在自己的税收报表上打钩，允许使用自己的纳税信息就可以了，无须另行申请。

171

视　点

- 学区关注升学之路
- 大学成本的“危急时刻”殃及升学
- 专家组倡议全面检讨大学资助体系
- “准备就绪”意味着什么

学区关注升学之路

克里斯蒂娜 A. 塞缪尔斯

2008 年 6 月 11 日

许多中学生都制定了毕业后上大学读书的计划，但是许多人的计划往往不切实际。

有些学生是因为不具备申请大学所要求的学术基础。还有些人则是受阻于复杂的财政资助申请，或无力完成一篇入学作文，抑或仅选择了一所学校而导致申请落空。

通过已成立 5 年的中学后教育与学生发展处（department of postsecondary education and student development）①（以下简称“中学后教育处”），芝加哥学区的 40.9 万名学生采取各种各样的办法，尽可能地排除求学道路上会遇到的各种障碍以进入高校学习。

① 芝加哥公立教育局（Chicago Public Schools）下设的专事高中学生升学与就业指导的部门。参见：http://www.postsecondary.cps.k12.il.us. ——主译者

他们的去处

目前，许多州和学区都提出了构建从高中到大学无缝对接的思路，而芝加哥学区则被公认为走在了这项工作的前列。

教育资源研究所（Education Resources Institute Inc.）是一家位于波 172
士顿的非营利机构，旨在为学生提供贷款担保，也是大学之路网络（Pathways to College Network）① 的直接合作伙伴。大学之路网络是一个旨在提高学生的大学入学机会，并帮助他们获得成功的教育团体。该研究所大学入学项目资深顾问安 S. 科尔思指出："没有其他任何人在做芝加哥学区正在开展的这项工作。"

学区首席执行官阿恩·邓肯也认为，芝加哥学区所作的努力是雄心勃勃的。他说："仅仅让学生从中学毕业显然不是我们的目标，我们正在努力改变人们的期望文化（culture of expectations）。"

自从设立中学后教育处以来，芝加哥学区的大学升学率已从 2004 年的 43.5% 逐渐上升到 2007 年的 50%。

精确的数字

通过对从地方性机构和全国学生信息中心（National Student Clearinghouse）这样的全国性机构获取的数据进行分析，中学后教育处首先对学生毕业后的去向有了一个清晰的认识。在教育工作者拿出此类具有说服性的数据之前，中学后教育处主任主管格雷格里 M. 达尼德尔认为，学区官员对大学入学率的估计过于乐观。

他说："他们的估计要比实际情况高出 20—30 个百分点。"

中学后教育处在中学推行了中学后教育指导计划，与学生和指导顾问一起，就如何作好升大学的准备开展工作。每位指导教师都要向中学后教育专家汇报自己的工作，这些专家通常与许多中学进行合作。

---

① 大学之路网络是一家旨在激发升学准备不足学生的公共意识，支持创新性研究，从而增加升学机会的全国性联盟，在加强中学与大学联系方面发挥了重要作用。它接受华盛顿的非营利组织高等教育政策研究所（Institute for Higher Education Policy，IHEP）的指导。参见：http：//www.pathwaystocollege.net.——主译者

为确保那些已准备读大学的学生不会因经济困难之类的原因而无法升学，中学后教育处同伊利诺伊州学生资助委员会合作，跟踪学生填写联邦学生资助申请表（Free Application for Federal Student Aid，FAFSA）的相关情况[①]。大多数高校都是通过联邦学生资助申请表来了解学生的
173 经济状况，并据此设计财政资助一揽子计划。如果学生未能填写表格或表格填写有误，就有可能导致其上大学的计划落空。

学区还改进了一些大学准备方面的传统做法。在本学年，学区第一次组织了一次春假大学游活动，吸引了 500 名学生参加。中学后教育处还首次为当地小学、初中和高中的学生开展了一项名为“通过个人努力取得进步”（Advancement Via Individual Determination，AVID）的大学准备计划，为学生提供学术支持和大学学习指导。

达尼德尔先生说：“所有这些努力，都是在创造一种学校文化，即上大学是一个可以实现的目标。”

数据跟踪

学区的工作得到了位于芝加哥大学内的芝加哥学校研究联合会（Consortium on Chicago School Research）的支持。协会的中学后转型项目主管珍妮 K. 纳高卡说，她的团队和学区正在对同样的数据进行分析。协会的职责是，帮助学区从成堆的数据中梳理出哪些数据导致了学生在上大学方面的重大差异。

纳高卡说：“否则，那只能是些无意义的信息。”

对联邦学生资助申请表（FAFSA）的分析便是其中之一。3 月份，协会发表了一份题为“从中学走向未来：不平坦的大学之路”（From High School to the Future：Potholes on the Way to College）的报告。包括纳高卡女士在内的研究人员对芝加哥中学的 105 名学生进行了访谈，发现尽管有 72% 的学生渴望进入四年制大学学习，但对一些学生特别是拉美裔学生来说，财政资助申请是最大的障碍。

纳高卡女士指出，另外的障碍来自学生只申请了一所大学。现在，学区已鼓励学生同时申请多所大学。

---

① 参见：http：//www.chooseyourfuture.org/ohsp/pay-for-college. ——主译者

她说，他们已在2006年将这一研究成果提供给了学区，以便留出时间着手解决出现的问题。

哈伯德中学（Hubbard High School）是芝加哥学区的一所拥有2000 174
名学生的中学。该校中学后教育指导教师（coach）弗朗西斯科 J. 里奥斯认为，学校曾一度倾向于对少部分想读大学的学生投入大量的关注。他指出，这使那些成绩不太突出的学生感到上大学对自己来说是不太现实的选择。

里奥斯先生说："当我刚开始在哈伯德中学工作时，并没有太多的学生真正想和我讨论上大学的事。另一些孩子会想，我是中等生，为什么要去考虑上大学的事呢?"

他说，随着时间的推移，这种观念已发生变化。现在他的重要工作之一便是与家长沟通，这些家长有时并不知道有哪些资助适合他们的孩子。一旦家长们了解了奖学金和其他资助，他们就会觉得上大学是可行的。

位于丹佛的科罗拉多州教育委员会中学后教育和劳动力发展研究所的负责人布鲁斯·范德尔认为，芝加哥学区运用数据来指导中学工作的尝试是值得关注的。整合所有的数据系统，使学区可以跟踪每个学生从学前到大学的全程情况，这是当前的一个"热门话题"。

但是，这些工作比较复杂，也比较费时，而且还存在一个学校应如何利用其所拥有的信息的问题。范德尔先生说："学校如何运用这些数据在中学中进行所需要的改革，是一个大问题。"

中学后教育专家、同时监督和协调22所学校的指导教师埃里克 Z. 威廉斯认为，将每所学校的指导教师的工作与指导顾问（guidance counselor）的工作进行合并，是一个重要的挑战。一些原来由指导教师来完成的工作，已经由指导顾问来承担。

"我们正在这样分类，"他说，"毫无疑问，在为学生和学校服务的过程中，我们将指导教师视为不可或缺、彼此平等的合作伙伴。"

在官员们看来，设立这个部门是相当成功的。上个月早些时候，芝加哥市长理查德 M. 达利对2007年的大学入学率表示满意。市长说："在
我们这个城市中，所有中学谈论的话题已从'怎样才能挨到毕业那一 175
天'，变成了'哪儿是我继续深造的最佳场所'。"

大学成本的“危急时刻”殃及升学

斯科特 J. 切赫

2008 年 12 月 3 日

两年一度的中学后教育报告今天发布。报告开篇即警告说，由于受学费上涨和收入减少的双重打击，越来越多的美国学生正与大学擦肩而过。

全国公共政策与高等教育中心（National Center for Public Policy and Higher Education）负责人帕特里克 M. 卡伦，在这家位于华盛顿的非营利组织针对高等教育发展状态的第五份综合报告中，将大学学费的快速上涨与全球气候变暖进行了类比，认为目前美国高等教育的学费水平处在一个“危急时刻”，并呼吁社会采取新的措施加以应对。

卡伦援引报告中的数据指出，从 20 世纪 80 年代早期到 2006 年，大学学费暴涨了 439%，几乎是同时期医疗费用涨幅（251%）的两倍。他同时提醒人们，来自中高收入家庭的大学生比来自低收入家庭的学生获得了更多的资助。

卡伦指出，这一状况导致上大学的人口比例下降。他在这一报告发布之前与报告执笔人进行了电话会议，他在会议上说：“如果我们现在不马上采取行动，我们看到的将是大学生绝对数量的下降。当冰盖开始融化时，再去修复则为时已晚。”

176 失败的负担能力检验

在题为“2008 年评估”（Measuring Up 2008）的报告中，除加利福尼亚州获得了 C 级以外，每一个州的大学学费项目都被评为 F 级。加州得到 C，最主要的原因是其社区学院收费低廉。

卡伦认为，学费问题因联邦助学金项目跟不上需求而更趋恶化，他将高等教育资助体系称为“政治皮球”。

“总体来看，学费并非由州政府政策驱动。”他说。在经济形势较好、学生有能力支付更多一点学费时，学费基本上保持在比较稳定的水平或略有上涨。“当经济形势变坏的时候，我们就把球踢给了学生。”之所以出现这种循环，部分原因在于当经济处于衰退阶段时，州政府通常会削减高等教育预算。

卡伦提出了一项“新社会合同”（new social contract）计划，即让家有 6 岁儿童的家长准确计算他们需要存多少钱，以支付 12 年后孩子上大学时的费用。他同时建议取消重复的毕业水平考试，引导大学教师更多地关注大学生教育。

位于华盛顿的全美私立大学和学院联合会（National Association of Independent Colleges and Universities），是一个拥有 900 多个会员单位的组织，其发言人托尼·帕尔斯说，其成员单位正想方设法让学生负担得起高等教育学费。

他在一份电子邮件中说：“值此信用紧缩和经济混乱的时刻，要兑现让不同背景学生都获得教育机会的承诺，各方面的共同努力至关重要。”

帕尔斯指出：“私立大学的校长和院长们已经承诺，在学校财政框架允许范围内将尽力提高学生的支付能力。在过去的 10 年间，私立大学对学生的资助增加了 250%，而公立学校仅增加了 72%。”

排除通货膨胀因素后，近 5 年来的私立大学学费增长处于 1982 年以 177
来的最低水平。

中小学学业准备

与学费方面相比，各州在中小学学业准备方面获得了较好的评定等级。学业准备主要包括中学毕业率、严格开设数学和科学课程、学生的熟练程度、师资水平等内容。在 2008 年的评级报告中，科罗拉多、康涅狄格、马里兰、马萨诸塞、新泽西和佛蒙特 6 个州获得了 A，其他大多数州获得了 B 和 C，仅有 5 个州获得了 D，没有州获得 F。而在 2006 年，路易斯安那州和新墨西哥州被评定为 F。

加利福尼亚州圣约瑟中心副主任、州报告主要作者琼尼 E. 芬尼指出，中小学阶段较好的学业准备与大学入学率并不对应。

“在改进了前期学业准备工作后，我们并没有看到应该看到的入学率。”芬尼同时担任宾夕法尼亚大学研究生院教育学教授。

卡伦先生将这部分差距归咎于无力承担的学费负担。

他说："许多人上大学的意愿十分微弱。"这些人包括那些在家里第一个上大学的成年人，他们需要在因花一定费用接受高等教育而获得的未来机会与参加工作之间寻求平衡。

卡伦先生指出，如果大学削减班级，不管学生们的学业准备如何充分，"它们（大学）都会毫不犹豫地按预算办事"。

178 专家组倡议全面检讨大学资助体系

斯科特 J. 切赫

2008 年 9 月 24 日

由纽约市大学理事会召集的一个高级别的全国专家会议，在上周发布了一揽子改革建议，旨在对联邦政府提供给美国学生的每年约 860 亿美元的大学资助体系，进行重大改革和调整。

专家组的建议之一是，学生贷款的偿还取决于其大学毕业后的经济状况，而还款数额的增长将取决于学生毕业后收入的增长。

如果专家组的意见被采纳，取而代之的将是由国税局（Internal Revenue Service）直接提供相关信息，那么联邦学生资助申请将不再需要了。联邦佩尔助学金（Pell Grant）[①] 资助的最高额度，将直接与消费者价格指数（CPI）挂钩；联邦斯坦福学生贷款（Stafford loan）[②] 的额度，将与

---

① 联邦佩尔助学金是美国目前最大的助学金项目，目标人群是尚未获得第一个学位的、来自低收入家庭的本科生，接受师范教育的研究生也有可能获得资助。1999—2000 年，美国有 381 万名本科生获得该助学金，人均金额为 1923 美元。佩尔助学金由美国教育部直接发放给受助学生。——主译者

② 美国联邦斯坦福学生贷款分为"享有联邦贴息的"和"没有联邦贴息的"两种。前者由政府支付在校期间的利息，面向有经济困难的学生；后者则面向全体学生，学生支付所有利息，但允许将在校期间的利息转化为本金，把还贷推迟到毕业后。学生可以同时获得这两种贷款。根据不同情况，联邦斯坦福学生贷款有各种不同的利率，但均不高于 8.25% 。根据发放机构的不同，联邦斯坦福学生贷款又可分为"联邦家庭教育贷款"和"联邦直接学生贷款"两种。前者是由私营借贷机构提供贷款，政府负责担保；后者即直接贷款，由政府提供基金，教育部直接负责发放。——主译者

联邦贫困水平的通胀敏感指数挂钩。

学生资助反思（Rethinking Student Aid）研究小组[①]共同主席、位于芝加哥的斯宾塞基金会（Spencer Foundation）主席迈克尔 S. 麦克弗森指出："我们需要的是手续简单明了的学生资助体系，能够将钱直接发到真正需要资助的学生手上。"斯宾塞基金会资助该研究小组的有关工作。

替代性补助

由专家和基金会官员组成的专家组，引用了位于华盛顿的城市－布鲁金斯税收政策中心（Urban-Brooking Tax Policy Center）的一项成本估算成果，该研究的建议之一——以根据经济状况来调整的大学后偿还贷款，取代学生就读时由联邦补贴的斯坦福贷款利息——每年可以节省 80 亿美元。

这一建议还包括了一项针对低收入家庭的联邦储蓄计划。在该计划 179
中，政府需要根据儿童的家庭经济状况，计算该儿童在读大学时能获得多少佩尔助学金，并定期向这些家庭寄送目前为该儿童预留资金的报表。

仿照社会保障（Social Security）[②]体系，在儿童年满 18 岁前资金实际上并没有真正转入这些账户。这些账户代表了联邦政府支付规定数目费用的财政承诺，并计免税利息，只有在支付儿童上大学的费用时才可以使用。

麦克弗森指出："我们必须确保提早获悉中低收入家庭能够支付上大学的费用，我们要使资助不仅简便易行，而且更加可以预知。"

---

① 参见：http：//professionals. collegeboard. com/policy-advocacy/affordability/student-aid. ——主译者

② 社会保障是美国于 1930 年成立的为有障碍人士及年老者筹集资金的基金系统。雇主和雇员被征收社会安全税并捐助给该基金。在美国，每个人都有唯一的社会保障号，一旦拥有将终身不变。这是为了保证该基金能够持久建立，以及该号码的拥有人能够受益于该系统。社会保障卡是非常重要的证件，不单代表持卡人到了年老的时候能够从社保基金中受益，还意味着雇主、银行、学校等都将要求持卡人在履行相关手续时以社会保障卡为正式证件。美国共有三种类型的社会保障卡，各种类型的卡都显示持卡人的姓名与社会保障号。第一种卡面向美国公民和经美国国土安全局（Department of Homeland Security，DHS）许可工作的人士（例如绿卡持有人）发行，上面显示持卡人全名与社会保障号，没有任何约束条文。第二种卡面向法律上拥有 DHS 认证，被允许在美国境内临时工作的人士发行。第三种卡的发行对象是其他国家居民，这类人士经法律允许，虽没有 DHS 的认证却有可接受的非工作原因而需要一个社会保障号，以获得一定服务和利益（不允许工作和雇用）。参见：http：//www. ssa. gov. ——主译者

专家组成员认为，这一建议的成本将取决于政策制定者如何实施这一计划。

例如，给政策制定者的建议之一是，依据学生 12 岁时的经济状况来确定适当的储备量。专家组推断，根据这一方案，每年储备量约为佩尔助学金的 10% 将是合适的。在保持目前大学入学水平的情况下，每年需要 28 亿美元，这会使 120 万名儿童受益。

弗吉尼亚州亚历山德里市大学入学咨询全国联合会（National Association for College Admission Counseling）的公共政策与研究部负责人戴维·霍金斯指出，过去这样的建议毫无进展，但这一次也许会恰逢其时。

前景未卜

“据估计，由于佩尔助学金项目的缺口为 60 亿美元，学生贷款市场也同抵押信贷市场一样，受到了过度借贷策略的影响，同时经济形势正跌向谷底，政策制定者感兴趣的可能是确保联邦资助项目能够富有成效
180 地为学生提供上大学的机会，而又不至于承担难以承受的债务。”霍金斯先生说。

位于加州伯克利的大学入学与成功研究所（Institute for College Access and Success）主任罗伯特 M. 谢尔曼，在一封电子邮件中指出，这类授权通常会引来不切实际的期望和含混不清的建议。相比之下，他们的团队提出了一个更为实际且条理清晰的方法。这一方法非常具体，政策制定者可以按部就班地付诸实践。

众议院教育与劳工委员会主席、共和党议员代表乔治·米勒和代表少数族裔的共和党议员霍华德 P.“布克”·麦肯都表示，众议院议员们欢迎大家所作的努力，并将研究所提的建议。

教育部发言人萨马拉·尤多尔夫表示，教育部长玛格丽特·斯佩林斯赞赏专家组所做的工作，将进一步简化财政资助体系。

“准备就绪”意味着什么

林恩·奥尔森

2007 年 6 月 12 日

高中毕业典礼结束后，接下来政府要做的工作就是确保这些毕业生已经为高中后的生活作好了准备。

有 11 个州的报告已对“升学准备”有了明确的释义，超过 14 个州正在进行此项工作。有 21 个州的报告对于“就业准备”已有了明确的界定，还有 10 多个州正在解决这一问题。

尽管各州都在着手进行此项工作，但在准确理解什么是“升学准备”或“就业准备”上仍存在诸多困惑。美国民众是期望所有学生都
同时作好升学准备与就业准备，还是两者择其一？如果他们希望所有 181
的学生同时作好两手准备，是否意味着每一个青少年在高中阶段必须作好一模一样的准备？

> 美国民众是期望所有学生都同时作好升学准备与就业准备，还是两者择其一？

有些事情是比较明确的，正如美国教育编辑计划（EPE）研究中心的一份刊物分析所言，能够上大学至少能为你在谋求一份体面的工作、获得一份满意的薪水时增添不少把握。年轻人如果没有高中文凭，想谋求任何一份工作都非常困难。

在有关升学准备与就业准备的讨论中，天平总是明显地倾斜到升学准备一边。而基于即使是大学毕业最终也要到劳动力市场谋求出路的考虑，这一期《文凭统计》（*Diplomas Count*）更为关注“什么是就业准备”。

尽管完善地界定什么是升学准备与就业准备，需要高等教育界和商

界的正式参与，总的来说，对各州完成中小学教育的学生而言，与中学同学打交道比与雇主打交道要容易得多。其中部分原因在于，绝大多数州的商界都缺少类似大学董事会这样的机构。此外，各地的行业类型多样，规模不一，高中毕业生很难为特定的劳动力市场作好相应的准备。

位于华盛顿的非营利组织“成功公司”，致力于解决升学准备与就业准备方面的问题。该公司主席米歇尔·科恩认为：“问题并不在于要弄清楚一个学生毕业时需要知道什么，以适应其高中毕业后获得的第一份工作，事实上有大量的岗位并不要求太高的技术，也不需要学校为学生提供此类准备，关键问题是它们并未给学生打开机会之门。”

相反，他认为，各州政府更应该关注高技术、高薪酬工作不断增加
182 的领域。这些岗位并非要求求职者必须具备四年的大学教育经历，但确实要求他们具备高中以外的一些教育和训练。

为了帮助各州更好地了解职业市场的规模，EPE 研究中心作了一项分析，以考察各州职业分布情况以及教育背景与薪酬水平的对应关系。

年轻人如果没有高中文凭，想谋求任何一份工作都非常困难。

分析报告所用的数据来自职业信息网（Occupational Information Network，O*NET），这一数据库由美国劳工部开发。O*NET 根据特定的教育、训练和经验要求等工作者属性，将职业划分为五种类型①。借助美国人口调查局开发的另一个全国性数据库——美国社区调查（American Community Survey），EPE 研究中心能够测算出每个州不同工作领域中的从业者比例、他们收入的中位数水平以及平均受教育程度。

这份调研结论强调，年轻人在这个国家要拿到一份说得过去的薪水，

① 五种职业类型分别为：第一类职业，需要少许准备或无须准备的职业（little or no preparation needed），包括行李员等 56 种职业；第二类职业，需要部分准备的职业（some preparation needed），包括巴士司机、录入员等 257 种职业；第三类职业，需要中等准备的职业（medium preparation needed），包括餐饮服务经理、计算机程序员等 243 种职业；第四类职业，需要相当准备的职业（considerable preparation needed），包括农业工程师、销售经理、计算机安全专家等 158 种职业；第五类职业，需要广泛准备的职业（extensive preparation needed），包括生物学家、营养学家、教师等 119 种职业。参见：http://online.onetcenter.org. ——主译者

至少需要完成一定程度的大学学习。以第三类职业为例，该领域全国年收入的中位数是 35672 美元，其 37% 的从业者具有大学教育经历，另有 26% 的从业者具有学士学位。而第四类职业年收入的中位数是 50552 美元，其 68% 的从业者具有学士学位，21% 的从业者具有大学教育经历。在第三类职业及更高类别职业的就业者中，只拥有高中文凭者不足 10%。

在职业领域分类的最底端，具有高中文凭或低于这一文凭的从业者比较集中，其年收入的中位数仅为 12638 美元。

尽管上述分析已证实受教育程度与收入之间存在着密切的关系，但这仅是开端。这一分析仅仅描述了事情在一个时间点上的情况。它还不
能根据某人 18 岁时州职业市场的情况，来判断其 40 多岁时的职业市场 183
状况，也很难详细地回答正在困扰着各州的共同问题：如何组合学术性和非学术性的技能培训，从而为青年人提供最完善的准备以把握劳动力市场中的机会。

学术差距

毫无疑问，雇主们希望员工具备比目前许多高中毕业生所掌握的更多的学术技能。

2006 年春，位于纽约市的世界大型企业联合会（Conference Board）① 对 430 多位人力资源主管的调查表明：72% 的人认为新聘用的员工在基础英文写作技能，如语法和拼写方面存在缺陷；81% 的人认为员工在书面沟通方面，如写备忘录、信件以及复杂的技术报告上存在缺陷。

在 2005 年对全国制造业协会（National Association of Manufacturers）进行的一项调查中，84% 的受访者认为学校没有为学生就业提供良好的准备，超过一半的受访者认为员工在数学和科学科目上存在不足，而

① 世界大型企业联合会创立于 1916 年，是一个全球性的企业会员组织及研究机构，因定期发布美国消费者信心指数及美国和其他 8 个国家的先行经济指数而享有盛名。该组织的 2000 多个企业会员分别来自全球 55 个国家和地区，其中包括全球 500 强企业中的过半数企业。世界大型企业联合会是企业与经济研究、客观经济指标、分析与预测的资源中心。该组织所发布的经济研究报告为全球投资者所关注，并对市场产生一定的影响。参见：http：//www. conference-board. org. ——主译者

38%的受访者认为员工在阅读和理解上存在问题。

科罗拉多未来基金会（Fund for Colorado's Future）是一个非营利组织，该组织向一个由政府指定的委员会提供人力支持，以帮助解决高中标准如何与升学或就业相衔接的问题。令该基金会教育政策项目负责人丹尼尔·弗曼记忆犹新的是丹佛管道工协会的例子。

他说自己审阅了100多份求职申请表，但这些申请人的数学和科学知识非常薄弱。有人也许会认为，对一个管道工来说可能不需要良好的数学和科学知识，但事实上这是必需的。

经由“成功公司”协调，通过美国文凭项目网络（American Diploma Project Network），29个州已经承诺将高中毕业标准与如何成功升学或就业统一起来。主要由商界领袖和各州州长组成的“成功公司”已与24个州开展合作，帮助它们制定高中标准以实现预定目标。

184 在这些工作中，这个团队发现州的标准存在一种倾向：忽略了一些大学教师和商界领袖所认同的获得成功的关键因素：

- 高中英语标准和课程倾向于强调文学，而学生在大学或职场中所接触到的大多数读物都是信息材料，如课本、手册、文章、摘要和短文等。
- 州学术内容标准倾向于强调记叙文写作，但年轻人在大学或职场中运用更多的是报告性或劝说性的写作，通常要求他们通过开展研究或运用证据来支持其观点。
- 大学教授与商界领袖认为，团队协作和口头表述工作的能力是取得成功的重要因素，然而据“成功公司”的调查，州标准中并未完全涵盖这些内容。

在数学内容方面，“成功公司”发现州标准缺乏数据分析和统计方面的内容，而且对一些重要的几何概念要求过低，如在证明方面。此外，对于大学新生和新员工来说，推理和解决数学问题的能力被认为是最重要的技能，但州标准并非总是明确地包括这些内容。

已有研究发现，在高中阶段能修读如代数2之类的高阶数学课程，或在数学测验中获得高分的学生，更有可能在大学中取得成功，或在职场中获得薪水高的工作。但一些研究人员和劳动力专家也指出，许多高薪、人才紧缺的工作岗位所需要的数学知识很少超过 9 年级或 10 年级的水平。他们认为，能够流畅地解决高等数学题目，并不比解决问题或将数学知识应用于不同任务的能力更为重要。

大学教授显然赞同这一观点。基于对超过 6500 位初中教师、高中教师和高中后教师的调查，艾奥瓦城从事测验服务的 ACT 公司[1]发现，高
中后教育阶段的教师认为，理解和严格运用基本的数学技能比起解决高 185
级数学题目更为重要。

"成功公司"的科恩指出，在各个州引起争议的问题是，什么证据能够证明孩子在这个现实的世界中究竟需要知道什么。

这一问题已促使像路易斯安那这样的州去寻求，不同的职业中到底需要运用哪些特定的数学和英语技能，从而在某程度上证明州学习内容标准与商业界的相关性。

路易斯安那州的官员指出，以药剂量计算为例，一个具有副学士学位的护士需要知道如何计算和运用比例、比率、等份与百分比等概念。而对一个具有学士学位的护士来说，则需要根据不同对象恰当地选择和运用正式的、非正式的以及文献的或技术性的语言，以便向卫生保健管理部门提交正式的报告。

印第安纳州高等教育专员斯丹利 G. 琼斯指出，目前的教科书和课程指南很少提及如何在现实生活中运用这些技能。

软技能

相对于学业能力的不足，美国雇主们抱怨更多的是目前的美国中学毕业生缺乏"软的"或"应用性的"技能。

例如，在世界大型企业联合会的调查中，70% 的人力资源主管认为毕业生在职业化和职业道德等应用性技能方面存在缺陷，这些应用性技能主要涉及个人责任心和高效的工作习惯，如守时、与他人高效地合作、

---

[1] ACT 公司是一家独立的非营利公司，在教育和劳动力发展领域提供百余项评价、研究、信息和项目管理服务。公司虽然业务范围广泛，但始终信奉一条指导原则：提供各种信息，帮助人们实现教育和职业目标。参见：http：//www. act. org/aboutact/index. html. ——主译者

合理管理时间和工作量等。

与此相似，在全美制造商协会（National Association of Manufacturers, NAM）① 的一次调查中，55%的雇主认为公立教育系统在赋予学生诸如出勤、时间观念和强烈的职业道德观等基本职业技能上存在不足。

这一观点，得到了参与在阿肯色州和科罗拉多州举行的焦点小组② 与圆桌会议的当地雇主的认同及响应。

186 科罗拉多未来基金会的费曼指出，科罗拉多州的雇主们抱怨中学毕业生面试时穿着不得体，他们在面试时甚至没准备好如何去谈论所应聘的工作。

他说："如果他们有幸谋得一份工作，他们也不会意识到从周一到周五都应该准时上班工作。"

在阿肯色州，2007 年 1 月由州教育部门进行的一项调查表明：76%的雇主认为目前应聘他们公司的高中毕业生，缺乏必要的写作技能和基本的数学运算能力；超过 60%的雇主不满意这些毕业生的阅读能力，以及对工作指令和相关材料的理解能力。

阿肯色州商界领袖们抱怨最多的还是员工缺乏软技能，软技能被认为是日常社交技能，如职业道德、口头和非口头的交流、出勤、访谈能力和态度等。

诚如阿肯色州一位雇主在焦点小组中所言，我们希望他们能够准时上班，能够努力工作，能够不断提升技能。

西北大学社会学家詹姆斯 E. 罗森鲍姆（James E. Rosenbaum），曾就雇主对劳动力的需求对雇主进行访谈，他说那些受访的雇主们表示他们可以根据员工的学术能力缺陷来对其工作进行调整，但却对软技能欠缺者无能为力。

詹姆斯 E. 罗森鲍姆认为，几乎所有的岗位都要求具备基本的工作习

---

① 全美制造商协会是美国最大的工业贸易协会，代表着全美 50 个州的每一个工业部门的所有小型和大型制造商。协会下属制造商共有员工近 1200 万人，每年对美国经济的贡献超过 1.6 万亿美元。参见：http：//www.nam.org/preview. ——主译者

② 焦点小组也称焦点团体，是一种质性研究的方法，是就某一产品、服务、概念、广告和设计，通过询问和面谈的方式采访一个群体，以获取其观点和评价。参见：http：//zh.wikipedia.org/wiki/%E7%84%A6%E7%82%B9%E5%B0%8F%E7%BB%84. ——主译者

惯，如准时上班、充满活力和遵守纪律。但我们的学校并未采取措施来提升学生在这些方面的能力。事实上情况恰恰相反。如果教师被迫去更多地关注学术技能和考试分数，他们往往会无暇顾及学生软技能的培养。

位于新泽西州普林斯顿的运筹政策研究公司的报告不止一次地建议，对于使一些学生提高日后收入水平和在高中后教育中取得成功，完善非学术能力与获得学术能力同样重要，这些非学术能力包括工作习惯，以及相信成功来自努力工作而非运气这样的工作信念。

全国教育跟踪调查（National Educational Longitudinal Survey，NELS） 187
是一个联邦数据库，收集了一大批 1988 年时读 8 年级的学生直到 2000 年的数据。利用该数据库的研究发现，对于大多数的学生来说，改进某一种非学术能力较之于获得更好的数学分数，对于获得升学机会或完成高中后教育项目而言有更长远且积极的作用，43% 的人表示改进工作习惯使自己受益最大。

但一旦涉及获得学士学位，对大部分学生来说，提高数学分数仍然有最大的影响。

总而言之，运筹政策研究公司的研究发现，学生能够从改进自己最薄弱的领域中获益最多。研究者约翰 · 德克和乔舒亚 · 海姆森认为，在考虑完善学生的某种能力时，不应该简单地鼓励所有的学生来改进同一种的能力，更为有效的策略是做到扬长避短，因人而异。

21 世纪的技能

除却特定内容的知识和软技能，研究者日益将跨越学术领域的一系列应用性技能视为取得成功的重要因素。

经济学家、乔治敦大学研究教授安东尼 P. 卡内瓦莱认为，无论教育背景如何，在解决复杂问题、批判性思维、流畅性思维和创造力方面有上佳表现的人，在劳动力市场中会获得高于平均水平的收入。

在解决复杂问题、批判性思维、流畅性思维和创造力方面有上佳表现的人，在劳动力市场中会获得高于平均水平的收入。

俄勒冈大学教育学教授戴维 T. 康利指出，讲授大学入门课程的教师
188 一致强调，除了一些特定的知识外，被称为“思维习惯”的一系列认知和元认知能力，与高中阶段所教授的特定知识一样重要，甚至更为重要。

在为西雅图的比尔与梅林达·盖茨基金会准备的一份题为“树立一种更加全面的大学准备观”（Toward a More Comprehensive Conception of College Readiness）的报告中，他认为，思维习惯包括分析力、解释力、精确性、准确性、问题解决能力和推理能力等方面。同时他也强调了对于大学学习取得成功同样重要的一些基本态度和行为，如学习技能、时间管理、个人成就意识、意志力以及参与学习小组的能力。

哈佛大学心理学教授霍华德·加德纳在其新作《未来的五种思维》（*Five Minds for the Future*）中，认为其所讨论的认知能力在未来几年中依然是一个重要的话题。

他将认知能力归纳为五种思维：规范思维（掌握一种或多种专业的或学科的思维方式）；综合思维（能够将不同学科和不同观点进行整合）；创造思维（能够发现并解释新的疑问、难题和现象）；尊重思维（懂得尊重和欣赏不同的人和观点）；伦理思维（知道并按照员工或公民的行为规范行事）。

加德纳指出，遗憾的是没有人知道如何恰当地改革教育，从而培养出遵守规范、善于综合、富有创造力、尊重他人和合乎道德规范的个人。

此外，这些技能也很难被纳入以知识为导向的州立高中课程标准之中。

印第安纳州高等教育专员琼斯指出，围绕这些标准，将有些内容融合进来会相对容易些，而另外的一些内容，如团队协作、领导能力、沟通技巧等则难以量化，更难获得。我觉得大家已经认识到了这些内容的重要性，而他们现在苦思冥想的是如何将其付诸实践。

例如，在世界大型企业联合会的调查中，超过一半的雇主认为批判
189 性思维和解决问题的能力对胜任工作而言是非常重要的，然而将近 3/4 的受访者认为目前的高中毕业生在这些技能上存在不足。

职业与技术教育

对升学准备和就业准备的关注，以及对如何保持美国经济竞争力的

思考，已促使一些州开始重新重视职业与技术教育（CTE）。

有研究指出，学生参加职业与技术教育课程，可以降低中学辍学率，并提高学生短期或中期收入。但这一研究并未指出职业与技术教育是否降低了大学升学率，或是否对此毫无影响。

基于对 1997 年全国青年跟踪调查（National Longitudinal Survey of Youth 1997）中学生成绩数据的分析，约翰·霍普金斯大学的社会学家斯蒂芬尼·德卢卡和斯蒂芬·普兰克发现，总体而言，参加与职业相关的培训项目并不会影响大学升学率，但那些选择职业与技术课程多于学术课程的学生，即使因为其他因素而调整了自己的发展取向，依然较少选择上大学。

此外，尽管来自低收入家庭的学生最少参加与职业相关的项目或活动，但他们选择课程时职业课程所占的比重却高于学术课程。

运用同样的数据，约翰·霍普金斯大学的研究人员发现，将职业课程和学术课程加以适当比例的安排，可以降低那些未超过年级平均年龄的学生的辍学率。而这个混合比例的平衡点，就是每两门核心学术课程搭配一门职业与技术教育课程。

他们建议，应该努力在职业课程和学术课程之间保持一个“最佳平衡”，让学生有机会更早地学习职业课程，从而提高毕业率。

鉴于在 20 世纪 90 年代，约有 45% 的高中学生获得了 3 个以上的职业课程学分，位于波士顿的“为未来而工作”组织的政策负责人理查德·卡奇斯
主张，将职业与技术教育的改革作为“作好准备”议程的组成部分。但他同 190
时认为：职业与技术教育今后的发展需要注入更大的学术活力，需要对经济发展趋势和当地劳动力市场的反应更为灵敏，需要与高中后教育建立起更为紧密的关联。

例如，马里兰州围绕 10 个职业群重新规划了其职业与技术教育体系，这些职业群代表了该州经济中高速增长的领域。全州有超过 350 位雇主肯定了职业群的划分，所有职业群都要求具备高中后教育部分。这样学生即使在高中也至少可以获得一些高等教育学分。

在 2006 年毕业的班级中，51% 的学生完成了一个职业与技术教育项目（含 4 个学分），以及升入州立四年制公立学院学习所要求的所有课程。

马里兰州职业技术与成人学习助理督学凯西·奥利弗指出，当我们在1998年开始第一次统计时，这一数字仅为14%。我们的目标是100%，我们仍在朝这个目标努力。

在过去的一年，全国州长协会（National Governors Association, NGA）① 与设在马萨诸塞州坎布里奇市的一个咨询组织——摩立特集团（Monitor Group）② ——签订了一份协议，由该组织对各个州出现的高增长的职业群进行分析。

全国州长协会旗下的社会、经济和劳动力项目负责人史蒂夫·克劳福德解释说，对州职业群的分类策略应充分利用已有的公司分类，一般在特定产业领域之中进行，但通常也包括供应商。那些专门技能可以在一个范围内产生协作优势，给公司和企业带来竞争优势。

他补充说，尽管对于集群的竞争优势已有丰富的研究，但在工业界最关键的组成部分是知识或人才。因此，作为一个好的集群战略，其目标应包含确保大学和提供职业学术训练的中学以及社区学院为青年人提供人们所期望的技能。

---

① 全国州长协会成立于1908年，是全美各州州长发出集体声音的地方。该组织为各州州长及其高级职员，就联邦面临的关键问题和公共政策领域面临的挑战提供创新性解决方案等服务，也为新任州长提供行政管理与技术方面的援助。目前，该组织是华盛顿哥伦比亚特区最令人尊敬的公共政策组织之一。——主译者

② 1983年，摩立特集团成立于美国马萨诸塞州波士顿的坎布里奇市。作为全球领先的战略咨询公司，摩立特的数位创始人曾于20世纪80年代在美国哈佛商学院执教或者从事研究工作，其中，迈克尔·波特教授更被尊为“竞争战略之父”和“战略管理大师”。1993年摩立特集团开始从事与中国相关的咨询业务，目前，在北京、上海、香港设有三家分公司。参见：http://www.monitor.com 以及 http://www.monitorgroup.com.cn/monitor/overview.asp. ——主译者

第二部分 建议

“任何时期，都有新的一代涌现，完成需要他们承担的任务。今天我们再次听到召唤，现在是我们这一代回应这一召唤的时候了。”

——巴拉克·奥巴马

伊利诺伊州，斯普林菲尔德，2007年2月10日

第9章　给总统的建议[①] 193

建 议 人

琳达·达林-哈蒙德
阿恩·邓肯
马克·金斯伯格
贝弗利·霍尔
里克·赫斯
杰克·詹宁斯
米里亚姆·柯蒂齐格·弗里德曼
凯瑟琳·麦卡特尼
乔·纳森
安德鲁 J. 罗瑟拉姆
T. J. 辛格尔特里
杰拉尔德·蒂罗齐

丹·多梅内齐
迈克·范伯格
克里斯·吉蒂尔雷兹
埃里克 A. 哈努谢克
菲利普·霍华德
温迪·科普
保罗 E. 林根费尔特
玛格丽特·米勒
蒙蒂·尼尔
亚历山大·拉索
凯琳·纳扎里奥
马克·塔克

请注意，本章所选录内容最初并未打算出版。这些内容都是来自一个多媒体节目——《给当选总统奥巴马的教育建议》——的音频记录，这个多媒体节目主要是收集和传播来自教师、管理者、政策制定者与学生的建议，该节目同时也为表达对于美国教育现状的观点、关注和思想提供了一个平台（EdAdviceForObama. org）。

这档多媒体节目是由皮博迪奖励基金（Peabody Award-winning）[②] 资

① 经学习事务公司许可，由音频文件片段转录。

② 皮博迪奖励基金是由兰布登·凯（Lambdin Kay）于1941年创办的，以商人兼慈善家乔治·福斯特·皮博迪（George Foster Peabody）的名字命名的国际性奖项。该奖由佐治亚大学格雷迪新闻与大众传播学院负责，一年举办一次，主要奖励新闻采访、纪录片制作、科教片及儿童节目制作方面的杰出作品和成果。——主译者

助的一家以关注教育问题为主的公司——学习事务公司制作的。10 多年来，学习事务公司一直致力于制作关于美国教育的杰出报道（learning-matters. tv）。

这档多媒体节目由布罗德基金会、比尔与梅林达·盖茨基金会、华莱士基金会（Wallace Foundation）①、威廉与弗洛拉·休利特基金会（William & Flora Hewlett Foundations）② 以及安嫩伯格基金会提供赞助。

194

琳达·达林-哈蒙德

斯坦福大学查尔斯·杜科蒙教育学讲席教授

（Charles Ducommunt professor of education）

好的，我认为，我们的下一届总统真的必须好好看一看，我们如何带领美国的学校系统进入 21 世纪。在过去的 100 年里，我们一直按照工厂模式来经营学校系统。我们也一直在经营着这个工业化世界中最不平等的教育系统，为不同学生提供的可用资源差异巨大。因此，我们发现，与世界上其他任何国家相比，我们的教育越来越落后，因为我们缺少各种必要的投资——这些投资可以保证我们所有的孩子，能就这个时代新出现的工作所需要的知识作好准备，而且，我们也没有集中精力去培养今天所需要的各种技能。在这一点上，知识经济时代的孩子所需要的，是能够分析和解决所面临问题的能力、发现与处理信息的能力、团队组织的能力以及合作处理新问题的能力。当一个人进入工厂并开始从事模式化的工作时，他会被告知应该做什么。他做这份工作的时候，仅仅需

① 华莱士基金会由德威特·华莱士［DeWitt Wallace，又称威廉·罗伊（William Roy），全名为威廉·罗伊·德威特·华莱士（William Roy DeWitt Wallace），1889—1981］与莉拉·艾奇逊·华莱士（Lila Acheson Wallace，1889—1984）夫妇创办，目前集中资助艺术教育、教育领导、校外学习等领域。参见：http：//www. wallacefoundation. org/Pages/default. aspx. ——主译者

② 威廉与弗洛拉·休利特基金会由惠普科技创始人之一威廉·休利特（William Hewlett）与其首任妻子弗洛拉·休利特（Flora Hewlett）创办，目前资产达 30 亿美元，每年约赞助 1. 2 亿美元于教育、环保、艺术等领域。参见：http：//www. hewlett. org. ——主译者

要一些基本的、机械性的技能。多年前被看重的这些东西，在今天看来已经不那么重要了。在我们现在的经济体系中，那样的工作还不到 10% 。几乎没有什么地方需要仅仅具有基础技能水平的人。所以，我们的总统必须着手处理这一学校系统，并将其带入 21 世纪。我们需要将我们的课程聚焦于标准，用这一标准来评价人们如何思考，如何解决问题，如何发明，如何创造，如何以新方法来应用知识，如何持续不断地、独立地学习。这将意味着我们不得不改变我们现在正在使用的评价方式。世界上大多数学业成就高的国家的评价方式，都要求学生学会思考和解决问题，学会进行调查以及研究。我们现在仍在让我们的孩子去做主要考察回忆与识别的多项选择题，而没有考察他们更高层次的思维能力。我们需要一位理解“我们需要创造美国的竞争平台”的总统。我们必须给孩子们公平的受教育机会。以往对于纠正不公平的承诺，不能将我们
带到我们需要去的地方。这将意味着给儿童早期教育以更大的投资，因 195
为当学生上学之后，他们的学业成就会拉开很大的差距，尤其是对那些来自低收入家庭、没有机会接受学前教育的学生而言更是如此。这将意味着我们需要减少中小学教育投资中的不平等。并且也将意味着我们必须提供更多的接受高等教育的机会。在高等教育入学机会上，我们一直保持着世界领先地位，直至最近 10 年。我们正在下滑，我们现在已处于世界第 15 位，因为我们不能提供奖学金、免除贷款以及其他给人以教育机会的激励性措施。今天，如果能挣足上大学的钱，许多美国人都不会离开大学。与此同时，其他国家正在构建其高等教育体系，并且当它们没有足够的教育机会时，它们就会送自己的学生到美国来，靠享受全额奖学金在这里接受教育，因为它们明白实际的经济驱动力会促使学生们回国。对于每一个完成这种额外教育的人来说，这就构成了一种增强经济实力的网络，这种经济实力是可以检测的，并且在随后的岁月里将得以持续增强。

丹·多梅内齐

美国学校管理者协会（American Association of School Administrators）执行理事

对于重新授权《不让一个孩子掉队法》，我们已清晰地表达了自己的一些意见和建议。我认为，我们的建议将总目标聚焦在贫困上。显然，在我们的学校中，影响学业成绩或导致学业失败的最重要因素是贫困。根据《初等与中等教育法》，许多年来，联邦政府已经花了一大笔钱——尽管总的看来这仅占典型的学区预算的 8%，但它确实是一大笔数量可观的钱——这些钱被用来支持当地的教育事业。然而，问题是 1965 年刚开始时只有几个项目，现在已经发展到多达 93 种不同的补助计划，这些补助计划几乎被没有任何集中、没有任何协调地分散到各地。我们认为，如果新总
196 统梳理一下这些计划，加以全盘考虑，并将这些计划聚焦于贫困——贫困问题是学校中最大的影响因素，那么从学业成就水平的角度来说，我们将看到更大的效率和效能，并终将消除日益成为大问题的成就差异。

阿恩·邓肯

芝加哥公立学校首席执行官

我对下一届总统——我热诚地希望是巴拉克·奥巴马——的建议是，继续沿着他正在行进的路线前进。在早期儿童教育方面，奥巴马议员已有几项提议。一是大大增加可利用的学额，以显著增加入学机会。假如你想儿童在未来有机会取得成功，就必须投资早期教育。那非常重要。与此同时，巴拉克·奥巴马将增加机会与提升质量结合起来。儿童早期教育不能仅仅是看护服务，因此他预设了一些十分诱人的高端目标……高标准的教学质量。在高等教育方面，我认为他正在着手做的两件事也十分吸引人。一是任何想上大学的学生，只要他们愿意在社区服务 100

小时，将免交最初的 4000 美元学费。我认为，这些机会与回报社会的方式——社区服务——是互惠的，而且都非常有力度。第二件事，我认为是他后来提出的，是他谈到了为那些承诺在大学毕业后从事 4—5 年教学或其他公共服务的人提供奖学金或贷款。这必须是一项综合的计划，不能顾此失彼。所以，面对巨大困境，必须方方面面都考虑周全。

迈克·范伯格

KIPP（“知识就是力量”项目）合伙创始人、
休斯敦 KIPP 创始人兼总监

我愿意看到下一届总统致力于培养高素质的教师。我认为，拥有高
素质的教师是一个非常重要而且非常高尚的目标。不幸的是，这个目标 197
往往被曲解为培养合格的教师。我希望，我们能够在我们所认为的优秀的教学与优秀的学习问题上达成共识。对于那些能成为优秀的教师，并能迅速地帮助孩子上学、使其成为优秀的学生的人来说，让他们帮助我们所有的孩子是件很容易的事。我也希望，我们能够在学业标准上真正成为一个“合众国”（这里强调的是联合）。我希望看到，下一届总统促使全国在优秀的教学、优秀的学习问题上达成共识，而不是 50 个州拥有 50 种不同的标准。要为我们孩子的未来成功作准备，就要有一套标准，有一套相应的办法，来测量孩子们在学校、学区和州所取得的进步。这将需要多个州的共同努力。然而，我认为如果我们退缩或是等待，那么不管联邦政府是否应该做些什么，或是州政府应该做些什么，或是地方学区应该做些什么，人们都会相互指责。这就是我认为我们比以往任何时候都需要领导的原因所在。在某种程度上，正如有人所说：“停止愚蠢的行为就够了！”让我们团结起来，花些时间，制定出一些国家能接受、州能接受、城市能接受、学区能接受，最重要的是家长能接受的标准来，当人们看到孩子们的成绩单时，他们能知道，所测验的内容是他们的孩子为了未来的成功而必须学会的内容。

马克·金斯伯格

美国青少年儿童教育协会（National Association for the Education of Young Children）执行理事

我对下一届总统的建议是，以深谋远虑的、富于战略性的、强有力的举措来投资教育，从而使每一名美国儿童都接受高品质的教育（quality education）——一种始于儿童出生之时并伴随其成长直至长大成人的高品质的教育。有时，当我们谈学前教育（pre-K）时，我们针对的是 4 岁或 3 岁
198 儿童，但是我们知道，儿童开始学习的时间远远早于这一时间。实际上，国家所提供的早期教育体系是支离破碎的，并且不足以使全国的每一名儿童都接受教育。学习的基础应该始于一生中非常早的时候，当我们看到许多孩子在中小学的教育体系中不能继续他们的正式学习历程时，我们不得不回首问一声“为什么?”——为什么那么多孩子都没有作好上学的准备?为什么那么多学校也都没有为所有孩子作好准备？我认为，我们之所以未能提供一种贯穿整个儿童时期和青少年时期的充分的、高质量的教育，源于我们在一个人的人生早期没能为其提供一种简便易行的、负担得起的、高质量的教育，这种教育可以为人播下成功的种子。

克里斯·吉蒂尔雷兹

加利福尼亚大学洛杉矶分校教育与信息研究生院
（Graduate School of Education and Information Studies）
社会研究方法论教授

作为一个教育工作者，我愿我们的下一届总统变革教育的话语方式。他将使我们清醒意识到“民主社会中教育的最基本作用是什么”。当然，这意味着把教育与卫生保健、工作以及人们每天的生活联系在一起，这

再一次提醒我们，在一个民主社会里学校教育的最基本的目的是什么。因此，我真的想帮助他们将这些因素联系起来，而不是孤立地发布一个政策，对这个或那个问题进行修修补补。这是一种将民主社会中的教育的道德作用、政治作用与社会作用贯通一致的观点。我认为，这些话语就是我们在财政赤字、学生失败、教师失败等方面的所失之语。我来自亚利桑那州的一个非常小的矿业小镇。我应该转向我的父母可能问我的问题，我认为那能真正提醒我——不仅仅作为一个教育工作者——那些善良的、勤勉工作的人们在教育体系中正在寻找的东西。尽管我来自贫穷的矿业社区，但是在我们的社区中教育却真正是一种权利和特权，我们所有人都有机会接受人文学科、音乐、艺术等丰富的课程……并且有 199
机会培养思维习惯、激发学习兴趣。所以我知道，这种情况不仅在高收入社区可行，在工人阶层聚居的社区同样可行。鉴于我的父母、我的工人出身的父母的情况，我想从总统那里知道更多的关于教育究竟意味着什么的内容。这种教育观点能否使我提高一个水平？它能给我机会使我接受高层次的课程吗？它能使我上国内的任何一所大学或学院吗？你知道，我们小镇是整个亚利桑那州大学升学率最高的镇之一。我认为，这是因为整个社区是根据公共利益（common good），而不仅仅是向上升迁来真正理解教育的价值。

贝弗利·霍尔

亚特兰大公立学校督学

我有几条给下一届美国总统的建议。首先，必须着手制定国家教育标准。随着世界越来越小，美国的高中毕业生和大学毕业生正在与来自全世界的学生为工作而竞争。美国总统必须在建立国家教育标准中担当起领导者的角色。他必须清晰、明白地阐明国家期望我们的孩子知道什么以及能做什么，他应该开发出与世界上任何地方的标准相比都具有竞争力的标准，并且他还应该坚持州级测验体系，并重新修订这些标准。

埃里克 A. 哈努谢克

斯坦福大学胡佛研究所保罗与琼·汉纳高级研究员
(Paul and Jean Hanna senior fellow at the Hoover Institution)

我认为对下一届总统来说，最重要的事情是要认识我们 K－12 教育系
200 统的质量对于美国人民将来的经济福祉的巨大影响。因此，这意味着我们不能仅仅观望或原地踏步。实际上，在改善和加强各州正在执行的问责制方面，总统能承担起领导职责。在最近的一两年里，关于《不让一个孩子掉队法》已经有很多讨论。多数的讨论都集中在当前体系的缺陷或问题上。这些缺陷确实存在，但事实上这一体系——即使有缺陷——已经改善了各个州的学校教育，而且许多缺陷是可以修正的。问题并不是因为有缺陷就要废除这一体系，而是因为存在缺陷我们应该对其加以改进，以提供所需要的指导，并承诺使全国的高中学生都取得优异成绩。

里克·赫斯

华盛顿美国企业研究院（American Enterprise
Institute）教育政策研究主任

我认为有四件事需要下一届总统予以集中关注。一是在清理整顿绩效责任制过程中尽力发挥联邦政府的作用。与其创造一套混乱繁复的管理绩效责任与州级评估的规章制度，不如建立一个清晰的基准与评价体系，使各州在回应那些数据时有更多的灵活性，这样做的意义更大。第二件事是放弃在微观层面对州和学区的改进策略进行管理的做法。第三件事是为了使州和学区在以创新的方式更有效地解决问题上不断进步，考虑发挥联邦政府在提供支持与政治保障方面的作用。第四件事是帮助辨识出联邦和州的各项政策中不合时宜的、正在妨碍动态地解决问题的相关政策。

菲利普·霍华德

公益（Common Good）——一个非营利无党派
的法律改革联盟——创始人兼主席

如果让我来建议总统如何处理美国教育问题，我将告诉他清除掉官僚体制和法律，让人民收回对学校的控制权。他能做的第一件事是废除 201
《不让一个孩子掉队法》，并用一个国家测验标准取而代之，除此之外，别无虚饰。如果这一切得以实现，你就不用为取得每年的年度进步而奔波，这样一来你会失去那些资助，但你却有权选择学校。还要使绩效责任机制更具地方性。我认为，应尽力告诉人们试图从顶层管理所谓的有效教育系统已经被证明是一场噩梦。没有人曾证明过其有效性。我认为，总统必须有一个一流的讲坛，以尽力为教师创造一个“新政”，因为每个人都知道，官僚体制的制约不仅来自教育委员会，也来自长达200页的教师工会合同。因此可以做一笔交易，必须有人来担当起创立新政的领导责任，这种新政不仅可以使教师重新专业化，而且还允许管理者、校长以及其他人来管理学校，包括评判谁是有效的而谁是无效的。

杰克·詹宁斯

无党派机构——教育政策中心（Center on
Education Policy）主席兼首席执行官

我对新总统的建议是，在以下三个领域采取行动：首要的也是最重要的，他应该恢复经济，因为学校的运转要依靠当地的税收，并且学校最基本的运转还要依靠州的收入及州的财产税。当经济不景气时，对学校的基本支持就会被动摇。因此，这是第一要务——使经济走出低迷。

第二件优先考虑的事情是修正《不让一个孩子掉队法》。在某种意义上，这一法案所主张的学校责任并不为教师普遍接受，绩效责任机制必须改革，以鉴别出学校做得好不好以及学生的学业成绩有没有提高。该法案需要修正的另一个原因在于，尽管学校被确认为需要帮助，但却不能获得谋求改进所需要的帮助。教师也不能获得他们想要成为更好的教师所需要的帮助。因此，有必要进一步完善这一法案，不仅仅是绩效责任机
202 制，而且还包括对学校和教师实际提供的援助机制。总统应该做的第三件事是考虑学前教育和中学后教育。在学前教育方面，需要提高教育质量。目前，早期儿童教育的机会很多，但其质量非常、非常地不均衡，有那么多的孩子还没有作好上小学的充分准备就上学了。此外，在这个体系的另一端，一旦孩子离开高中，他们会发现自己并非总能负担得起上大学的费用。因此，帮助家长和学生负担得起上大学的费用这一问题应引起人们的重点关注，以使每一个想上大学的人都能上得起。这就是我对总统的建议——三个高目标。假如总统能探讨这三个问题，我相信，美国人民都会越来越好。

温迪·科普

"为美国而教"创办人兼主席

我认为，下一届总统有机会在众所周知的社区工作经验基础上，真正实施一系列改革。我希望他们会优先考虑改革，并任命一位深谙政策且有卓越政治才能的人担任教育部长。因此，我认为我们需要考虑的问题之一是，为了保证所有孩子确实都有机会接受优质教育，我们怎样才能激发乃至提升地方的义务感、地方的领导、地方的工作积极性？我认为我们需要非常真诚地向具有各种背景的人发出呼吁。而且，我认为为招聘教师、学校校长和学区领导而实施的选择计划，是实现上述目标的方式之一。我认为我们的学校系统需要积极地从各个部门招聘人才——当然应从我们所在的学校教育系统中招聘，但要远远超越这一系统，直

到发现有真才实学的、忠诚的人，请他们担任教师、学校领导和学区管理人员。

米里亚姆·柯蒂齐格·弗里德曼 203

律师、专家、作家，曾在45个州就教育
法律与政策问题发表演讲

我们的《特殊教育法》始于20世纪50年代，那时因为落后，许多残障儿童，约有100多万人，被拒于校门之外。那时的问题是让所有儿童都有机会上学。《特殊教育法》提供了新的资金，指明了新的方向，明确了家长应有的权利。那是新的一天。我们当中有许多人——教育工作者、管理人员、纳税人、家长，都已经不安地认识到这一系统的矛盾与不可持续性。难以承受的要求，使得教师和学生远离教与学的使命。我们在特殊教育上花了大约800亿美元，然而由于受联邦法律保护的特殊教育的成本常常影响其他的学校项目与学校变革，预算体系跟不上时代的步伐。我愿告诉总统，令人伤心的是尽管我们应对了20世纪70年代的入学机会挑战，但是这部法律至今都没什么变化。我认为我们需要的是鼓舞士气。

保罗 E. 林根费尔特

全国州高等教育管理人员协会（National Association of
State Higher Education Executives）主席

在接下来的16年时间里，美国需要造就又一个1600万名大学毕业生，总统必须将其定为国家优先考虑之事，进而领导我们。联邦政府不可能把所有工作都做了，但联邦政府可以简化学生资助手续从而为学生提供更多的帮助，这样联邦政府就能集中做好一个项目，并取得成功。我们需要改善中小学教育，但是假如你作些数据分析就会发现，通过提高10个百分点的高中毕业率、在校大学生人数以及大学毕业率，这1600万名毕业生中我们所能培养的还不到30%。

204

凯瑟琳·麦卡特尼

哈佛教育研究生院院长

我对下届总统的主要建议是：绝大多数情况下，教育政策是通过观念和意识形态而不是研究来颁布的，这种情况需要得到纠正。学区需要依靠数据分析来作出决策。遗憾的是，教育可利用的联邦资金非常有限，正是由于这个原因，我们必须确信每一美元都能得到有效利用。对下一届总统来说，这可能会是一个政治上的难题，因为研究的益处有可能为他的继任者所享用。但是，如果我们真的要应对国家所面临的一些巨大的教育挑战，我们就必须有坚实的教育研究来指导我们的决策。我给总统的第二条建议是，利用白宫讲坛将教育推向前沿和中心，培养公众为教育做些事情。我认为，有这样一位总统，他能告诉家长——而不仅仅是教师——他们能做些什么来支持孩子，这特别重要。总统应该告诉家长关掉电视，以帮助他们的孩子有一个安静的地方学习，家长还应该检查孩子的家庭作业。我们需要让他们明白，在学校中学得好将成为一生成功的阶梯。

玛格丽特·米勒

弗吉尼亚大学高等教育研究中心教授

我对下一届美国总统的建议是，他要认识到高等教育是国家繁荣以至影响我们在世界中的地位的关键。我们曾是世界金融领袖，在这方面我们正处于下滑趋势。我们曾是世界教育领袖，如今这也成为我们走下坡路的一个领域。我们曾是研究领袖，现在也不再是了。我认为现在有许多的事情需要我们去做——或者是那位总统需要去做，其中之一便是利用我们现有的经济能力，为基础研究以及学生的高等教育机会提供资金。我认为他需要利用白宫讲坛，向那些低收入及处境不利的、有潜力 205
的学生伸出援助之手，并且支持他们获得成功。我认为他还可以论及社区学院、具有历史传统的黑人学院与大学、为拉美裔群体服务的机构以及部落学院等机构在少数族裔学生教育方面的贡献。并且我认为他需要做的最重要的事情，是关注这个国家中多数族裔与少数族裔学生之间的学业成就差距。总的来说，2005 年我们的中学毕业会考水平是挪威的 86%——挪威是经合组织国家中表现最好的国家。但是，美国的非裔男生与女生的最好通过率仅为 40% 和 60%，而拉美裔男生与女生则仅为 30% 和 40%，白人男生和女生的通过率几乎与挪威学生一样高。因此，这些差异是美国的问题根源。下一届总统需要确信无论他做什么，他都要给有色人种学生和处境不利学生以支持，支持他们取得成功。

乔·纳森

明尼苏达大学学校变革中心（Center for School Change）主任

这里有五件需要优先考虑的事。第一，为接下来的 6—10 年时间建立少量的清晰、具体、可测量的目标。第二，鼓励推广全美最优秀的学区与特许学校的经验。第三，给取得较大成功的市中心、市郊和农村公立学校以机会，培训下一代教师和学校管理者，并建立一些竞争机制。在优质学校基础上，创办新的、更有希望取得高效能的教师和管理者培养计划。我们要探讨优质学校的定义。第四，大力推广高质量的儿童早期教育计划。第五，通过刺激或其他形式的帮助给各州以激励，重新思 206
考我们是否真的需要让学生待在中小学里，从幼儿园到 12 年级，直到他们长到十八九岁上大学。我想我们确实能节省数以百万计的美元，并且我认为，许许多多的人在十六七岁就已经为应对更多的挑战和机会作好了准备。这就是我的五件优先考虑之事。

蒙蒂·尼尔

全国公平与开放测验中心（National Center for Fair and Open Test）“公平测验”副主任

我们对总统的建议包括三个相互关联而又内容广泛的领域。首先是学习机会与学校资源。其次是影响改进的要素以及如何帮助学校得实质性的改进。再次是需要进一步完善评价。我们知道，当前的情况是许多学校资源不足，尤其是那些为来自低收入社区的孩子服务的学校，它们缺乏来自社区的资源与支持，这使得这些学校中的孩子要有效地和成功地在学校学习变得非常困难。我们需要大力加强联邦政府对低收入儿童教育的支持——财政支持，事实上已有的一些有效的保障形式，如对《残障人士教育法》（Individuals with Disabilities Education Act，IDEA）或《不让一个孩子掉队法》的授权拨款，就是十分恰当并且已经得到落实的投资。换句话说，这两个法案应获得全额资助。我们对总统的建议是应高度关注所有这些因素，并且在出台新的《初等与中等教育法》以取代《不让一个孩子掉队法》的过程中引领我们前进。

安德鲁 J. 罗瑟拉姆

独立的国家教育政策智库——“教育部门”（Education Sector）合伙人兼联合主任

我对下一届总统的建议是，手段要非常灵活，但同时目的要绝对坚定。下届总统必须在用较少的资源解决较多的问题方面具有非凡的创造

性。资源非常紧张，我们不能用我们的方式来解决这一问题，就像我们 207
传统上常常诉诸教育政策那样。我们要关注从教师的招聘、入职准备、培训到如何对他们进行补偿等每一个环节。在学前教育方面，我们曾经做过一些事，在孩子们进入幼儿园之前就为他们提供了那种不均衡的、东拼西凑的支持，特别是为那些低收入家庭的孩子和有色人种学生。最后一点当然是既要研究，又要发展和创新。传统的教育研究与发展非常弱——既缺乏投资又能力低下，实际上，说得更宽泛一点，是缺乏动机。对于下一届管理者来说，从事政策研究的机会很多。现在还不是举手说“这个我们不能做”的时候，因为经济前景并不明朗。实际上，这是一个可以作出些艰难选择并真正有所担当的伟大时刻。

亚历山大·拉索

知名教育博客——“本周教育”（This Week in Education）的自由教育作家、创始人和编辑（也在“299学区：芝加哥学校博客”上开博）

我对下一届总统的建议是，在《不让一个孩子掉队法》问题上不再懦弱。有很多人不仅仅是想修改它……他们想从根本上颠覆它。我希望下一届总统不要那样做。我希望下一届总统能够找到一个办法，使州和学区承认，通过《不让一个孩子掉队法》和各种联邦项目，它们总共得到了多少财政支持。实际上，当它们从联邦政府那里得到很多钱的时候，它们经常表现出它们没有得到那么多钱。我希望有一个办法能让它们承认它们得到了很多钱，从而使它们不再在得到很多钱的同时还在痛击法律。我对下一届总统的其他建议是，不要在具有普遍性的学前教育的伪装下改造低收入家庭幼儿教育计划。我们已经有一个巨大的低收入家庭
幼儿教育计划。不去修正和改进低收入家庭幼儿教育计划，而去创造具 208
有普遍性的学前教育，会是一件丢人的事。假如我们有两个这样巨大的、彼此之间不能相互协调或彼此之间部分重叠的联邦项目，那将是一件更

丢人的事。最后，但并非最不重要的，我要对下一届总统说，华盛顿的那些尖头尖脑的书呆子们告诉你应该做什么，其中有90%的内容你都应该不予理会。他们中的大多数人仅仅是想推销他们自己的观点或思想。跟教师和校长们聊一聊，你将得到最好的建议。

T. J. 辛格尔特里　凯琳·纳扎里奥

纽约市先锋高中（Vanguard High School）的学生

T. J. 辛格尔特里：我是T. J.。我是先锋高中的学生。我今年15岁，我是一名12年级的学生。

凯琳·纳扎里奥：我是凯琳。我也是先锋高中的学生。我在11年级，我住在曼哈顿。

T. J. 辛格尔特里：我觉得在学校里我们接受很好的教育，但是放学后却无事可做，我认为那多半是因为正在削减预算经费。假如孩子们能有课外活动，在学校以外经常发生的那些事情就不会那么多了。

凯琳·纳扎里奥：我认为总的来说教师和学校应得到更多的资金，以便我们能得到更多的资源。数学课上我们没有计算器，好吧，我们只好合用。你知道，还有课本以及诸如此类的东西。或许你们能资助更多的钱给我们，那会帮助我们解决问题。

T. J. 辛格尔特里：我认为应该为年轻人做大量的工作，因为他们是下一代，是明年将要投票的人，他们应该受教育，并且他们应该知道世界上正在发生着什么。

杰拉尔德·蒂罗齐

全国中学校长协会（Nation Association of Secondary School Principals）执行主任

好的，对于下一届总统，我完全理解和体会他将面临的所有经济、社会、环境以及与战争相关的问题。但是，我真诚地希望他能找到一个办法，以便将教育提升到一个比在过去许多年——特别是在总统竞选期间——都高很多的优先发展地位。你知道，我们的学校中需要解决的问题有很多，我认为我们不能再等两三年时间来重新赢回我们的优先地位。我们谈的是经济，是使经济好转。教育——特别是公共教育——是经济的现实驱动器之一。当你看一看现实，就会发现辍学是我们这个国家的突出问题——我们有非常多的孩子不能完成学校教育，我们必须解决这些问题，而这确实需要耗费资源。《不让一个孩子掉队法》有很多问题，但我认为它至少可以在方向上导引我们，这就很好，但是我们从未给这一法案的实施提供充裕的资金。你们知道，我们从未有全额拨款的特殊教育。所以，我认为给学校更多的授权同时却又不提供必需的资源，就好比你有一个愿景，而它却变成了幻觉。你们需要资源。总统有白宫讲坛。假如他告诉国会这很重要，我认为他们会听他的。令人高兴的是，两名候选人都曾经说过他们会支持《残障人士教育法》，为之提供全额拨款。现在如果两个人都这样说，而其中的一位将成为总统，你将更愿意相信他们会兑现诺言。我认为这不可能一蹴而就，这需要一段合理的时间。你们知道，1976年曾承诺为特殊教育提供40%的额外拨款，22年或23年之后的此刻，政府仅仅提供了17%的资金。所以你们知道预算的负担由学校来承担了。我认为这非常不公平，我真的希望不管谁来当总统，都将担当起这一责任。

210

马克·塔克

国家教育与经济中心（National Center on Education and the Economy，NCEE）主席

美国的教育是工业化世界中成本最高、产出最低的小学和中学教育系统之一。我们的研究以及其他人的研究都表明，这是由于美国教育系统在设计上的功能障碍所致。我们需要一个能吸引所有大学毕业生中的前三名来做教师的系统，正如学生学业成绩最好的那些国家和地区所做的那样。那需要更多的补偿，甚至，更为重要的是，重新界定教师的工作，将其看成专业化工作，而不是蓝领系列。那意味着让教师自己管理学校，如同医生、律师、设计师和其他负责自己实践工作的人一样。那也将要求我们沿着现代的专业化路线，重新设计我们的管理体系、绩效责任体系以及组织机构。如果我们成功，新的系统看上去将不会是现在这个样子，现在的系统是一个世纪前为应对当时所面临的挑战而设计的——我们现在面临的挑战已大不相同。事实是，我们只能通过重新调配我们现在花在学校上的钱，而不是花比现在更多的钱，来形成新的系统。奥巴马总统有机会领导这一重新设计的过程。这已刻不容缓。美国原来有世界上接受过最好教育的劳动力。现在我们排名第 10 并且继续下滑。我们不需要一个国家教育部，但我们确实需要一个能清晰地为我们阐明所面临的危险以及明确的前景目标的人，没有人比当选总统更适合做这件事了。

第 10 章　全美教育学会的建议[①] 211

全美教育学会（National Academy of Education，NAEd）[②] 旨在推进高质量的教育研究及其在政策制定与实施方面的应用。学会成立于 1965 年，由具有优异学术水平和为教育作出突出贡献的国内外人士组成。自成立以来，学会已经组建了众多委员会和专门研究小组，一般包括学会成员和其他某一研究领域的专家。

2008 年，全美教育学会承担了一项任务，即在特定教育政策问题上，给新的管理部门和国会中的政策制定者提供最可靠的政策依据。该项目的目的是帮助政策制定者更好地把握主要教育问题，并通过向他们提供独立的、基于研究的信息来提高他们制定有效政策的能力。

研究成果于 2008 年 11 月 18 日以白皮书的形式公布。六份白皮书分别就以下六个重要教育政策领域的一个侧面进行了阐述：

- 读写能力
- 科学与数学教育
- 学习时间
- 教师质量
- 标准、评估与绩效责任
- 美国教育中的公平与优异

每份报告均分析了可获得的研究资料，提出了可能的政策选择与政策建议。为了保证报告的质量，也为了审查这些报告的结论与建议的论 212
据，在公布之前每一份报告都经过了严格的同行评审。报告全文可在 www. naeducation. org 网站上查看。其建议摘要如下。

---

① 经全美教育学会许可使用。

② 参见：http：//www. naeducation. org. ——主译者

读写能力

建议：州和联邦政府应该增加对早期教育项目的投资，并将口语能力的发展作为学前教育的重点。

建议：从学前开始，一直持续到学生熟练掌握英语为止，为英语学习者提供目标明确、内容丰富的语言教学。美国应将此作为国家优先发展战略之一。

世界一流的科学与数学

建议：联邦政府应与州政府一起，对范型教学包（model instructional packages）的开发进行投资，以帮助学校提高其面向幼儿园到8年级学生的21世纪科学与数学教育的能力。

建议：进行所有年级的科学与数学的有效教学研究，并应用研究结果带动教师职前培训项目的改进。

建议：联邦政府应起到领导作用，鼓励前瞻性研究的设计与开发，并提供资源，以此来支持包括科学与数学教育在内的教育改进。

提高教师质量与改进教师配置

建议：州、学区和联邦政府应继续实验各类教师聘用项目，同时收集资料，以用于改善有希望的项目并终止那些看不到希望的项目。

建议：州和联邦政府应继续投资，支持那些想方设法减少教师流失
213 的努力，包括对成功教师进行薪酬激励，改进工作环境和学校文化，提供指导以及专业发展的机会。

时间：学习的珍贵资源

建议：对那些有可能吸引更多处境不利的学生参与暑期学校项目并提高常规出勤率的政策，予以辨识，给予支持，并检验其效果。

建议：联邦和州政府、商业团体以及慈善家们应齐心协力，为开发和检验能在各种社区环境中有效实施的课外项目而努力。

建议：对那些增加学校教育时间的实验性项目要予以资助，并对其成本与收益进行认真的评估。

恢复基于标准的教育

建议：联邦政府应鼓励重新设定教学内容标准，以及与此紧密相关的课程、专业发展和评价方面的标准，从而设定清晰的教与学的进步方向。各州政府、大学、教师团体、专家学者以及私营部门，都应作为合作伙伴而参与到这些改进教学系统的种种努力之中。

建议：联邦政府应支持那些研究和开发绩效责任制的新一代评价工具与评价策略的项目。

美国教育中的公平与优异

建议：联邦政府应投资于有研究依据支持的策略，以在所有学生的整个学生生涯中增加教育机会、促进教育优异。

建议：联邦政府应支持并开发能够为政策制定者、教育实践者和其 214
他人士监督教育进步与绩效责任所用的信息系统。

全美教育学会白皮书项目（White Papers Project）由洛克菲勒慈善顾问公司（Rockefeller Philanthropy Advisors）会同项目发起者强化美国学校（Strong American Schools）运动[①]赞助。强化美国学校运动是由布罗德基金会和比尔与梅林达·盖茨基金会资助的非党派运动，目的是为所有美国人制定完善的教育政策。本文所有观点、发现、结论或建议，均不代表项目资助人的意见。

---

① 强化美国学校运动由世界首富比尔·盖茨于 2008 年会同慈善家伊莱·布罗德（Eli Broad）注资 6000 万美元发起，旨在改革公立教育。——主译者

附 录

奥巴马和拜登的教育蓝图

奥巴马和拜登认为，我们的孩子和国家负担不起再来四年的被忽视和被冷漠了。在当前这个具有历史决定性的时刻，除了为孩子们在全球经济竞争中作好准备，没有什么是美国所面临的更为紧迫的任务了。在即将到来的一年里，我们的领袖所作的教育决策将会决定后面几代人的未来。奥巴马和拜登承担着迎接挑战的领导与决断责任，而在过去的八年中，这种责任的缺失非常严重。他们对21世纪教育的期望是：要有更多的改革和更严格的绩效责任，以及实施这些改革所需的资源；要求家长为孩子的成功负起责任；招聘新的教师进入那些为孩子能在大学和工作中获得成功而作准备的新的、成功的学校，留住并奖励这些教师。奥巴马和拜登的计划将重新履行美国公立教育的承诺，并保证美国儿童在学业成就、创造力和获得成功方面重新领先于世界。

早期儿童教育

- **0—5岁计划**：奥巴马和拜登的0—5岁综合性的计划，将为儿童及其父母提供关键性的支持。与其他幼儿教育计划不同的是，奥巴马和拜登的计划将重点放在幼儿的早期保育和教育方面，以为儿童入（幼儿）园作好准备。奥巴马和拜登将设立早期学习挑战基金，用于促进该计划在各州的实施，帮助各州逐步建立起自愿参与的、普及的学前教育。

216 • **拓展低收入家庭托儿教育计划和低收入家庭幼儿计划：**奥巴马和拜登将把低收入家庭托儿教育计划扩大四倍，增加对低收入家庭幼儿计划的投资，并进一步提高这两个项目的质量。
• **提供负担得起的高质量的儿童保育：**奥巴马和拜登将增加工薪家庭获得负担得起的、高质量的儿童保育的机会，以减轻这些家长的负担。

基础教育（K－12）

• **改革《不让一个孩子掉队法》：**奥巴马和拜登将通过为《不让一个孩子掉队法》拨款来改革这一法案。他们认为，不应强迫教师花费整个学年的时间来帮助学生应付标准化考试。他们将改进评价体系，追踪学生进步，衡量学生是否为上大学或就业作好了准备，以及促进学生适时地以个性化的方式学习。奥巴马和拜登还将改进《不让一个孩子掉队法》的绩效责任体系，扶持那些需要改进的学校，而不是惩罚它们。
• **支持高质量的学校，关闭低绩效的特许学校：**奥巴马和拜登将加倍资助联邦特许学校计划，鼓励创办更多成功的特许学校。新增的特许学校投资，将仅限于符合下列条件的州：改进特许学校绩效责任体系，干预举步维艰的特许学校，定期关闭低绩效特许学校。奥巴马和拜登还将优先支持那些帮助最成功的特许学校为更多学生服务的州。
• **优先发展数学与科学教育：**奥巴马和拜登将聘用拥有数学和科学学位的毕业生进入教师职业，并将帮助他们向该领域的专家学
217 习。他们同时将致力于保证每个年级的所有儿童都能获得优质的科学课程。
• **应对辍学危机：**奥巴马和拜登将通过立法为学区提供资金，用于中学的各种干预策略，包括：制订个人学习计划，组建教学团队，家长参与，教学辅导，精读教学，数学教学，以及延长学习时间等。
• **增加实施高质量课外学习计划的机会：**奥巴马和拜登将提供双倍

的联邦资金，支持课外学习计划——21世纪学习中心计划，从而每年使100多万名儿童受益。

- **支持大学拓展计划：** 奥巴马和拜登将支持诸如快速成长计划、三重奏计划和向上跃进计划等拓展计划，鼓励更多来自低收入家庭的年轻人上大学，并为此作好准备。
- **支持大学学分革新计划：** 奥巴马和拜登将设立一个全国性的"让大学成为现实"计划。该计划的远大目标是，到2016年，全国修读大学先修课程（AP）或相当于大学水平课程的学生人数增加50%。该计划建立在奥巴马在参议院提出的两党共同提案基础上，为那些想要获得大学学分，但其所在学校又不能为其提供这些资源的学生提供资助，帮助他们在社区学院修读大学学分。
- **支持英语语言学习者：** 奥巴马和拜登支持过渡性双语教育，并强化学校对于那些英语水平有限的学生完成学业的责任，以帮助这些学生取得进步。
- **教师聘用：** 奥巴马和拜登将设立新的教师服务奖学金，该奖学金覆盖四年制本科或两年制研究生教师教育，还包括为在职教师提供高质量的、可选择的学习项目，条件是这些教师必须在急需的地区至少执教四年。
- **教师培训：** 奥巴马和拜登将要求所有教育学院必须通过认证。他 218
们将建立一套自愿参与的全国性绩效评价体系，以确保每位新教师已接受培训，作好上课的充分准备，能进行有效的教学。他们还将设立教师实习计划，为急需教师的学校提供3万名准备充分的教师。
- **教师留任：** 为了帮助教师，奥巴马和拜登将拓展经验丰富的老教师与新教师结对的项目。他们还将采取激励措施，让教师们有计划地花时间合作，分享成功的实践经验。
- **教师奖励：** 奥巴马将采取新颖的、创新性的方式来提高教师薪酬，使薪酬随教师的成长一起增长，而不仅仅是加薪了事。学区可以设计一些项目，奖励那些辅导新教师的优秀教师，为他们加薪。学区还要奖励那些在农村或市中心等较差地方工作的教师。如果教师在课堂上表现一直很出色，他的工作也要得到肯定和奖励。

高等教育

- **建立美国机会税收抵免制度：**奥巴马和拜登将通过建立一个全新的美国机会税收抵免制度，使所有美国人都能负担得起上大学的费用。这一制度覆盖范围广，对大多数美国人来说，可全额抵免的制度能够保证大学教育中的最初4000美元费用均可免单，而且还能覆盖普通公立学院或大学学费的2/3，同时也能使在社区学院修读的大多数学生完全免费上学。税收抵免的受益者要完成100小时的社区服务。
219 - **简化资助申请程序：**奥巴马和拜登将通过取消现行联邦学生资助申请表以简化资助申请过程，需要申请的家庭只要在自己的税收报表上打钩，允许使用他们的纳税信息就可以了，无须另行申请。

帮助残障学生

奥巴马和拜登将通过增加拨款，严格执行《残障人士教育法》，努力确保残障学生获得学业成功，要求学校为残障学生提供发挥其才能所需的服务和帮助，并为此尽责。奥巴马和拜登还将支持对残障婴幼儿的早期干预与服务，增加残障高中毕业生上大学的机会。

www. change. gov

索 引

A

B

C

D

E

F

G

H

I

J

K

M

N

O

P

Q

R

S

T

U

V

W

责任编辑　何　艺
版式设计　沈晓萌
责任校对　曲凤玲
责任印制　曲凤玲

图书在版编目（CIP）数据

奥巴马的教育蓝图／（美）《教育周刊》编；范国睿译．—北京：教育科学出版社，2010.9（2014.3 重印）
ISBN 978-7-5041-5152-0

Ⅰ．①奥…　Ⅱ．①教…　②范…　Ⅲ．①教育政策—研究—美国　Ⅳ．①G571.20

中国版本图书馆 CIP 数据核字（2010）第 145529 号

出版发行	教育科学出版社		
社　址	北京·朝阳区安慧北里安园甲 9 号	市场部电话	010-64989009
邮　编	100101	编辑部电话	010-64981167
传　真	010-64891796	网　址	http://www.esph.com.cn
经　销	各地新华书店		
制　作	北京金奥都图文制作中心		
印　刷	保定市中画美凯印刷有限公司	版　次	2010 年 9 月第 1 版
开　本	169 毫米×239 毫米　16 开	印　次	2014 年 3 月第 3 次印刷
印　张	16.75	印　数	14 001—24 300 册
字　数	231 千	定　价	35.00 元

如有印装质量问题，请到所购图书销售部门联系调换。